P. Paoli · Die Eiserne Lady

Pia Paoli

Die Eiserne Lady
Die Biographie der Margaret Thatcher

1991

BOUVIER VERLAG · BONN BERLIN

Titel der Originalausgabe: Biographie de Margaret Thatcher.
Copyright ©: Virba Publishing, Jersey, C. I., 1991
Übersetzt aus dem Französischen von Christiane Diefenbacher

/

**Die Deutsche Bibliothek –
CIP-Einheitsaufnahme**

Paoli, Pia:
Die Eiserne Lady : die Biographie der
Margaret Thatcher / Pia Paoli. [Aus dem
Franz. von Christiane Diefenbacher]. –
Bonn ; Berlin : Bouvier, 1991
    Einheitssacht. : Biographie de Marga-
    ret Thatcher. <dt.>
    ISBN 3-416-02304-8

Inhalt

1. Die Wende oder der Eintritt in die Geschichte   1

2. Der Lebensmittelladen in Grantham   5

3. Oxford   23

4. Berufstätigkeit und erste Kampferfahrungen   30

5. Familienleben und Jurastudium   42

6. Die Rückkehr in die Politik   50

7. Auf dem Weg zur Macht   58

8. Die Eroberung der Macht   68

9. An der Spitze des Schattenkabinetts   79

10. Die Feuertaufe   94

11. Premierministerin − Erster Akt 106

12. Maggie zieht in den Krieg 129

13. Infragestellung und Bestätigung 143

14. Die mächtigste Frau der Welt 158

15. Der Sprung nach vorne 184

16. There is no alternative 197

Glossar 221

Register 223

1. Die Wende oder der Eintritt in die Geschichte

In der *Flood Street* kommt es vor dem Haus der Familie Thatcher beinahe zu Handgreiflichkeiten. Scharen übererregter, aggressiver Journalisten und Fotografen machen den ebenfalls zahlreich vertretenen und gleichermaßen entschlossenen Fernsehleuten und Fans jeden strategisch günstigen Winkel der Straße streitig, um auch ja nichts von Margaret Thatchers Ankunft zu versäumen.

Als ihr Wagen auftaucht, wird er augenblicklich von Neugierigen umringt; es herrscht ein regelrechter Freudentaumel, und von allen Seiten ertönen Hochrufe. Sichtlich zufrieden entsteigt der Star dem Auto, lächelt bereitwillig in die Kameras und läßt sich zum Entzücken der Anwesenden von allen Seiten fotografieren. Unter den wachsamen Blicken der *Bobbies* schüttelt sie zahllosen Unbekannten die Hand. Sie ist ganz in *Tory*-Blau (*Tory* = Konservativer) gekleidet, und die in den Wochen vor ihrer Nominierung angehäufte Müdigkeit steht ihr ins Gesicht geschrieben. Ihre Frisur allerdings sitzt perfekt bis in die letzte Strähne.

Sie erkundigt sich nach dem Resultat des Juraexamens, das ihre Tochter Carol − welch ein Zufall − just an diesem Tag ablegte. Am Morgen hatte sie, bevor sie sich zur Wahl nach Westminster begab, ihrer Tochter viel Glück gewünscht und hinzugefügt: „Ich frage mich, wer von uns beiden größeres Lampenfieber haben wird . . .“

Man schrieb den 11. Februar 1975, und es war bitterkalt. An besagtem 11. Februar wartete sie nach dem zweiten Wahlgang, bei dem sie Edward Heath − anders als bei dem harten Kopf-an-Kopf-Rennen der Woche zuvor − um Längen geschlagen hatte, zusammen mit Freunden in einem Nebenraum des *Committee Room 14* (Sitzungszimmer) auf die Bekanntgabe des Wahlergebnisses. Da kam Airey Neave, der die Hauptlast ihres meisterhaft geführten Wahlkampfes getragen hatte, um ihr brühwarm die Neuigkeit zu verkünden: „Von nun an stehen Sie an der

Spitze der Konservativen Partei!" Sichtlich gerührt schwieg sie einen Moment. Im Alter von neunundvierzig Jahren wurde sie in ein hohes Amt gewählt und avancierte zum politischen Star der kommenden Monate und Jahre. Zum ersten Mal in der englischen Geschichte bestimmte eine Frau die Geschicke einer Partei, der Konservativen Partei, und zum ersten Mal führte eine Frau die Opposition an. Dies stellte in der gesamten westlichen Welt ein Novum dar.

Diesen mustergültigen, phänomenalen Sieg hatte Margaret Thatcher, die Tochter eines Lebensmittelhändlers aus Grantham, aus eigener Kraft errungen – dank ihrer Intelligenz, ihres selbstsicheren Auftretens und ihrer klaren, stets unmißverständlichen Ausdrucksweise. „Ich habe gehört", hatte sie vierzehn Tage zuvor geäußert, „daß Sir Keith Joseph nicht gegen Ted Heath antreten will. Jemand muß es aber tun. Dieser Jemand werde ich sein."

Fast alle Parteimitglieder hatten sie unterstützt und somit Heath's Sturz herbeigeführt. Man vertraute auf sie. In dem Augenblick, da niemand gegen Heath anzutreten wagte, hatte sie den nötigen Mut bewiesen. Sie war und blieb eine Draufgängerin, die nie und nimmer von Zweifeln geplagt wurde, damals ebensowenig wie heute. Von geradezu überschäumendem Selbstvertrauen wußte sie sehr wohl, daß dieses Wagnis das Ende ihrer politischen Karriere bedeuten konnte. Sie war jedoch fest entschlossen und zeigte sich dieser Herausforderung gewachsen. Den überaus strapaziösen Wahlkampf stand sie mit bewundernswerter Geistesgegenwart und beachtlichem Wagemut durch, bis sie schließlich siegreich aus ihm hervorging.

An diesem 11. Februar 1975 wurde ein langgehegter Traum wahr: Die Liste der bisherigen Parteiführer Churchill, Macmillan, Douglas Home und Edward Heath würde um einen weiteren, um ihren, Margaret Thatchers Namen, ergänzt werden!

Im *Committee Room 14* wollten die Glückwünsche kein Ende nehmen. „Das ist keine Wahl", hatte St. John Stevas gesagt, ein Freund Maggies und Mitarbeiter aus ihrer Zeit als Ministerin für Erziehung und Wissenschaft, „das ist die reinste Apotheose!"

Margaret Thatcher hatte sich rasch wieder gefaßt und ihren Ehemann angerufen, um ihm vom Ausgang der Wahl zu berichten. Er hatte ihn jedoch bereits im Fernsehen erfahren. Als sie den Hörer auflegte, war sie wieder ganz die alte. Sie sagte zu den Umstehenden: „Wir haben noch jede Menge Arbeit vor uns, und ich hoffe, daß Sie mir dabei helfen werden!"

Nachdem sie sich zuhause kurz ausgeruht hatte, begab sie sich noch am selben Abend erneut in ihr Büro. Am Tag darauf nahm die strahlende Siegerin, deren Gesicht jenen rosigen Teint vorwies, wie ihn nur die Engländerinnen besitzen und bis ins fortgeschrittene Alter zu bewahren verstehen, ihre erste Aufgabe in Angriff. Diese bestand traditionsgemäß in einem Besuch beim bisherigen Parteiführer Edward Heath. Er hatte noch nicht einmal seinen Dienstwagen zurückgegeben, da er keinen Augenblick lang an seiner Wiederwahl gezweifelt hatte, sondern vielmehr noch zehn Jahre im Amt zu bleiben gedachte. Maggie fuhr damals einen klapprigen Vauxhall. Zuvorkommende Freunde stellten ihr für den Besuch bei Edward Heath ihr Auto zur Verfügung.

Die Unterredung währte nur ein paar Augenblicke. Heath erwies sich bei dieser Gelegenheit als echter Gentleman und wünschte Margaret Thatcher viel Glück, obwohl hinlänglich bekannt war, daß er sie im Unterhaus nie eines Blickes gewürdigt und stets so getan hatte, als ob er sie gar nicht kenne; er hatte sich sogar standhaft geweigert, ihren Namen zu nennen, und stets nur von „ihr" gesprochen. Margaret Thatcher war sich dieser erbitterten Ablehnung durchaus bewußt gewesen, hatte sich jedoch nie darum gekümmert – im Interesse der Partei und, wie sie selbst häufig zu sagen pflegt, weil „Neid oft destruktiv, nie jedoch konstruktiv ist".

Ein paar Tage später begab sich der über den Verlust der Parteiführung bestürzte Heath nach Madeira, um sich dort von seinem Schock zu erholen und neue Kraft zu schöpfen.

Auf ihrer Fahrt zu Edward Heath läßt Margaret Thatcher an diesem 12. Februar 1975 ihren gesamten Werdegang seit ihrer Kindheit in Grantham vor ihrem geistigen Auge Revue passieren und malt sich ihre weitere politische Karriere aus. Zweifellos be-

findet sie sich auf dem besten Weg in die *Downing Street 10,* dem
Sitz des Premierministers, da ja bekanntlich, wie sie selbst festgestellt hatte, „alle Parteiführer der Konservativen Premierminister
wurden und ich darauf achten werde, daß an dieser Tradition festgehalten wird".

Dies setzte allerdings ein hundertprozentiges Engagement voraus, um die kommenden Parlamentswahlen zu gewinnen. Maggie war jedoch noch nie vor unüberwindlichen Schwierigkeiten
zurückgeschreckt und hatte stets ihr Bestes gegeben.

In ihrem Inneren war sie – wie Churchill oder de Gaulle – fest
davon überzeugt, daß ihr Aufstieg das Ergebnis einer historischen
Notwendigkeit darstellte. Bis dahin lag jedoch noch ein weiter
Weg vor ihr: Es galt nicht nur, die *Labour Party* (Arbeiterpartei)
zu besiegen, sondern – das England der sechziger Jahre war über-
holt und Maggie von einer wahren Änderungswut ergriffen – das
Ruder vollkommen herumzuwerfen. Sie wollte, daß sich ihr
Land, das gar zu lange dem Sozialismus gehuldigt hatte, von diesem abwende; daß es wieder politisch erstarke, wirtschaftlich flo-
riere und sich auf die traditionellen viktorianischen Werte zurück-
besinne. Wie Verdi propagierte auch Margaret Thatcher: „Tor-
niamo all'antico, sarà un progresso" (Laßt uns zum Alten zurückkehren, es wird ein Fortschritt sein). Sie wollte jenen Grundsätzen zu erneutem Ansehen verhelfen, die einst den Ruhm und die
Größe Englands begründet hatten: der Arbeit und ihrem gerech-
ten Lohn, dem Streben nach Gewinn, dem freien Unternehmertum und dem Patriotismus.

Vor allen Dingen wollte sie den Triumph der *Pax britannica*★
herbeiführen. Sie hoffte außerdem weiterhin auf ihr Glück, das
sie bislang noch nie im Stich gelassen hatte. Sie würde fortan noch
mehr Verantwortung tragen, und die ohnehin knappe Zeit, die
sie ihrer Familie widmen konnte, würde noch weiter beschnitten
werden. „Ein glückliches Familienleben, darin beruht der ganze
Unterschied", pflegte sie zu sagen. Sie gedachte weder Familie
noch Karriere zu opfern. Die Herausforderung war enorm, aber
sie würde sie bestehen.

2. Der Lebensmittelladen in Grantham

Margaret Hilda Roberts wurde am 13. Oktober 1925 als Kind strengreligiöser Eltern in Grantham geboren. Alfred und Béatrice Roberts lebten damals samt der einige Jahre älteren Tochter Muriel in einer bescheidenen Wohnung über ihrem noch bescheideneren Lebensmittelladen.

Man erzählt sich, daß Margarets kleiner Körper gleich nach der Geburt eine große Menge Adrenalin freisetzte, das eine Verengung ihrer Blutgefäße bewirkte und ihre Babywangen wunderschön rosig färbte. Die erstaunten Eltern verbreiteten die Neuigkeit im ganzen Städtchen, und alle waren sich darin einig, daß dies auf ein außergewöhnliches Schicksal schließen lasse.

Tatsächlich sollte Margaret ihr ganzes Leben lang immer wieder derartige Adrenalinstöße haben; später pflegte sie sogar während Fernsehinterviews ihre Gesprächspartner darauf aufmerksam zu machen, daß ein solcher bevorstand. Dies war besonders häufig bei Wahlveranstaltungen der Fall und zwar mit derartiger Regelmäßigkeit, daß sie selbst im Alter von über sechzig Jahren noch immer den herrlichen Teint einer *English rose* besitzt.

Die etwa dreißigtausend Seelen zählende Kleinstadt Grantham liegt einhundertsechzig Kilometer nördlich von London inmitten der langweiligen Landschaft des Lincolnshire. Die keineswegs besonders reizvolle oder bedeutende Siedlung schöpft, wie so viele andere englische Kleinstädte, ihren ganzen Stolz daraus, daß ihre Geschichte am Rande immer wieder mit jener des englischen Königshauses verknüpft ist.

Die erste Erwähnung Granthams reicht in das dritte Jahrhundert vor unserer Zeitrechnung zurück. Ein barbarischer Kleinkönig von gewöhnlichem Aussehen namens Gorbabanus eroberte damals die Siedlung. Anschließend wurde Grantham zu einem römischen Vorposten. Die Römer unterschieden sich von den Barbaren. Sie wogen stets das Für und Wider gegeneinander ab, bevor sie sich an eine Eroberung begaben. Wenn sie beschlossen haben, Grantham einzunehmen, müssen sie einen triftigen Grund dafür gehabt haben. Wenig später besannen sie sich allerdings eines Besseren und gaben den Vorposten rasch wieder auf.

Lange Zeit später hielt König Johann Ohneland in Grantham Hof, bevor er im Jahr 1215 die *Magna Charta*★ unterzeichnete.

Der Ortschronik ist ferner zu entnehmen, daß Eduard I. aus traurigem Anlaß eine Nacht in Grantham verbrachte, als er die sterblichen Überreste seiner Gemahlin Eleonore von Nottinghamshire nach London überführen ließ.

1483 unterzeichnete Richard III. im heute noch existierenden Hotel Angel zu Grantham das Todesurteil des Herzogs von Buckingham. Karl I. weilte eine Zeitlang in Grantham, um die gute Luft zu genießen, und Eduard VII. war schließlich der letzte Monarch, der die Ortschaft mit seiner Anwesenheit beehrte.

Unweit von Grantham kam Newton zur Welt, der hier im Jahr 1642 die *grammar school* (das Gymnasium) besuchte, bevor er in Cambridge studierte. Im selben Jahr begann Cromwell seinen Aufstieg zur Macht, indem er Grantham einnahm, das sich damals in royalistischer Hand befand.

Im Lauf des neunzehnten Jahrhunderts diente Grantham vor allem als Poststation an der Strecke nach Schottland. Mit dem Aufkommen der Eisenbahn verlor das Städtchen auch diese Funktion, so daß es heutzutage eine vollkommen untergeordnete Rolle spielt. Heute hält fast niemand mehr in Grantham an, da die neuen Direktverbindungen nach Schottland alle an der Stadt vorbeiführen.

Grantham hat auch keine kunsthistorischen Sehenswürdigkeiten zu bieten, sieht man einmal von der St. Wulframskirche ab, die mit ihrem hohen Glockenturm die Stadt und die umliegende Ebene beherrscht und als schönes Beispiel mittelalterlicher Sakralarchitektur in England gilt. Das mittlerweile *Angel & Royal* heißende einstige Hotel Angel verdient jedoch Aufmerksamkeit, und sei es nur, weil es auf eine ununterbrochene siebeneinhalb Jahrhunderte alte gastronomische Tradition zurückblicken kann.

Grantham ist heute ein beschauliches landwirtschaftlich geprägtes Zentrum, an dessen Peripherie ein paar Maschinenfabriken und ein Übungsplatz der britischen Luftwaffe, der *Royal Air Force* (RAF), liegen.

Um Einblick in die Persönlichkeit Margaret Thatchers zu gewinnen, ist es notwendig, sich kurz mit ihrer Familie, insbesondere mit ihrem Vater zu befassen. Letzterer brachte ihr von Anfang an besonders viel Verständnis entgegen; er ebnete ihr durch seine Unterstützung den Weg an die Universität und trug maßgeblich zu ihrer politischen Karriere bei. Es ist ein Tochter-Vater-Verhältnis mit ödipusähnlichen Zügen.

Maggies Großmutter mütterlicherseits stammte aus Irland und arbeitete als Toilettenfrau im Bahnhof. Als ihre Tochter Béatrice Alfred Roberts ehelichte, zog sie zu dem jungen Paar. Alfred Roberts war walisischer Herkunft und kam aus einer Schuhmacherfamilie mit sechs jüngeren Geschwistern. Mit zwölf Jahren ging er von der Schule ab und suchte sich eine Arbeit, um zum Lebensunterhalt der Familie beizutragen. Nachdem er seinen Traum, Volksschullehrer zu werden, schweren Herzens begraben hatte, setzte er jedoch nicht etwa die Schuhmachertradition fort, sondern verdingte sich als Gehilfe in einem Lebensmittelladen in Grantham. Mit unbeirrbarer Zielstrebigkeit sowie ausschließlich auf seine eigenen und die Kräfte seiner Frau zählend verbesserte er binnen kurzer Zeit die soziale Stellung seiner Familie.

Der gutaussehende Mann mit seinem dichten, weißen Haar war eine imposante, von Natur aus vornehme Erscheinung. Seine Kurzsichtigkeit zwang ihn, seine wunderschönen blauen Augen hinter dicken Brillengläsern zu verbergen. Er war für seine Ordnungsliebe und sein freundliches Wesen bekannt sowie für die grenzenlose Neugier, die er allem und jedem entgegenbrachte – als ob es einen Makel wettzumachen gelte. Sein vorzeitiger Abgang von der Schule hatte in ihm nicht etwa ein Gefühl der Minderwertigkeit ausgelöst, sondern vielmehr einen enormen Wissensdurst, dem er ungehemmt frönte. Alfred las viel, er verschlang alles, was ihm unter die Finger kam. Aus der Stadtbücherei entlieh er regelmäßig Biographien oder Geschichtsbücher zur eigenen Lektüre. Später wurde er Mitglied des Büchereikomitees.

In der Regel wurden die gelesenen Bücher im Familienkreis besprochen, wobei Alfred großen Wert darauf legte, daß jeder frei seine Meinung äußern konnte. Häufig entfernte man sich im Eifer des Gefechts vom eigentlichen Thema und stieß in andere Interessensgebiete des Lebensmittelhändlers vor: Man unterhielt sich über das britische Weltreich, das er zutiefst verehrte, über die Politik, von der er ganz festgefügte, liberale Vorstellungen hatte, aber auch über die Gewerkschaften.

Der Zweite Weltkrieg war noch nicht ausgebrochen, und die Gewerkschaften standen im Begriff, sich zu festen Faktoren des politischen Lebens zu entwickeln. Alfred Roberts hatte nichts für sie übrig, er war ein eingefleischter Sozialistengegner. Man darf daher annehmen, daß seine Stellungnahmen auf fruchtbaren Boden fielen und sich seine Tochter während der endlosen Gespräche im Familienkreis die väterlichen Standpunkte aneignete.

Dieser Meinungsaustausch wurde umso ergiebiger, als die Familie mit der Zeit immer seltener zusammenfand: Die Töchter kamen in die Schule, und die Eltern waren den ganzen Tag durch den Lebensmittelladen in Anspruch genommen.

Schritt für Schritt hatte der Autodidakt eine umfassende Bildung erworben, wobei ihm sein außerordentlich gutes Gedächtnis wertvolle Dienste leistete. Seine sprichwörtliche Hartnäckigkeit kannte in der Tat keine Grenzen.

Er gehörte zu jenen, die überzeugt sind, daß nichts unmöglich ist. Für sich und die Seinen hatte er eine Philosophie nach dem Vorbild Nietzsches entwickelt, die er in Maximen kleidete, wie etwa: „Du sollst nie aus Angst, anders zu sein, einfach blindlings der Masse folgen. Jeder muß für sich selbst entscheiden, was zu tun ist und nötigenfalls wirst eben Du die Menge anführen" oder: „Deine Entscheidungen sollst Du ganz alleine treffen, Du sollst nicht blindlings Deinen Freunden nacheifern". Bestimmte Sätze, wie: „Ich will nicht", „Das ist zu schwierig", oder: „Ich bin müde", kamen ihm nie und nimmer über die Lippen.

Es bedarf keiner großen Phantasie, um sich auszumalen, daß die Bemühungen dieses Mannes, seine Lebensphilosophie – diese Mischung aus Couéismus* und linkisch propagiertem Überlegenheitsgefühl – an seine Töchter weiterzugeben, von Erfolg gekrönt waren. Besonders Margaret, die in ihrem Wesen am engsten mit dem Vater verwandt war, übernahm dessen Lehren und befolgte sie ihr ganzes Leben lang, indem sie vor keiner noch so großen Herausforderung zurückschreckte, sondern sich ihr mit Erfolg stellte.

Diesem Vater, der ihr Ehrgeiz und Selbstwertgefühl eingeflößt hatte, zollte sie später die liebevolle Anerkennung: „Ich verdanke ihm alles, einfach alles!" Er hatte sie zu der Superfrau gemacht, die ihrerseits zum politischen Superstar wurde.

Die von Beatrice Roberts und ihren Töchtern peinlich in Ordnung gehaltene Wohnung war der Schauplatz eines einfachen, aber glücklichen Familienlebens. Über dem Lebensmittelladen gelegen, bestand die Wohnung aus drei Zimmern und einer Küche. Es gab weder ein Bad noch eine Toilette. Unten im Hof befanden sich ein Gemeinschaftsbad und eine Gemeinschaftstoilette für das gesamte Haus. Jedes Zimmer verfügte über eine Waschschüssel und einen Eimer. Das viktorianische Mobiliar war zweckmäßig, bar jeder Eleganz und stets auf Hochglanz poliert. Die Stühle in der Wohnstube hatten zwar die stattliche Summe von einem Pfund pro Stück gekostet, waren aber auch außerordentlich stabil.

Diese in Bahnhofsnähe gelegene Wohnung, deren Fensterscheiben klirrten, wenn ein Zug vorbeifuhr, mag ärmlich erscheinen, doch muß man sich vergegenwärtigen, daß Familien wie die Roberts, ja selbst einige bessergestellte Familien damals in ganz bescheidenen Verhältnissen lebten. Das war das Los des englischen Kleinbürgertums zwischen den beiden Weltkriegen.

Die Familie Roberts führte ein glückliches Dasein innerhalb einer Interessen- und Arbeitsgemeinschaft, deren einzige Abwechslung in den Festen der Kirchengemeinde, Wohltätigkeitsveranstaltungen und Konzertabenden im Rathaus bestand.

Beide Töchter erhielten Klavierunterricht, und die stets durch überdurchschnittliche Leistungen glänzende Margaret gab 1939 anläßlich des Musikfestes sogar ein Konzert.

Obwohl ihre Eltern nur die Beschäftigung mit klassischer Musik duldeten, interessierten sich die beiden Mädchen durchaus auch für die damaligen Schlager. Eines Abends, als ihre Eltern ausgingen, um im *Rotary Club*★ zu speisen, nutzte Margaret die Gelegenheit, um sich in aller Ruhe vor dem kürzlich erworbenen Familienradio niederzulassen und Henri Hall samt Orchester zu lauschen.

„Ich werde nie vergessen", beschrieb sie später, „wie wir unser erstes Familienradio erstanden – es war ein Ereignis! Ich war etwa zehn Jahre alt und besuchte in Grantham die Grundschule, die *Huntington Tower Road Elementary School*. Unser Schulweg war fast zwei Kilometer lang, die wir vier Mal täglich zurücklegen mußten: morgens hin, mittags zurück, da in der Schule kein Essen ausgegeben wurde; anschließend hieß es, wieder zur Schule laufen, und abends legten wir die zwei Kilometer ein weiteres Mal zurück, um heimzukehren. An dem Tag, an dem wir das Radio erstanden, bin ich fast im Laufschritt nach Hause geeilt. Eine ganz neue Welt tat sich mir auf. Unter gar keinen Umständen versäumte ich die Sendungen *Monday Night at Seven* („Montag abend um Sieben") oder *Saturday Night Music Hall* („Die Samstagabend Musikhalle"), in denen die damaligen Stars auftraten . . . Während des Krieges wurde im Anschluß an die Abendnachrichten ein sogenanntes *postscript* ausgestrahlt, in welchem bald Winston Churchill, bald J. B. Priestley oder der bekannte amerikanische Journalist Quentin Reynolds zu Wort kamen. Ganz zu schweigen von der wundervollen Sendung *In Town Tonight* („Heute abend in der Stadt"), zu der sich an jedem Samstagabend die ganze Familie vor dem Radio versammelte. Ich bezweifle, daß je ein besseres Programm gestaltet wurde als dieses".

Was ihre Kindheit anbelangt, kann Margaret Thatcher sich noch an jede Einzelheit erinnern. Dieser Lebensabschnitt wird am treffendsten mit ihren eigenen, von ihrer autorisierten Biographin Tricia Murray festgehaltenen Worten umschrieben: „Wir waren eine harmonische Familie, die alles gemeinsam machte. Meine Schwester Muriel ist vier Jahre älter als ich, . . . das war ein ganz beachtlicher Abstand, der sich natürlich auch im Alter unserer jeweiligen Freunde widerspiegelte. Aber wir blieben einander dennoch sehr nahe. Wenn man einen Lebensmittelladen hat, ist die damit verbundene Arbeit ein fester Bestandteil des Familienlebens. Wir waren eine Familie von Lebensmittelhändlern, die für gewöhnlich die Kunden aufsuchte, um ihre Bestellungen entgegenzunehmen und anschließend die gewünschten Waren zu liefern. Mein Vater machte sich zweimal wöchentlich auf den Weg, um Bestellungen einzuholen. Manchmal begleitete ich ihn dabei. Damals gab es viel mehr zu tun als heutzutage: Die Butter mußte zunächst von einem großen Klumpen abgeschnitten und anschließend gewogen werden; der Zucker wurde ebenfalls lose in riesigen Säcken und der Tee in enormen Blechdosen aufbewahrt . . ., all dies mußte außerhalb der eigentlichen Arbeitszeit geschehen, so daß meine Schwester und ich ganze Vormittage damit zubrachten, meinen Eltern zu helfen . . . Wir genossen eine sehr strenge Erziehung und durften weder ins Kino noch sonntags Gesellschaftsspiele machen.

Meine Großmutter lebte bis zu ihrem Tod bei uns. Sie starb, als ich zehn Jahre alt war. Um die eine viktorianische Strenge ausstrahlende Frau nicht zu verletzen, übernahmen meine Eltern einige ihrer Verhaltensmaßregeln. Meine Großmutter pflegte stets zu sagen: ‚Wenn Du etwas tust, dann mache es auch gut‘. Wir waren Methodisten, und „Methodist" kommt von „Methode". Man lehrte uns, was richtig war und was nicht – bis ins kleinste Detail. Es gab Dinge, die tat man einfach nicht – Punktum! Man vermittelte uns ein ausgeprägtes Pflichtgefühl gegenüber Kirche und Nachbarn. Verantwortungsbewußtsein wurde ganz großgeschrieben. Für uns Kinder war das nicht immer sehr lustig: Wir erhielten weniger Taschengeld als die anderen und verbrachten auch unsere Sonntage völlig anders. An diesen Grundsätzen hielt mein Vater zeit seines Lebens fest."

Dieses der Benediktinerregel *Ora et Labora* (Bete und arbeite) nachempfundene Leben, in dem ein Kinobesuch etwas so außergewöhnliches war, daß man Wochen vorher davon träumte, oder in dem Einkäufe das höchste Glück darstellten, dürfte in der Tat nicht sehr lustig gewesen sein.

„Manchmal gingen wir in die nächstgelegene Stadt, nach Nottingham, um einzukaufen", erinnert sich Margaret. „An einem *bank holiday* durfte ich einen Film mit Ginger Rogers und Fred Astaire sehen. In den dreißiger Jahren grenzten die mit grell angestrahlten Orgeln ausgestatteten Kinosäle an riesige Restaurants. Der Organist war stets ein bekannter Künstler wie etwa Sandy MacPherson, der im Kino des britischen Rundfunks, der *British Broadcasting Corporation* (BBC), spielte.

Zunächst nahmen wir eine Tasse Tee zu uns, dann begaben wir uns in den benachbarten Kinosaal, um dem Organisten zuzuhören. Schließlich schauten wir uns den Film an. Während der Rückfahrt im Autobus ließ ich jede einzelne Minute dieses Tages Revue passieren. Vielleicht ist er mir deshalb noch so deutlich in Erinnerung. All das scheint in der heutigen Zeit gang und gäbe zu sein. Heutzutage fehlt jener magische Zauber, der für uns eine solche Unternehmung zu einem unvergeßlichen Augenblick werden ließ."

Für dieses Mädchen, das seine glückliche Jugendzeit vor dem Zweiten Weltkrieg im Schoße einer Familie verbrachte, die das Leben als einmalige und wertvolle, ganz von Arbeit und Pflichtbewußtsein bestimmte Erfahrung verstand, besaß auch die Ferienzeit keinen besonderen Reiz. Man begab sich lediglich eine Woche lang an einen anderen Ort, um frische Luft zu schöpfen und sich auszuruhen.

Beatrice Roberts reiste mit ihren beiden Töchtern ans Meer. Dort mieteten sie eine einfache Ferienwohnung und bereiteten selbst ihre Mahlzeiten zu. Sobald sie heimkehrten, verreiste Alfred für eine Woche – mutterseelenallein. Auf diese Weise blieb der Lebensmittelladen kontinuierlich geöffnet. Leichtfertige Vergnügungen fanden in diesem strengen Lebenswandel keinen Platz.

Margaret gibt folgende Schilderung: „Die Kirche war ein fester Bestandteil unseres Lebens. Sonntagmorgens um zehn ging ich zur Sonntagsschule und anschließend um elf Uhr zum Gottesdienst in die schmucklose Methodistenkirche in der *Finkin Street*, die gewissermaßen den Dreh- und Angelpunkt unseres gesellschaftlichen Lebens bildete. Um halb drei suchte ich erneut die Sonntagsschule auf, um für die musikalische Begleitung zu sorgen. Im allgemeinen besuchte ich auch noch den Abendgottesdienst. Meine Mutter nahm jeden Mittwoch an den Nähkursen teil. Freitags trafen sich die Jugendlichen. Dank unseres großen kirchlichen Engagements hatten wir automatisch eine Vielzahl von Freunden. Nach dem Abendgottesdienst pflegten wir sonntags bei Freunden zu essen oder diese zu uns einzuladen. Es gehörte zu unseren festen Gewohnheiten, Freunde aus der Kirchengemeinde zum Tee oder zum Abendessen dazubehalten."

Alfred Roberts war offensichtlich tief religiös. Den Tag des Herrn, an dem der Laden selbstredend geschlossen blieb, nutzte er, um sich mit seiner Familie in frommer Andacht zu versammeln. Er war sehr gewissenhaft auf die Einhaltung der biblisch fundierten Sonntagsruhe bedacht. In seiner Funktion als Stadtrat widersetzte er sich jahrelang der sonntäglichen Öffnung von Tennisplätzen, Schwimmbad und städtischen Parkanlagen. Erst während des Krieges zeigte er sich in dieser Frage nachgiebiger, um den Soldaten eine wohlverdiente Abwechslung zu bieten. Im übrigen war er ein hervorragender Laienprediger und gehörte mindestens zehnmal dem Kirchengemeinderat an.

Margaret Thatcher schildert eine Familie, die geradewegs der Erbauungsliteratur eines De Amicis oder der Comtesse de Ségur zu entstammen scheint – abzüglich der Heuchelei. Das Leben der Familie Roberts drehte sich ausschließlich um Arbeit, Religion und Pflichterfüllung – typisch viktorianische Wertvorstellungen, wie Maggies Gegner ihr später im Wahlkampf einmal als Kritik an ihrer engstirnigen Politik vorhielten. Margaret Thatcher hatte diesen Vorwurf mit der nüchternen Feststellung abgetan, daß es eben diese Wertvorstellungen waren, die Großbritannien im vergangenen Jahrhundert zu seiner Großmachtstellung verholfen hatten.

Die Weihnachtszeit liebte Margaret während ihrer Kindheit ganz besonders. Endlich zog mit Tannenzweigen, Girlanden und *Christmas puddings* – der unvermeidlichen flambierten Nachspeise der Angelsachsen – etwas Zauber in den Laden ein. Über den ganzen Weihnachtsvorbereitungen durften jedoch auch die Bedürftigen nicht zu kurz kommen. Die Roberts brachten daher liebevoll verpackte Geschenke in den *Rotary Club,* der sich um ihre Verteilung kümmerte.

„Wie soll ich die Aufregung beschreiben, welche herrschte, als wir unseren ersten Lieferwagen kauften?" fragt sich Margaret. „Damals gab es noch nicht soviele Autos wie heute, und man mußte hart arbeiten, um sich eines leisten zu können. Es war ein richtiges Ereignis . . . Von nun an brachten wir die bestellten Waren nicht mehr per Fahrrad, sondern mit dem Lieferwagen zu den Kunden." Zweifelsohne hat Margarets Vater mit seinem vernunftbegründeten, fleißigen und durchorganisierten Lebenswandel und seiner Rechtschaffenheit Margarets Werdegang ganz entscheidend beeinflußt. Aber auch ihrer still im Hintergrund wirkenden Mutter zollte Margaret später ausdrücklich Anerkennung. Ihr verdankte sie die praktische Ader, die ihr im Laufe ihres Lebens sehr zustatten kam. Sie hatte von ihr alle möglichen häuslichen Tätigkeiten erlernt – vom Bügeln, Kochen, Nähen und Brotbacken bis hin zum Tapezieren!

„Sonntags stand meine Mutter in aller Frühe auf, um Brot zu backen", – berichtete Margaret Tricia Murray. „Wenn wir gegen acht Uhr herunterkamen, holte sie gerade den ersten Schub Brötchen aus dem Backofen. Sie war eine überaus geschickte Frau. Vor ihrer Heirat hatte sie in Heimarbeit geschneidert. Nie gönnte sie sich einen Augenblick der Ruhe. Sie bediente Kunden im Lebensmittelladen, besorgte den Haushalt, kochte, wusch und bügelte alles selbst. Nie kam es vor, daß sie etwas in die Wäscherei gab."

Unterdessen wurde Alfred Roberts in Grantham immer mehr zu einer Person des öffentlichen Lebens. Er war ehrenamtlicher Mitarbeiter des *National Saving* (Landessparkasse) und zählte zu den Gründungsmitgliedern des örtlichen *Rotary Clubs.* Man wählte ihn zum Vorsitzenden der Lebensmittelhändlervereinigung innerhalb der Handelskammer von Grantham, in den Elternbeirat der Jungen- und Mädchenschule und schließlich in den Stadtrat. Hier übte er vor allem die Funktion eines Kämmerers aus. Nachdem er bei Ausbruch des Ersten Weltkriegs seiner schlechten Augen wegen ausgemustert worden war, tat er sich 1939 als befehlshabender Offizier des Zivilschutzes hervor. 1940 erfolgte seine Wahl zum Bürgermeister von Grantham, ein Amt, das er neun Jahre lang innehatte und in welchem ihm seine Frau geschickt zur Seite stand, indem sie sich ebenfalls um die Belange der Granthamer Bürger kümmerte. Die Devise der Roberts hieß *dienen;* so lautete denn auch der Tenor von Alfreds Antrittsrede als Bürgermeister: „Gemeinsam der Gemeinschaft dienen".

Ein Foto von damals zeigt den Bürgermeister in Galauniform – fast meint man einen Sargträger vor sich zu haben – hinter seiner Frau stehend, deren Rang durch eine Amtskette dokumentiert wird. Das Paar wird von seinen beiden Töchtern Muriel und Margaret flankiert. Alle vier blicken würdevoll und mit gezwungenem Lächeln in die Kamera.

Aufgrund der bisherigen Schilderung könnte man Alfred Roberts für einen ehrgeizigen, salbungsvollen Emporkömmling halten, womit man ihm allerdings unrecht täte. Gewiß war er ehrgeizig und stets bestrebt, die eigene Situation und die der Seinen zu verbessern, doch verstieß er dabei nie gegen die Grenzen, die seine strenge Religiosität und seine eiserne Arbeitsdisziplin ihm zogen. Nie wandte er unlautere Tricks oder fragwürdige Kniffe an, um den insgesamt beachtlichen Aufstieg der Familie herbeizuführen. Das *Grantham Journal* lobte ihn zurecht als einen „treu an seinen Prinzipien festhaltenden Menschen, den wir wegen seiner Rechtschaffenheit und Offenheit schätzen, mit denen er öffentlichen Aufgaben nachkommt". Wenig später wurde er von demselben Blatt wegen seiner unglaublichen Tatkraft, seiner Korrektheit und seiner großen Rednergabe gerühmt. Der Lebensmittelhändler verstand sich nämlich auch darauf, seine Zuhörer zu fesseln. David Wood, der spätere politische Redakteur der *Times,* der seine journalistische Laufbahn beim *Grantham Journal* begann, erinnert sich sehr gut an die natürliche Beredsamkeit des Bürgermeisters, dem alle gerne zuhörten.

„Ich war ein sehr ernstes Kind", erklärte Margaret später einmal, „aber ich war keineswegs affektiert, und man kann wohl sagen, daß ich eine glückliche Kindheit verlebte, jawohl, eine glückliche Kindheit". Sie war – anders gesagt – nicht zwangsläufig in den Ruf chronischer Heiligkeit geraten oder der Bigotterie verfallen, sondern hatte trotz ihrer familiären Umgebung eine normale Entwicklung ohne größere moralische Krise durchlaufen.

Von der Volksschule wechselte sie auf die *Kesteven and Grantham Girls School* über, eine sogenannte *grammar school*, dem britischen Pendant zu unserem Gymnasium. Auch Muriel hatte seinerzeit diese Schule besucht. Für jene, die mangels Vermögen nicht in eine *public school* (Adels-, Standesschule) gehen konnten, waren die *grammar schools* die einzige Möglichkeit, eine höhere Schulbildung zu erwerben.

Obwohl die Aufnahmeprüfung alles andere als leicht war, bestand Margaret sie so gut, daß sie ein Stipendium erhielt, das allerdings nicht ganz ausreichte, um das stattliche Schulgeld zu bestreiten. Die Einrichtung genoß einen ausgezeichneten Ruf bis über Grantham hinaus. Da Alfred Roberts durchaus für die Ausbildung seiner Töchter aufkommen konnte, fand er sich gerne dazu bereit. Er hoffte, daß ihnen großer Erfolg beschieden sein möge. Lange schon hatte er bemerkt, daß Margaret die intelligentere war, und konzentrierte sein ganzes Wunschdenken auf sie.

Margaret war sich sehr wohl bewußt, welch finanzielles Opfer ihre Eltern für sie erbrachten, und war nach Kräften bemüht, die in sie gesetzten Hoffnungen zu erfüllen. Vor allem ihren Vater wollte sie auf gar keinen Fall enttäuschen, mit dem sie von frühester Kindheit an ein besonders enges Verhältnis verband. Sie war eine vorbildliche Schülerin, die mit großem Fleiß büffelte, stets mehr wußte als die anderen und deren Erfolge eher auf eifriges Pauken als auf Begabung zurückzuführen waren. Sie galt nach kurzer Zeit als Musterschülerin, die sich stets treffend auszudrücken und hervorragend zu beobachten wußte.

Waren es nicht gerade diese Eigenschaften, die sie sich später im Unterhaus zunutzemachte, wenn sie im Rahmen der *Question Time* (Fragestunde) mit aktuellen Fragen konfrontiert wurde, die sie nie unvorbereitet trafen oder aus der Fassung brachten und zu deren Beantwortung sie unermüdlich wie Quecksilber von ihrer Bank aufsprang? Schon damals hatte sie die parlamentarisch anmutende Manie nachzuhaken: „Denkt der Redner etwa, daß . . .?"

Die Schule wurde zunächst von Gladys Williams und anschließend von Miss Gillies geleitet, die Margaret dazu veranlaßte, in der Theatergruppe mitzuspielen.

Maggie freundete sich mit der Familie Campbell an, deren Tochter Judy für das Theater schwärmte und später Schauspielerin wurde. Zusammen mit Judy nahm sie in Grantham an einem Schauspielwettbewerb teil und gewann den Preis für den besten Vortrag. Als ihre Schulleiterin sie mit den Worten beglückwünschte, „Du hast Glück gehabt, Margaret!", widersprach sie ihr mit der Feststellung: „Das war keine Frage von Glück, ich habe den Preis verdient!" Miss Gillies blieb nichts anderes übrig, als Margaret zuzureden, Sprechunterricht zu nehmen. Ihr typischer Lincolnshire Akzent war nicht sehr elegant. „Man muß einfach gut sprechen können", belehrte Margaret ihren Vater, der sich sofort bereit erklärte, für die Sprecherziehung aufzukommen.

Es wurde schon viel über Margaret Thatchers Akzent und Stimme geschrieben. Im Unterhaus und vor allem bei Fernsehauftritten zeitigte Margarets Stimme eine verheerende Wirkung. Einige Zeitungen machten sich einen Spaß daraus, über ihre krampfhaft den Tonfall der *upper classes* (der gehobenen Gesellschaftsschichten) nachahmende Sprechweise zu spotten. Sobald Maggie den Mund aufmachte, lachte man über sie, bis sie einige Zeit später auf Anraten von Gordon Reece, der für die Imagepflege der angehenden Premierministerin zuständig war, diesen Mangel durch gezieltes Üben behob.

Dieses Problem war von allergrößter Bedeutung, denn in keinem anderen Land der Welt spielt der Akzent eine so zentrale Rolle wie in Großbritannien, wo er unweigerlich die soziale Herkunft des Sprechers verrät. Wer nicht über einen echten U-Akzent verfügt (*U* steht hierbei für *upperclass*), gibt damit implizit zu erkennen, daß er keines der angesehenen *Colleges* besucht hat, seine Kleidung nicht bei erstklassigen Schneidern bezieht und keinem vornehmen Club angehört.

Dachte die junge Maggie angesichts des errungenen Preises, ihres gefälligen Äußeren, ihres rosigen Teints und ihres außerordentlichen Gedächtnisses nie daran, Schauspielerin zu werden? Vielleicht doch . . . Ebenso wie sie unter dem Einfluß ihrer Kipling-Lektüre *Indian Civil Servant* werden wollte, das heißt, als Beamtin der englischen Krone in die indischen Kolonien gehen wollte. Als Miss Gillies mit dem Hinweis: „Diese Laufbahn steht nur ganz wenigen Frauen offen!" Margarets Begeisterung zu dämpfen suchte, entgegnete diese nur: „Ein Grund mehr, sie anzustreben".

Ihre Schwester Muriel berichtete, daß Margaret gut mit Geld umgehen konnte. Ein Pfund Sterling wurde in ihren Händen binnen kürzester Zeit zu einem Pfund und sechs Pences. Auch schien ihr Taschengeld stets länger zu reichen als dasjenige Muriels.

Trotz ihres Arbeitseifers fanden die Robertstöchter noch Zeit, sich sportlich zu betätigen. Beide lernten schwimmen, und Margaret wurde für die Hockeymannschaft ausgesucht.

Mit Kunst hatten sie dagegen weniger im Sinn. Margarets Sammlerinteresse für altes Porzellan erwachte erst viel später.

Miss Clegg erteilte ihnen auch Französischunterricht. Als Abgeordnete mußte Margaret später jedoch feststellen, daß ihre Sprachkenntnisse keineswegs ausreichen, und suchte sie mit Hilfe der kostenlosen Kurse, die das *Foreign Office* (Auswärtiges Amt) für Diplomaten durchführen ließ, zu vervollständigen. Ihr Vater war es, der sie in die Welt der Politik einführte. Als er 1935 im Wahlkampf einen konservativen Lokalpolitiker unterstützte, bestand er darauf, daß Margaret ihn begleitete. Ihre Rolle beschränkte sich darauf, regelmäßig Listen vom Hauptquartier des Kandidaten in das Wahlbüro zu bringen. Sie war damals knapp zehn Jahre alt und erregte den Neid ihrer Klassenkameraden. „Die Politik ging mir in Fleisch und Blut über und wurde ebenso wichtig für mich wie Theater und Musik", sollte sie später feststellen.

Hätte man sie damals jedoch, wie es in der Schule üblich ist, angehalten, einen Aufsatz mit dem Thema: *Was ich später einmal werden will* zu schreiben, so wäre ihr garantiert nicht die Politik in den Sinn gekommen, eine Laufbahn, für die Margaret sich erst viel später – gegen Ende ihres Studiums in Oxford – und unter ganz anderen Voraussetzungen entschied.

Muriel hatte in der Zwischenzeit Grantham den Rücken gekehrt, um in Birmingham eine physiotherapeutische Ausbildung zu absolvieren. Sie war wie geblendet von all den Luxusboutiquen, in denen es wunderbare Kleider, feinste Wäsche und Schminkutensilien zu kaufen gab. Sie berichtete Margaret von ihren Entdeckungen und brachte ihr immer wieder Kleinigkeiten – ein Paar Seidenstrümpfe oder eine Puderdose – mit. „Unsere Kleider waren keineswegs häßlich", erklärte Margaret gegenüber Tricia Murray, „im Gegenteil, sie waren aus hübschem Stoff und gut geschnitten. Aber sie waren selbstgenäht und ein Kleid von der Stange zu kaufen, erschien uns damals als der absolute Luxus. Meine Mutter schneiderte hervorragend, aber dennoch hatten meine Schwester und ich stets den Eindruck, anders gekleidet zu sein als die anderen".

Ihre erste Londonfahrt war für Margaret ein echtes Erlebnis. Für jemand, der nur selten ins Kino ging, dessen, wenn auch reges gesellschaftliches Leben sich ausschließlich innerhalb der Kirchengemeinde und der Lokalpolitik abspielte, war es ein berauschendes Abenteuer, eine Woche lang bei Freunden der Eltern in der Hauptstadt zu wohnen. Diese Reise hat sich Margaret tief eingeprägt. Sie weiß noch genau, wie aufgeregt sie war, als sie den Tower anschaute oder die Wachablösung vor dem Buckingham Palast beobachtete; sie erinnert sich an den Zoo, an das *Musical,* das sie abends besuchte – *The desert song* stand gerade auf dem Programm –, an die unzähligen Lichter, die Menschenmassen . . .

Die Entdeckung, daß außerhalb Granthams andere Lebensformen, andere Interessen existierten, schien auf Margaret keinen nachhaltigen Einfluß auszuüben. Bei ihrer Rückkehr fügte sie sich ganz selbstverständlich wieder in den gewohnten Alltag ein. Tat sie dies aus Gleichmut, oder weil sie klare Prioritäten setzte? Beides dürfte zutreffen.

Etwa um diese Zeit bekam die Familie Roberts genauen und tragischen Einblick in den Krieg, der auf dem Kontinent tobte, sowie in die grausame Hartnäckigkeit, mit der Hitler die Juden zu vernichten suchte. In Grantham hatte man bisher nichts darüber gewußt, und auch im übrigen Großbritannien begann die schreckliche Wahrheit nur ganz allmählich durchzusickern.

Muriel besaß eine Wiener Brieffreundin namens Edith, ein jüdisches Mädchen. Als nach dem Anschluß Österreichs im Namen des Führers die ersten Juden verhaftet wurden, hatten Ediths Eltern die glückliche Eingebung, die Roberts um Asyl für ihre Tochter zu ersuchen, falls diese überhaupt aus Österreich hinauskomme. In ihrer großzügigen, hilfsbereiten Art sagten die Roberts postwendend zu.

In Grantham eingetroffen, berichtete Edith, was sich unter dem nationalsozialistischen Regime zutrug. Den Roberts verschlug es die Sprache. Die Schilderung derart barbarischer und abwegiger Greueltaten jagte ihnen kalte Schauer den Rücken hinunter und überstieg ihre Vorstellungskraft, zumal das entsetzliche Geschehen die Kleinstadt bislang allenfalls am Rande berührt hatte.

Für Margaret war nun der Zeitpunkt gekommen, sich Gedanken über ihre weitere Ausbildung zu machen. Da dieses Mädchen aus der Provinz hoch hinaus wollte, würde sie früher oder später an der Universität landen. Zumal ihre beste Freundin Margaret Goodrich ihr bereits zuvorgekommen war. Oxford und Cambridge – oder Oxbridge, wie sie häufig zusammengefaßt werden, – sind die beiden berühmten Universitäten Englands. Margaret entschied sich für Oxford, genauer gesagt für das 1879 gegründete Somerville College, das erst seit 1920 auch Mädchen offenstand.

Da sie keine Lateinkenntnisse nachweisen konnte, blieb ihr der Zugang zur Universität verwehrt. Miss Gillies traute Margaret nicht zu, fünf Jahre Lateinunterricht in zwölf Monaten nachzuholen, und riet ihr nachdrücklich davon ab, ein derart kostspieliges Wagnis einzugehen, das ihrer Ansicht nach zwangsläufig zum

Scheitern verurteilt war. Sie hatte jedoch nicht mit der Entschlossenheit des Mädchens gerechnet, das vom Gegenteil überzeugt war – und ihre Schulleiterin widerlegte. „Sie will meine ehrgeizigen Pläne durchkreuzen", schimpfte sie wütend und bewog ihren Vater, ihr weitere Lateinstunden zu bezahlen. Jahrzehnte später sollte sie an ihrer alternden Schulleiterin eine von wenig christlicher Nächstenliebe zeugende, fast grausame Rache nehmen. 1960, als sie bereits eine wichtige Persönlichkeit des öffentlichen Lebens darstellte, wurde sie von ihrer ehemaligen Schule nach Grantham eingeladen, um die Schirmherrschaft über die Jubiläumsfeier zu übernehmen. Nach dem Abendessen sollte Margaret das Wort ergreifen, und die damals bereits pensionierte Miss Gillies führte sie mit ein paar netten Begrüßungsworten ein. Zu ihrem Unglück war sie auf die verhängnisvolle Idee verfallen, einen lateinischen Spruch zu zitieren, wobei ihr prompt ein Fehler unterlief. Als Margaret an die Reihe kam, nutzte sie die Gelegenheit, um das Zitat zu korrigieren und ihre einstige Lehrerin vor allen Anwesenden bloßzustellen.

Nun konnte sie sich an der Universität Oxford einschreiben. Sie entschied sich rasch für den naturwissenschaftlichen Zweig, da ihrer Auffassung nach „den Naturwissenschaften die Zukunft gehört und sich in Kürze eine Vielzahl von Arbeitsmöglichkeiten in der Forschung auftun werden". Bei der universitären Aufnahmeprüfung erzielte sie zwar eine ordentliche Durchschnittsnote, die jedoch nicht ausreichte, um in den Genuß eines Stipendiums zu kommen. Im übrigen waren nicht genügend Studienplätze vorhanden, so daß Margaret auf einer Warteliste landete. Dies entmutigte sie jedoch keineswegs. Und siehe da, sie hatte erneut Glück: Kurze Zeit später teilte ihr die Collegeleitung mit, daß ein Platz frei sei. Blieb noch die Frage, wovon sie die Studiengebühren bestreiten sollte. Wieder kam ihr der Vater zu Hilfe, damit sie diese einzigartige Gelegenheit nutzen konnte.

Und wie stand es mit ihrem Verhältnis zu Politik? Obwohl sie sich nach wie vor für Politik interessierte, dachte Margaret zu diesem Zeitpunkt nicht im geringsten daran, eine kostspielige Abgeordnetenkarriere anzustreben. Die Parlamentarier erhielten damals nämlich eine jährliche Aufwandsentschädigung von ganzen vierhundert Pfund Sterling, wovon sie auch noch die Sekretariatskosten bezahlen mußten. „Ich war stets gezwungen", bemerkte Margaret später, „eine Laufbahn einzuschlagen, von der ich auch meinen Lebensunterhalt bestreiten konnte".

3. Oxford

Endlich war Margarets langgehegter Wunsch in Erfüllung gegangen: Sie studierte in Oxford. Margaret schwebte im siebten Himmel. Diese Erfahrung prägte sie so sehr, daß sie bei jeder Gelegenheit Jugendlichen energisch zuredete, möglichst gute Leistungen zu erbringen, ganz gleich, ob es sich um Jungen oder Mädchen handelte. Anläßlich einer Rede, die sie 1961 vor dem Gymnasium von Spilsby in Lincolnshire hielt, sagte sie im wesentlichen: „Es ist ein Irrtum zu glauben, daß ein Mädchen, da es später ja doch heiraten wird, keine höhere Schule zu besuchen oder gar zu studieren braucht. Die Frauen sollten vielmehr eine qualifizierte Ausbildung erhalten und nach ihrer Heirat halbtags arbeiten". Auch als Ministerin für Erziehung und Wissenschaft setzte sie sich später unablässig für derartige Fragestellungen ein.

Mit Oxford tat sich Margaret 1943 eine vollkommen neue Welt auf: Theater, Konzerte, Kinos, Vorträge, Tanzabende, Boutiquen und Bibliotheken warteten plötzlich auf ihren Besuch.

Obwohl jedes College eine gewisse Eigenart besaß, waren sie doch durch eine Gemeinsamkeit miteinander verbunden: durch überall herrschenden Wettbewerbsgeist, der Margaret durchaus nicht mißfiel.

Gleichzeitig spielten in Oxford die einzelnen Cliquen eine zentrale Rolle im täglichen Leben. Wohl herrschte zu Margarets Zeiten eine andere Atmosphäre als in den dreißiger Jahren und war Oxford folglich nicht mehr jene aristokratische und großbürgerliche Hochburg, jene elitäre Ausbildungsstätte für die Sprößlinge privilegierter Familien, wie sie in Evelyn Waughs Roman *Brideshead Revisited* beschrieben wird; dennoch begegnete man einem aus der tiefsten Provinz Lincolnshire kommenden Mädchen, das kein Hehl aus seiner überzeugt konservativen Einstellung machte und züchtige, von der Mutter genähte Kleider trug, mit einer gewissen Herablassung. Anfangs wurde Margaret nicht gerade häufig eingeladen. Sie galt als langweilig und humorlos. Außerdem war sie nicht „distinguiert" genug.

Margaret kam allmählich auf den Boden der Tatsachen zurück.

Dr. Janet Vaugham, die Leiterin des Somerville College, erinnert sich: „Sie faszinierte mich; sie war eine eigenartige Person. Somerville war seit jeher eine Bastion der Linken; Konservative waren dort für gewöhnlich schwach vertreten. Margaret war eine überzeugte Konservative. In unseren Gesprächen wurde klar, daß sie eisern an ihrer *Tory*-Mitgliedschaft festhielt. An den Wochenenden pflegten wir uns oft bald bei diesem, bald bei jenem zu treffen. Margaret wurde nie einbezogen. Am geselligen Leben nahm sie nicht teil". Mußte die Tochter des Lebensmittelhändlers von Grantham an dieser voll Stolz auf ihre siebenhundertjährige Tradition blickenden Universität, die zusammen mit Cambridge nach wie vor die künftige englische Elite (das *establishment*) heranzog, nicht zwangsläufig von Heimweh und Minderwertigkeitskomplexen befallen werden? Diese Welt schien Margaret so unendlich fern, ja fast feindselig zu sein, und sie würde vielleicht nie dazugehören. „Solange man zuhause lebt", erklärte sie später einmal, „weiß man nicht, was Einsamkeit bedeutet". Sie vermißte ihre Familie und das etwas monotone Leben in Grantham. Es kam häufig vor, daß sie sich abends mutterseelenallein in ihrem winzigen Kämmerchen Toasts zubereitete. Es fehlte nicht viel, und sie hätte ihr seelisches Gleichgewicht verloren. Doch erstaunlich rasch faßte sie sich wieder. Es war nicht ihre Art, in fruchtloses Lamentieren auszubrechen. Sie beschloß, daß sie, um in diese neue Welt vordringen zu können, mehr als alle anderen arbeiten und um jeden Preis den ersten Platz erringen müsse. Arbeit war die beste Medizin, um mit ihren seelischen Problemen sowie ihren Selbstzweifeln fertigzuwerden. Folglich stürzte sie sich Hals über Kopf hinein und begann eine ganze Reihe weiterer Aktivitäten. Mit einem Mal hatte sie alle Hände voll zu tun. Da in diesen Kriegsjahren die Lebensmittel rationiert und ständig knapp waren, schloß sie sich anderen an, um auf einst mustergültig gepflegten Rasenflächen Kartoffeln, Karotten und Kopfsalat anzubauen. Sie fand sich auch bereit, einmal pro Woche den der allgemeinen Sicherheit dienenden nächtlichen Rundgang durch das

College zu übernehmen. Als echte Tochter ihres Vaters, der sein ganzes Leben in den Dienst an der Gemeinschaft gestellt hatte, war Margaret nach Kräften bemüht, sich im College nützlich zu machen. Zweimal pro Woche begab sie sich sogar in die Küche, um Geschirr zu spülen.

Den größten Teil ihrer Zeit – ihr Arbeitstag begann um halb sieben – verbrachte sie im Biologielabor, wo sie emsig mit Reagenzgläsern hantierte. Erst gegen Abend verließ sie es wieder, um anderen Unterrichtsstunden oder Vorträgen beizuwohnen. Das College wurde damals von Janet Vaugham geleitet, die sich durch ihre Arbeiten über Knochenbestrahlungen und die Pathologie des Blutes hervorgetan hatte. Margarets Chemielehrerin Dorothy Hodgkin hatte den Nobelpreis für Chemie erhalten und war als erste Frau nach Florence Nightingale wieder mit dem königlichen Verdienstorden ausgezeichnet worden, dessen Mitgliederzahl auf vierundzwanzig beschränkt war.

Obwohl ihr Studium sie sehr in Anspruch nahm, schloß sich Margaret verschiedenen Sportvereinen innerhalb des College an, besuchte freitags die Sitzungen der naturwissenschaftlichen Gesellschaft und sang im Bachchor mit. Zum ersten Mal in ihrem Leben nahm sie auch an Tanzabenden teil und war hellauf begeistert. Sie interessierte sich außerdem für Theologie und wirkte in einem Arbeitskreis methodistischer Studenten mit. War ihre Kindheit sehr stark methodistisch geprägt gewesen, so orientierte sich ihre Religiosität fortan mehr an der anglikanischen Staatskirche. Zum Glück begegnete Margaret in einem anderen College ihrer Freundin Margaret Goodrich aus Grantham, mit der sie so oft wie möglich zusammensteckte. Auf diese Weise ergatterte sich der Eindringling allmählich einen Platz im aristokratischen Somerville. Ihre von Natur aus gesellige Art und ihre große Begeisterungsfähigkeit siegten über die Vorurteile, die man ihr gegenüber zunächst hegte. Hübsch wie sie war, lud man sie schließlich auch zu Tanzabenden ein. Einen Freund schien sie nicht zu haben. Die einzige in diesem Zusammenhang erwähnenswerte Anekdote trug sich anläßlich des Festes zu, mit dem Margaret Goodrich ihren einundzwanzigsten Geburtstag beging. Bei ihrer

Ankunft hielt Margaret demonstrativ eine Nelke in der Hand, die sie von einem jungen Mann erhalten hatte. Sie weigerte sich jedoch standhaft, seinen Namen zu verraten, und wälzte den ganzen Abend über Chemiebücher, um die Blume möglichst dauerhaft zu konservieren. Schließlich gab die romantische junge Dame auf und griff auf die bewährte Methode einer in Wasser aufgelösten Aspirintablette zurück.

Laut ihrer Chemielehrerin Hodgkin erweckte Margaret nie den Eindruck, als ob ihr Interesse ausschließlich der Chemie gelte. Hingegen fühlte sie sich in wachsendem Maße von der Politik angezogen.

„Obwohl die Frauen in England bereits seit einem Vierteljahrhundert im Unterhaus sitzen", schreibt Ernie Money in seinem Buch *Margaret Thatcher, First Lady of The House,* „bleiben ihnen die Gewerkschaften nach wie vor verschlossen" (in diesem Fall sind die Studentengewerkschaften gemeint). Mehrere Abgeordnete, darunter Anthony Wedgwood Benn, setzten sich dafür ein, auch Frauen in die Studentengewerkschaften aufzunehmen, da diese der Dreh- und Angelpunkt des politischen Lebens an der Universität waren. Wie Anthony Sampson in seiner Untersuchung *Anatomie Großbritanniens* hervorhob, „glichen die Studentengewerkschaften in Oxford und Cambridge eher einem verschwendungssüchtigen Club mit seinen eigenen Riten und Wertvorstellungen. Man konnte sie als Antichambre des Parlaments betrachten". Die Oxforder Studentengewerkschaft zählte einige berühmte Persönlichkeiten zu ihren früheren Mitgliedern: Gladstone, Salisbury, Macmillan, Heath und Wilson. Ihr Ruf hatte sehr darunter gelitten, daß sie im Jahr 1933 die Universität und die gesamte Nation mit einem pazifistischen Manifest überraschte, in dem sie erklärte, daß „diese Vereinigung unter gar keinen Umständen – weder für den König noch für das Vaterland – gekämpft hätte".

Für die politisch interessierte Margaret muß es eine herbe Enttäuschung gewesen sein, nicht in die Studentengewerkschaft von Oxford aufgenommen zu werden. Zum Ausgleich schloß sie sich dem Konservativen Studentenbund der Universität an, der *Ox-*

ford University Conservative Association (OUCA), weil „sie sich für sie interessierte". Sie entpuppte sich rasch als überaus aktives Mitglied, avancierte zur Sekretärin, dann zur Schatzmeisterin und wurde schließlich gar – als dritte Frau seit Bestehen der Einrichtung – zur Vorsitzenden gewählt. Die Tatsache, daß sie eine Frau war, hatte ihr bei dieser Wahl nicht im Wege gestanden. Von diesem Augenblick an wollte Margaret stets als gleichberechtigte, mündige Politikerin behandelt werden. Es ging doch nicht an, daß ihre bloße Geschlechtszugehörigkeit eine Position auf- oder abwertete. Ihr Organisationstalent und ihr geselliges Wesen taten das ihrige. Dank ihres energischen Auftretens gelang es ihr, sich bei der überwiegend männlichen und um einiges älteren Mehrheit Respekt zu verschaffen. Sie entfaltete eine ungeheure Aktivität: Sie lud konservative Politiker zu Vorträgen nach Oxford ein, sie organisierte Tagungen und Seminare. Sie nahm sich der Gäste an und stellte sie den übrigen Mitgliedern vor. Auf diese Weise schlug sie zwei Fliegen mit einer Klappe: Zum einen lenkte sie die allgemeine Aufmerksamkeit auf sich; zum anderen lernte sie einflußreiche Persönlichkeiten wie Quentin Hogg und Peter Thorneycroft kennen, die später zu ihrem engeren Freundeskreis zählten und ihrem Kabinett angehörten. Sir Edward Boyle, der spätere *Tory*-Minister und Kanzler der Universität Leeds, bezeugt, wie ernst die rundum kompetente Margaret ihr politisches Engagement nahm. Sie brach heftige Diskussionen mit ihren sozialistisch gesinnten Kommilitonen vom Zaun. „Aber", fügte Sir Edward hinzu, „sie vergaß nie, uns einen Sherry anzubieten!"

Ihr ausgeprägter, an eine Berufung grenzender politischer Instinkt trieb sie zu fortwährenden Höchstleistungen an, um die Elite von morgen, die den politischen und gesellschaftlichen Problemen des Landes eher mit gleichgültiger Herablassung begegnete, für ihre Ideen zu gewinnen.

Ein Problem schien sie allerdings ständig zu verfolgen: Das schmale Taschengeld, welches sie von ihrem Vater erhielt, reichte kaum, um in diesen wohlhabenden Studentenkreisen zu verkehren. Es war weniger ihre Garderobe, die ihr Kopfzerbrechen bereitete, als die schäbige Einrichtung ihres kleinen Zimmers. Um ihr Taschengeld aufzubessern, arbeitete sie daher in der Kantine der vor Ort stationierten Streitkräfte, wo sie Tee und Gebäck servierte.

Es wäre falsch, zu glauben, daß sie in Oxford Grantham und die Ihrigen vergessen hätte. Sie fuhr so oft wie möglich nach Hause. Nach Beendigung ihres zweiten Studienjahres übernahm sie im Sommer 1944 eine halbe Stelle an der Jungenschule, an der sie die Fächer Chemie, Mathematik und Biologie unterrichtete. Ihren Verdienst investierte sie in ein langersehntes und bitter benötigtes Fahrrad. Auch ihre ehemalige *Kesteven*-Schule trug ihr nach Erlangung des Lizentiatengrads eine Stelle als Lehrerin an – ein verlockendes Angebot, das manch anderer Student sofort angenommen hätte. Margaret schlug es jedoch aus – vermutlich in dem Bewußtsein, daß sich ihr noch Besseres bieten, das Schicksal ihr noch attraktivere Positionen vorbehalten würde.

Muriel hatte inzwischen eine Anstellung im Krankenhaus von Blackpool gefunden. Es war das Jahr des Sieges über das nationalsozialistische Deutschland und Alfred Roberts erstes Amtsjahr als Bürgermeister und Friedensrichter. Nach wie vor von dem Wunsch beseelt, der Gemeinschaft zu dienen, widmete er sich mit großer Energie den quälenden Sorgen der heimkehrenden Frontsoldaten, die häufig ohne Arbeit oder Wohnung dastanden. Margaret verfolgte seine Tätigkeit mit wachsendem Interesse. Sie bot ihrem Vater ihre Mitarbeit an und nahm sich insbesondere der älteren Mitmenschen an; sie rief sogar eine Wandergruppe von Künstlern ins Leben, die von Marktflecken zu Marktflecken zogen, um jene mit ihren Darbietungen zu erfreuen, die aufgrund ihres hohen Alters oder der Benzinrationierung nicht mobil waren.

Eines Tages nahm der frischgebackene Bürgermeister seine Tochter zu einem Abendessen mit Norman Winning mit, einem Rechtsanwalt, der im Auftrag der Krone bestimmte richterliche Funktionen wahrnahm und in den Midlands eine gutgehende Kanzlei unterhielt. Schlagartig begeisterte Margaret sich für alles, was mit Jura zu tun hatte. Sie gewann die Überzeugung, daß ihr ein Studium der Rechtswissenschaften weitaus mehr gelegen hätte. Da sie jedoch ihre einmal getroffene Entscheidung nicht ohne weiteres ändern konnte, verschob sie derartige Spekulationen auf später.

Mit einem Chemiediplom Zweiter Klasse und einer Diplomarbeit über Kristalle in der Tasche wandte sie schließlich der Universität Oxford den Rücken. In England gibt es drei Bewertungsklassen, wovon die erste außergewöhnlich begabten Kandidaten vorbehalten ist und nur äußerst selten vergeben wird. Wer nur die dritte Klasse erreicht, hat allen Anlaß, sich in Grund und Boden zu schämen. Die Masse der Studenten erhält daher ein Diplom Zweiter Klasse. Während ihrer Oxforder Zeit hatte sich die unbedarfte Provinzbewohnerin aus Lincolnshire allmählich zu einer gebildeten und entschlossenen jungen Frau gemausert, die feste Vorstellungen hatte und genau wußte, was sie wollte. Nun war sie bereit, sich in die politische Arena zu begeben, um endlich ihre geheimen Wünsche zu verwirklichen. Mit welchen Mitteln sie das bewerkstelligen sollte, wußte sie allerdings noch nicht.

4. Berufstätigkeit und erste Wahlkampferfahrungen

Gegen Ende des Sommers 1945 beschloß man in England, Wahlen durchzuführen. Es waren die ersten Parlamentswahlen nach dem Zweiten Weltkrieg, und Margaret sammelte bei dieser Gelegenheit ihre ersten Wahlkampferfahrungen. Sie warb für den Kandidaten Quentin Hogg, einen alten Bekannten aus Oxford, dessen Vater vor dem Krieg unter Chamberlain Minister gewesen war. Margaret verteilte Flugblätter, suchte das persönliche Gespräch mit den Wählern und hielt ihre ersten Reden. Der Sieg der *Labour Party* traf sie zutiefst – als ob es sich um ein persönliches Versagen ihrerseits gehandelt hätte. Die von den *Tories* angeführte Koalition, die den Weltkrieg unbeschadet überstanden hatte, war nun zu Bruch gegangen. Der Nationalheld Churchill, der sein Land dem Sieg entgegengeführt hatte, mußte abtreten. Die Briten hatten sich gegen ihn entschieden. Sie wünschten einen politischen Kurswechsel.

„Die Ergebnisse der heutigen Wahl", erklärte der berühmte Staatsmann, der sich seine Überraschung kaum anmerken ließ, „bringen den Willen des britischen Volkes zum Ausdruck, dem ich hiermit Rechnung trage, indem ich dieses Amt niederlege, das man mir in finsteren Zeiten anvertraute".

Die nun regierende *Labour Party* war eine relativ junge Gründung. Anfang des Jahrhunderts hatten sich Arbeitergewerkschaften mit Sozialisten verbündet, die zwar einen radikalen Wandel der gesellschaftlichen Verhältnisse anstrebten, revolutionäre Methoden jedoch ablehnten. 1923 hatte Ramsy MacDonald, ein schottischer Aristokrat, das erste *Labour*-Kabinett Großbritanniens gebildet. Elf Monate später machte er den *Tories* Platz, die über mehrere Jahre hinweg die Mehrheit behielten und sich als Hüter der britischen Tradition verstanden. Die unter dem Namen *Tories* bekannte Konservative Partei wurde bereits 1782 gegründet, erhielt ihre moderne Struktur jedoch erst im vergangenen

Jahrhundert unter dem Einfluß von Benjamin Disraeli, einem Juden venezianischer Abstammung. Dieser bedeutende britische Staatsmann suchte Englands Ansehen durch imperialistische Eroberungen zu steigern und führte innenpolitische Reformen durch, die eine wichtige Etappe in der sozialen Entwicklung Großbritanniens darstellen. Disraeli wollte „eine Nation ohne soziale Gliederung und ohne spezielle Ideologie sowie eine patriotische, die gesamte britische Gesellschaft repräsentierende Partei".

Der Generalstreik von 1926 führte zum Sturz der Regierung, die erneut von einem *Labour*-Kabinett unter MacDonald abgelöst wurde, das sich zwei Jahre lang mehr schlecht als recht über Wasser hielt. Die Regierung verfügte über keine solide Mehrheit und mußte sich daher die Unterstützung der Liberalen sichern. Dann schlug die Stunde des großen Verrats, der ideologischen Kehrtwendung MacDonalds. Unter dem Druck der Weltwirtschaftskrise nimmt er die sozialen Errungenschaften eines vor kurzem eingeführten Systems sozialer Absicherung zurück, das die Nation zwar teuer zu stehen kam, sich aber dennoch grenzenloser Beliebtheit erfreute. Diesen taktischen Fehler verzieh man ihm nie. Sein Kabinett mußte zurücktreten, und er selbst wurde aus der Partei ausgestoßen. Damit war die politische Karriere dieses unerschütterlichen Schotten jedoch nicht etwa zu Ende. König Georg V. beauftragte ihn wenig später mit der Bildung eines *National Government,* einer Allparteienregierung aus Konservativen, Liberalen und Vertretern der Arbeiterpartei – ein schwieriges Unterfangen, das er hervorragend bewältigte. Er blieb Premierminister, bis im Jahr 1935 die *Tories* unter Baldwin, Churchill und Chamberlain erneut allein die Regierung übernahmen.

Erst die obengenannten Unterhauswahlen von 1945 brachten die *Labour Party* wieder an die Macht.

Unter dem neuen Premierminister Clement Attlee beschloß das britische Unterhaus eine kräftige Erhöhung der Abgeordnetendiäten, die künftig jedem Bürger unabhängig von seinen persönlichen Vermögensverhältnissen die Ausübung eines Mandats gestatten sollten. Auf Tricia Murrays Frage, ob ihre Entscheidung, in die Politik zu gehen, in diesen Tagen gefallen sei, schilderte Margaret im Rückblick die näheren Umstände, unter denen dieser Entschluß in ihr herangereift war: „Eine Freundin von Margaret Wickstead hatte uns zu ihrer Geburtstagsfeier nach Corbey eingeladen. Gegen Ende des Abends hatten sich alle in der Küche versammelt. Jemand aus der Runde sagte mir auf den Kopf zu: ‚Ich glaube, Du strebst in Wahrheit eine Karriere als Abgeordnete an'. Erstmals kam mir der Gedanke, daß ich vielleicht, falls sich eines Tages die Gelegenheit bieten würde, in die Politik gehen könnte. Damals studierte ich allerdings noch an der Universität und wußte ganz genau, daß ich mir in erster Linie meinen Lebensunterhalt sichern mußte." Falls sie jemals mit dem Gedanken einer Abgeordnetenkarriere spielen sollte, würde die ansehnliche Diätenerhöhung ihr die Entscheidung jedenfalls wesentlich erleichtern.

Da Margaret Roberts bei ihren Prüfungen kein überdurchschnittliches Ergebnis erzielt hatte, blieb ihr die in England überaus beliebte Universitätslaufbahn verschlossen, die sich Alfred Roberts für seine Tochter erträumt hatte. Margaret trat vielmehr eine Stelle in der Forschungsabteilung eines in Manningtree, rund hundert Kilometer von London entfernt in Essex gelegenen Industriebetriebs namens *British Xylenite Plastics* an. Sie fand eine bescheidene Unterkunft bei einer Witwe in Colchester, einer nahegelegenen Industriestadt, und verdiente mit einem Jahresgehalt von dreihundertfünfzig Pfund Sterling rund fünfzig Pfund weniger als ihre männlichen Kollegen.

Ihre Aufgabe, die sie nicht sonderlich begeisterte, bestand darin, auf der Basis von Polyvinylchlorid (PVC) einen Klebstoff für Holz und Metall zu entwickeln. Wer sie damals kannte, hatte den deutlichen Eindruck, daß ihre Gedanken um etwas völlig anderes kreisten, das mit ihrer Tätigkeit in der chemischen Industrie herzlich wenig zu tun hatte, eine Arbeit, bei der sie sich durch keine besondere Erfindergabe auszeichnete.

Sie trat dem Ortsverein der *Tories* bei, in dem sie sich sehr stark engagierte. Wiederholt verärgerte sie ihre Zuhörer, die ihr zu verstehen gaben, daß widrige Umstände die besten Absichten durchkreuzen können, daß man sich nicht immer ausschließlich auf die eigene Kraft verlassen dürfe und hin und wieder ein staatlicher Eingriff notwendig, ja wünschenswert sei, wenn keine Arbeitsplätze gefährdet werden sollten. Diese ihrer Ansicht nach sozialistischen Argumente lehnte Margaret entschieden ab. Mit der ihr eigenen, unerschütterlichen Hartnäckigkeit fuhr sie mit ihren Belehrungen fort und ereiferte sich so sehr, daß sich ihre Wangen feuerrot färbten und ihre Nasenflügel sich weiteten.

Margaret strahlte ein ungeheures Sendungsbewußtsein aus. Dank ihrer bisweilen an Beschwörung grenzenden Hartnäckigkeit gelang es ihr, eine Reihe Skeptiker aus der Umgebung für die Sache der Partei zu gewinnen. Ernie Money weiß zu berichten, daß Philippe Fell, ein Anwalt aus Suffolk, der ebenfalls aktiv im *Tory*-Ortsverein von Colchester mitarbeitete, Miss Roberts mit Worten beschrieb, die auch auf die heutige Margaret Thatcher noch zutreffen: „Sie war stets gut informiert, konnte ihre Aussagen immer anhand von Statistiken belegen und pflegte ihre Reden frei zu halten, wobei sie sich einer einfachen, für alle verständlichen Sprache bediente".

Margaret tat sich also bereits in der Politik hervor, fand daneben aber auch noch Zeit für andere Dinge. Sie liebte es, ins Kino zu gehen und bei Pferderennen zuzuschauen. Ihre Besuche der Pferderennbahn nutzte sie, um ausgefallene Hüte zu tragen. Ihrer Eingebung vertrauend, setzte sie blindlings ein Pfund auf irgendein Pferd – und gewann!

Sie machte sich ferner einen Spaß daraus, ihre Mitmenschen zu überraschen. So fing sie, als sie eines Tages Freunde auf dem Land besuchte, aus heiterem Himmel eine lückenlose Aufzählung sämtlicher auf dem Grundstück stehender Bäume an, um sie – zum Erstaunen der Anwesenden – anschließend unter Verwendung der lateinischen Bezeichnungen zu wiederholen!

Plötzlich tauchte ein Mann in Margarets Leben auf: Willie Cullen, ein schottischer Gentleman und Landwirt, der bei Ramsay Land besaß. Sie gingen ein paar Mal miteinander aus und unternahmen einige gemeinsame Spaziergänge. Als Willie ihr einen Heiratsantrag machte, gab sie ihm einen Korb. Da er häufig zwischen seinen Besitzungen und Schottland hin und herreiste, schlug Margaret ihm vor, unterwegs in Grantham Station zu machen und ihre Familie zu besuchen. Willie folgte ihrem Vorschlag – und lernte Margarets Schwester Muriel kennen, in die er sich sofort verliebte. Heute ist er Margaret Thatchers Schwager.

1949 erhielt Margaret den Auftrag, den Ortsverein Colchester beim jährlichen Parteitag der *Tories* zu vertreten, der dieses Mal im nordwalisischen Llandudno stattfand. Die *Tories* pflegen ihre Parteitage stets im Herbst und in einem Seebad zu veranstalten, da auf diese Weise genügend Unterkünfte zur Verfügung stehen. Man nutzt die Gelegenheit, um alles mögliche in Frage zu stellen, den Zusammenhalt unter den Mitgliedern zu festigen, sich ihrer Begeisterung für die Sache der Partei zu vergewissern beziehungsweise diese Begeisterung wieder wachzurütteln. Man zog eine Bilanz des zu Ende gehenden Jahres und diskutierte über das künftige Programm. Außerdem wurden neue Kandidaten nominiert, um auch dem Parteinachwuchs eine Chance zu geben. Diese in regelmäßigen Abständen stattfindenden Versammlungen sind in Großbritannien fester Bestandteil des politischen Lebens, über den sämtliche Zeitungen ausführlich berichten. „Diese Parteitage", schreibt Anthony Sampson, „stellen eine Art Synode dar . . ., und so langweilig sie einem Außenstehenden auch erscheinen mögen, besitzen sie für den Kenner doch einen ganz besonderen Reiz".

In Großbritannien wird zwischen sicheren und unsicheren Wahlkreisen unterschieden. Bei den sicheren Abgeordnetensitzen handelt es sich um jene, die aufgrund der Wählergunst stets in der Hand von ein und derselben Partei bleiben. Bei den unsicheren Sitzen handelt es sich um Wahlkreise, in denen das Wählerverhalten starken Schwankungen unterworfen und daher nur schwer vorherzusehen ist. Ein engagierter Kandidat vermag in einem solchen unsicheren Wahlkreis wahre Wunder zu vollbringen. Er kann der konkurrierenden Partei Stimmen abjagen und womöglich sogar den Sieg davontragen; zumindest wird er dafür sorgen, daß seine Partei besser abschneidet als bei den vorangegangenen Wahlen.

Vierhundert der sechshundertfünfunddreißig britischen Abgeordnetensitze gelten als sicher. Diese äußerst begehrten Sitze bleiben in der Regel routinierten Abgeordneten vorbehalten. Der Wahlkreis Dartford, eine wenig reizvolle Industrieregion in Kent, befand sich traditionell in der Hand der *Labour Party*. Die Konservative Partei suchte einen Kandidaten, dem es möglicherweise gelingen würde, eine Bresche in diese *Labour*-Hochburg zu schlagen. Mit den Worten „würden Sie die Kandidatur einer Frau befürworten?", schlug man dem Vorsitzenden des Tory-Ortsvereins von Dartford Margaret Thatcher als Kandidatin vor. Dieser wehrte jedoch sofort ab, indem er zu bedenken gab: „Aber nein! Wir können unmöglich eine Frau aufstellen! Dartford ist eine Industriestadt!", worauf man ihm entgegnete: „Aber sie ist jung; sie ist erst dreiundzwanzig, und gerade in einem so unsicheren Wahlkreis wie Dartford kann ein weiblicher Kandidat einen beachtlichen Trumpf darstellen".

Sechsundzwanzig andere Parteimitglieder – allesamt Männer – bewarben sich ebenfalls um die Kandidatur. Als der Vorsitzende des Ortsvereins Dartford Margarets persönliche Bekanntschaft machte, entschied er sich auf der Stelle zu ihren Gunsten. Die hübsche junge Chemikerin aus Grantham hatte alle Konkurrenten aus dem Feld geschlagen – ein für damals ungewöhnlicher Sieg, da Frauen sich in der Politik immer noch sehr schwertaten. Margaret war nie und nimmer bereit, sich aufgrund ihrer Geschlechtszugehörigkeit in eine Minderheitenrolle abdrängen zu lassen, was einige Parteimachos sicher gerne gesehen hätten. Dank ihres selbstsicheren Auftretens verstand und versteht sie es nach wie vor, sich bei den Männern Gehör zu verschaffen.

Erst im März 1949 erhielt die jüngste Kandidatin im Vereinigten Königreich die offizielle Bestätigung ihrer Partei, die ihr den als uneinnehmbar geltenden Wahlkreis Dartford zuteilte. Als sie ihre erste Wahlkampfrede hielt, befand sich auch Alfred Roberts unter den Zuhörern. Mit großer Zielstrebigkeit und Entschlossenheit kam sie immer wieder auf ihre Lieblingsthemen zurück, die sich wie ein roter Faden durch sämtliche Reden zogen. Unter dem Motto: „Eine Nation, nicht eine Klasse gegen die andere", versprach sie im Namen der Konservativen Partei die Herbeiführung der nationalen Einheit. Ferner stellte sie Steuersenkungen in Aussicht und warnte die Wähler vor den Versprechungen der *Labour Party,* die „auf den ersten Blick zwar durchaus vernünftig erscheinen, hinter denen sich jedoch unheilvolle Ideen verbergen".

Am Wahlabend stand sie plötzlich vor einem Problem: Über dem Essen und der anschließenden Rede war es sehr spät geworden, so daß sie nicht wußte, wie sie nach Colchester zurückkommen sollte. Da erbot sich ein hochgewachsener, weltgewandter, eine Hornbrille tragender Offizier namens Denis Thatcher, der sich für die Ziele der Konservativen Partei interessierte, sie in seinem Jaguar zum Bahnhof zu bringen. Margaret willigte ein und erreichte auf diese Weise den letzten Zug nach Colchester.

Denis war rund zehn Jahre älter als Margaret und genoß das Ansehen eines Helden. Als Offizier der britischen Artillerie hatte er auf französischem und italienischem Boden großen Mut bewiesen. Bei Kriegsende hatte er dem Militär den Rücken gekehrt und die Leitung eines geerbten Unternehmens übernommen, das Farben und Lacke produzierte. Auf die später an sie gerichtete Frage, ob es sich damals aus ihrer Sicht um Liebe auf den ersten Blick gehandelt habe, antwortete Margaret: „Gewiß nicht!"

Gleich nach ihrer Wahl kündigte Margaret ihre Stellung in Manningtree – sie konnte sich schließlich nicht ständig von Denis in dessen Jaguar chauffieren lassen –, um sich im näher an London gelegenen Dartford eine neue zu suchen.

Wie üblich hatte sie Glück: Das in Cadby Hall, Hammersmith, ansässige Labor J. Lyons & Co engagierte sie für Forschungsarbeiten in der Lebensmittelherstellung. Margaret mietete sich in einer Pension in Dartford ein und pendelte täglich mit der Bahn nach Hammersmith. Bald darauf lernte sie Raymond und Lucy Woolcott aus Dartford kennen, die sie inständig baten, zu ihnen in ihr schönes, aus den dreißiger Jahren stammendes Haus zu ziehen – eine Einladung, die Margaret gerne annahm. Fortan bewohnte sie ein großes, sonniges Zimmer mit geräumigen Schränken, für das sie den Woolcotts nicht einmal eine Miete schuldete! Die kinderlose Lucy faßte echte Zuneigung zu diesem sechzehn Stunden am Tag arbeitenden Mädchen, das sich zum Abendessen mit einer Dose Ölsardinen begnügte. Sie nahm sich ihrer an wie einer jüngeren Schwester.

Während der zwei Jahre, die Margaret bei ihren Freunden wohnte, erwies sie sich als ein vorbildlicher, liebenswerter und aufmerksamer Gast. Raymond fand sie niedlich und stets gut gekleidet. Laut Lucy besaß Margaret eine begrenzte, aber sehr gepflegte Garderobe. Am liebsten trug sie ein Kleid aus schwarzem Samt, das sie mit großem Eifer in der Küche bügelte, damit es ja keine Knitterfalte aufwies.

„Margaret stand kurz vor sechs Uhr auf", berichtete Lucy später, „und verließ das Haus stets um sechs Uhr fünfunddreißig. Ihr Zimmer diente ihr gleichzeitig als Büro zur Vorbereitung ihrer Wahlkampfauftritte. Sie arbeitete bis tief in die Nacht hinein, und es kam selten vor, daß sie vor zwei Uhr morgens das Licht löschte. Neben ihrer Arbeit im Labor und ihrem politischen Engagement fand sie auch noch Zeit, ihr Klavierspiel wiederaufzunehmen."

Mit rund 80 000 Wahlberechtigten war Dartford ein bedeutender Wahlkreis. Das Gros der Wähler stellten die in den ortsansässigen Chemie-, Nahrungsmittel- und Papierfabriken beschäftigten Arbeiter.

Handschuhe und Hut tragend ging Margaret regelmäßig durch ihren Wahlkreis, um ein Schwätzchen mit den Leuten zu halten, angefangen beim Metzger über die Arbeiter bis hin zu den Hausfrauen und Landwirten. Sie freundete sich mit ihnen an und prägte sich Namen und Gesichter ein. Sie hielt Reden in der Arbeitervorstadt, unter freiem Himmel, in Werkstätten, Fabriken oder Kantinen – wo immer sich die Gelegenheit dazu bot. Eines Abends, als sie bei einer Wahlversammlung sprach, fiel plötzlich das Licht aus. Margaret ließ sich dadurch nicht aus dem Konzept bringen. Sie brach in schallendes Gelächter aus und setzte ihre Rede im Schein eilends herbeigeschaffter Kerzen fort. Ihr gewandtes

Auftreten beeindruckte selbst Wahlkampfprofis, die sie fortan nicht mehr aus den Augen ließen.

Wie Norman in seiner vortrefflichen, im Jahr 1983 von der *Sunday Mail* veröffentlichten Studie über Margaret Thatcher zu Recht bemerkte, „sind diese Wahlkämpfe, wie alles, das eine gewisse Geschicklichkeit voraussetzt, nicht so leicht durchzustehen, wie es scheinen mag. Ein Kandidat, der sich auf offener Straße, in einem Geschäft oder in einer Fabrik den Wählern präsentiert, muß sich laufend vorstellen, und immer wieder seinen Namen nennen. Plötzlich auftretende Gesprächspausen überbrückt Frau Thatcher gekonnt, indem sie die Anwesenden über ihre Arbeit befragt und aufmerksam ihren Antworten lauscht. Sie ist unermüdlich und bringt ihren Gesprächspartnern offensichtlich ein leidenschaftliches Interesse entgegen . . . Die meisten der von ihr angesprochenen Frauen bewundern sie: ‚Sie ist einfach wundervoll, sie ist wie Sie und ich‘.“

Der Wahlkreis Dartford wurde im Parlament durch den *Labour*-Abgeordneten Norman Dodds repräsentiert. Margaret suchte ihm möglichst viele Stimmen abzujagen und ließ sich zu diesem Zweck zugkräftige Slogans einfallen. Am besten gefiel ihr das Wortspiel: *„Vote right to keep what is left!“* (Wähle rechts, was richtig ist, damit du behälst, was übrig [links] ist.) Eines Tages gelang es ihr sogar, ihren Rivalen im Gymnasium von Dartford in ein Rededuell zu verwickeln und ihn fortwährend zu provozieren. Dodds hatte Margarets Redeschwall nur wenig entgegenzusetzen, so daß sie schließlich das ganze Publikum auf ihrer Seite hatte. Seither beging der Labourabgeordnete nie mehr den Fehler, sich auf eine öffentliche Auseinandersetzung mit Margaret einzulassen. Als echter Gentleman ließ er es sich aber nicht nehmen, sie bei einem Wohltätigkeitsball im Rathaus von Crayford um einen Tanz zu bitten. „. . . und als wir uns zur Tanzfläche begaben“, berichtete Margaret später, „begann die Musikkapelle plötzlich einen Tango mit dem bezeichnenden Titel *jealousy* (Eifersucht) zu spielen“.

Ihr überdurchschnittliches Engagement bei den Wahlkämpfen von 1950 und 1951 trug Margaret nicht nur in den eigenen Rei-

hen, sondern selbst bei der gegnerischen *Labour Party* einen gewissen Respekt ein. Wie zu erwarten stand, gewann jedoch die
Labour Party und wurde Dodds in seinem Mandat bestätigt.
Nichtsdestotrotz hatte sich Margaret bei diesen Wahlen als fähige
Politikerin hervorgetan, der es immerhin gelungen war, ein Drit-
tel der traditionellen Labourwähler für die Tories zu gewinnen.
Von ihren Parteifreunden aus dem Ortsverein erhielt Margaret
zum Dank für ihren Einsatz eine Brosche aus Markasit ge-
schenkt.

Auf Landesebene hatten die Tories nach ihrem geschickten
Schlagabtausch mit Clement Attlee dagegen einen Sieg davongetragen. In ihrem blinden Eifer, Großbritannien in einen vorbildli-
chen Wohlfahrtsstaat zu verwandeln, in dem jeder Bürger von
der Wiege bis zur Bahre mit staatlicher Unterstützung rechnen
konnte, hatte die *Labour* Party die bittere Realität verkannt: Die
britische Wirtschaft lag darnieder, die Exporte waren drastisch
zurückgegangen und das Pfund empfindlich geschwächt. Vor
diesem Hintergrund wurde Churchill wiedergewählt, auf dessen
Pragmatismus die Wähler bauten.

Am Wahlabend betrat in Dartford Denis Thatcher das Podium,
um lauthals zu verkünden: „Ich bin der Verlobte der geschlagenen Kandidatin Margaret Roberts. Wir werden demnächst heiraten". Thatchers Worte schlugen ein wie eine Bombe, zumal alle
geglaubt hatten, die nicht im geringsten romantisch veranlagte
Margaret interessiere sich einzig und allein für Politik. Kaum jemand wußte, daß sie regelmäßig mit Denis Thatcher ausgegan-
gen war. Kurz vor ihrer Verlobung hatte Margaret einem ihrer
Freunde anvertraut, daß sie es für unmöglich halte, Ehe und politisches Engagement miteinander zu vereinbaren. Gegenüber einem Journalisten erläuterte Margaret ihre Wahl mit der ihr eigenen Logik: „Denis leitete ein Farben und chemische Substanzen
herstellendes Unternehmen. Ich war diplomierte Chemikerin.
Ihn reizte in erster Linie die finanzielle Seite des Unternehmens.
Ich hatte mich schon immer für Wirtschaft interessiert. Beide lieb-
ten wir die Politik. Wir besaßen somit viele Gemeinsamkeiten".

In Wirklichkeit dürften auch noch andere Überlegungen mitgespielt haben: Margaret hegte ehrgeizige Pläne, und Denis bot ihr die erforderlichen Mittel zu ihrer Realisierung. Er verfügte über die notwendige Grundlage für eine außergewöhnliche Karriere. Gab Margaret nicht selbst zu, als sie ihre Freundin Woolcott das erste Mal durch das Unterhaus führte: „Ich habe großes Glück, denn ich verfüge über eine eigene Sekretärin, die ich mir aber nur dank Denis' Geld leisten kann".

Denis' Familie stammte aus Kent. Sein Großvater – ein Mann von großer Neugier und Erfindergabe – hatte Anfang des Jahrhunderts ein auf Arsen und Natrium basierendes Unkrautvernichtungsmittel entwickelt. Anschließend hatte er ein eigenes Unternehmen namens *Atlas Preservatives* gegründet, das Denis beim Tod seines Vaters erbte.

Denis war in Mill Hill zur Schule gegangen. Während des Krieges hatte er eine andere Margaret kennengelernt und 1942 kurzentschlossen geheiratet – eine typische Kriegsehe. Die Eheleute waren während des gesamten Krieges voneinander getrennt und ließen sich vier Jahre später scheiden. Von dieser ersten Ehe ihres Vaters erfuhren die Thatcherzwillinge erst im Erwachsenenalter. Von Journalisten nach den Gründen für ihre Heimlichtuerei befragt, gab Margaret Thatcher eine Antwort, die einer Queen Victoria würdig gewesen wäre: „Wir hatten nicht die Absicht, ein Geheimnis daraus zu machen . . . Man hat uns nie irgendwelche Fragen gestellt . . . über diese Dinge wurde nie gesprochen".

Margaret und Denis heirateten am 13. Dezember 1951, einem ausgesprochen nebligen Tag. Die Trauung fand in der methodistischen Wesley Chapel zu London statt und wurde durch Werke von Händel und Bach musikalisch umrahmt. Eine der wenigen aus damaliger Zeit erhaltenen Fotografien, die Margaret selbst auf eine einsame Insel mitnehmen würde, zeigt eine strahlende, rundliche, ja füllig wirkende junge Frau. Sie trägt einen ausgefallenen Hut, dessen Straußenfeder ihr gleich einer Glyzinie über die Wange herabhängt. Ihr leicht altmodisch anmutendes Kleid ist nicht etwa weiß, sondern *Tory*-blau. „Ich habe es anschließend lange als Abendkleid getragen. Es muß heute noch, wenn auch völlig abgetragen, irgendwo sein . . ."

Der Hochzeitsempfang fand auf dem flachen Land statt, in Maidstone, beim Vorsitzenden des dortigen Tory-Ortsvereins. Von Kent aus trat das Brautpaar dann seine Hochzeitsreise nach Portugal an, wobei Denis die Flitterwochen praktischerweise gleich mit einer Geschäftsreise verband.

Es war Margarets allererste Auslandsreise.

5. Familienleben und Jurastudium

Mit ihrer Eheschließung zog sich die frischgebackene Frau Thatcher für sieben Jahre aus der Politik zurück.

1952 bezog das Paar sein erstes Haus in Chelsea, das sich in den siebziger Jahren von jenem idyllischen Städtchen, das unter anderem Turner, Oscar Wilde und Henry James angezogen hatte, zu einem der vornehmsten Wohnviertel Londons entwickelte. Das Haus der Thatchers glich mit seiner Backsteinfassade und seinen weißgestrichenen Fensterrahmen zahllosen anderen. Vor der Haustür wuchs ein Strauch, und in dem kleinen, hinter dem Haus gelegenen Garten gediehen Rhododendren, die Margaret aus Kent mitgebracht hatte. Margaret machte sich voll Eifer an die Einrichtung des Hauses. Sie tapezierte eigenhändig alle Räume, lackierte Türen und Fensterrahmen und legte den Garten an. Sie liebte praktische Arbeiten.

Ihr Sohn Mark vertraute Tricia Murray an, daß nichts und niemand seine Mutter aufzuhalten vermochte, wenn sie sich etwas in den Kopf gesetzt hatte. Sie pflegte sich Hals über Kopf in die Arbeit zu stürzen. „Es ist ihr vollkommen gleichgültig, ob sie zehn Stunden, zehn Wochen oder zehn Jahre braucht. Sie gibt sich erst zufrieden, wenn sie ihr Vorhaben ausgeführt hat. Ihre Entschlossenheit ist wirklich verblüffend. So ist sie beispielsweise felsenfest überzeugt, daß wir aus diesem Chaos herausfinden werden. Und sie glaubt, als einzige Politikerin in der Lage zu sein, in unserem Land wieder für geordnete Verhältnisse zu sorgen und dafür, daß alle Bürger sich wohlfühlen. Sie glaubt ganz fest an das, was sie tut ... Sie hat das Glück, ihre Arbeit zu lieben ... und zwar so sehr, daß sie sie auch ohne Bezahlung verrichten würde".

Neben ihrer Arbeit im Labor widmete sie sich auch einem ihrer liebsten Hobbies, dem Kochen.

Ihr in jungen Jahren entdecktes Interesse für Jura war ebensowenig vergessen, wie ihre Absicht, ein entsprechendes Studium zu absolvieren. Einige Monate vor ihrer Heirat hatte sie begonnen, rechtswissenschaftliche Vorlesungen am *Lincoln's Inn* zu besuchen, die sie nun fortsetzte.

Ihr tägliches Arbeitspensum muß enorm und ihr Ehealltag nicht immer das reine Vergnügen gewesen sein. Offensichtlich war sie physisch sehr belastbar, bestens organisiert und überdies gewillt, auch nach ihrer Eheschließung berufstätig zu sein. Dieser Anspruch, den die bürgerliche Gesellschaft der fünfziger Jahre fast als Provokation empfinden mußte, war ein Thema, das ihr besonders am Herzen lag. Bei einer Frauenversammlung der *Tories* schärfte sie in der *Albert Hall* ihren Geschlechtsgenossinnen ein, nur ja nicht unter dem Vorwand, eheliche Pflichten und Kindererziehung nähmen sie zu sehr in Anspruch, ihre Berufstätigkeit aufzugeben. „Versuchen Sie wenigstens", forderte sie, „halbtags zu arbeiten".

Ohne ihre beneidenswert robuste Gesundheit hätte sie ihre Karriere sicherlich nicht so zielstrebig verfolgen können. Fünf Stunden Schlaf pro Nacht reichten ihr aus. Überdies wußte sie bestens mit ihrer Zeit hauszuhalten. Sie konnte alles so auf die Minute genau berechnen, daß sie niemals zu spät kam. Laut Aussage ihrer Mitarbeiter wirkte sie nie erschöpft oder ungehalten, sondern stets heiter und vollkommen beherrscht. Während die anderen ihr Tempo kaum mitzuhalten vermochten, fand sie nach einer Versammlung noch Zeit, sich mit ihren Mitstreitern über persönliche Angelegenheiten zu unterhalten.

1983 gerieten ihre Kinder während des Wahlkampfes vorübergehend in Panik. „Arme *mummy*", so fragten sie sich besorgt, „was soll nur aus ihr werden, wenn sie nicht wiedergewählt wird?"

Als sie schwanger wurde, gab sie ihr Jurastudium deswegen nicht etwa auf. Die hermetisch abgeschlossene Welt der Juristen gliedert sich in zwei Kategorien: in die *solicitors,* die in sämtlichen Rechtsfragen beraten und sowohl Rechtsanwälten als auch Notaren vergleichbar sind, und in die *barristers,* die – zum Zeichen ihres Amtes mit Perücken versehen – vor Gericht plädieren. Beide Kategorien sind überaus gut bezahlt. Den *barristers* kommt eine wichtige Funktion innerhalb des britischen Sozialgefüges zu. Da ihre Redlichkeit außer Zweifel steht, werden aus ihren Reihen die Richter gewählt.

Angesichts ihres naturwissenschaftlichen Studiums hätte Margaret sich für das eher mit wissenschaftlichen oder technischen Fragen befaßte *patent bar* (das Patentgericht) entscheiden können, das ihr ebenfalls stattliche Einkünfte garantiert hätte. Sie wollte jedoch lieber *barrister* werden und schrieb sich an einer der Londoner Rechtsschulen ein – an der auf Steuer- und Einkommensfragen spezialisierten *Lincoln's Inn.* Die Rechtsschulen mit ihren Anwälten, Referendaren und Studenten befanden sich allesamt im *Temple*viertel, dessen Name auf eine ehemalige Templerniederlassung zurückgeht. Sie werden von Dekanen, den sogenannten *benchers,* geleitet und verfügen – mit Bibliotheken, Hörsälen, Seminarräumen und Cafeterien – über die typische Infrastruktur einer Universität. Die beschaulich und ruhig gelegene *Lincoln's Inn* verdankt ihren Namen dem einstigen Eigentümer des Geländes, der dieses im 14. Jahrhundert zum Bau der Rechtsschule zur Verfügung stellte. An dieser ehrwürdigen Institution studierten Thomas Morus, Richard Cromwell, William Pitt, Disraeli und Gladstone. Um hineinzugelangen, muß man die *Temple bar* passieren, ein Tor, welches offiziell in der Hauptstadt weilende englische Herrscher nicht ohne Erlaubnis durchschreiten dürfen. Sogar heute noch muß die Queen ein festes Zeremoniell beachten. Erst nachdem der Lord Major die Stadtschlüssel und zum Beweis seiner Loyalität sein Schwert überreicht hat, darf sie durch das Tor gehen.

Um den Lizentiatengrad zu erreichen, muß man zwei Prüfungen ablegen, die eine zweijährige Vorbereitung erfordern. Anschließend wird man in die Anwaltskammer berufen und muß eine weitere, rund zwölfmonatige Ausbildung in einer Kanzlei absolvieren. In dieser Zeit begleitet der Referendar einen Anwalt vor Gericht und macht sich mit dem beruflichen Alltag vertraut.

Diese einschlägige Erfahrung sollte Margaret Thatcher später während mancher Unterhausdebatte von großem Nutzen sein. Sie gewann Einblick in eine Vielzahl juristischer Streitfragen und lernte, ihre Stellungnahmen rasch und präzise vorzutragen. Bei dieser Gelegenheit wurde ihr bewußt, wie wichtig es war, bei der Gesetzesformulierung auf größtmögliche Sorgfalt und Genauigkeit zu bestehen, um sicherzustellen, daß kein Bürger unbeabsichtigt oder ungerechterweise darunter zu leiden habe.

In diesem Jahr widerfuhr ihrem Vater eine himmelschreiende Ungerechtigkeit, die Margaret sehr bekümmerte. Kaum hatte die *Labour* Party das Rathaus von Grantham zurückerobert, entfernte sie ohne viel Federlesens Alfred Roberts nach fünfundzwanzig Jahren treuer Dienste aus dem Amt. Der alte Herr reagierte mit großer Würde: Er entledigte sich seiner Robe, hing sie sorgfältig über eine Stuhllehne und verließ wortlos das Rathaus, in welches er nie mehr zurückkehrte. Als dieser Vorgang in Grantham bekannt wurde, ging eine Woge der Entrüstung durch das Städtchen. Selbst der Pfarrer mischte sich ein, indem er sonntags von der Kanzel herab jene mit dem Bannfluch belegte, die die Absetzung des verdienstvollen Bürgermeisters zu verantworten hatten. Voller Scham besann sich die lokale *Labour* Party eines Besseren und versuchte, den ehemaligen Bürgermeister zur Rückkehr in sein Amt zu bewegen, was ihnen allerdings nicht gelingen sollte.

Im August 1953 brachte Margaret noch vor dem errechneten Termin per Kaiserschnitt die Zwillinge Mark und Carol zur Welt. Denis war unauffindbar. Der passionierte Cricketspieler (jahrelang übernahm er bei Wettkämpfen die Schiedsrichterrolle) hatte nichtsahnend einem Spiel der Australier gegen die Engländer zugeschaut. Da letztere gewonnen hatten, saß Denis nun sicherlich in irgendeinem Pub, um den Sieg gebührend zu begießen ...

Nur wenige Monate nach der Geburt ihrer Kinder wurde Margaret, die inzwischen ihr Jurastudium beendet hatte, in die Anwaltskammer berufen, was Denis mit großem Stolz erfüllte. Er schätzte sich glücklich, eine derart außergewöhnliche Frau zu haben, die es fertigbrachte, innerhalb ein und desselben Jahres Mutter und *barrister* zu werden. Margaret erklärte ihren ungebremsten Arbeitseifer mit der Angst, durch eine vorübergehende Unterbrechung den Anschluß zu verlieren. „Gewiß kostete es mich eine große Willensanstrengung . . . und war es eine regelrechte Herausforderung . . ., denn kleine Kinder nehmen einen doch sehr in Anspruch: Man muß sie ständig füttern, eine Unmenge Wäsche waschen etc., . . . aber ich hatte das Glück, mich nicht alleine um sie kümmern zu müssen", vertraute sie Tricia Murray an. Die Geburt der Zwillinge war ein bedeutender Einschnitt in Margarets Leben. Obwohl sie durch eine Kinderfrau – eine *nanny* – entlastet wurde, hatte sie um eine Arbeit gebeten, die sie nicht allzusehr in Anspruch nahm.

Als künftiges Arbeitsgebiet kristallisierte sich die Steuergesetzgebung heraus, was Margaret rückblickend mit den Worten „ich interessierte mich ernsthaft für die finanzielle Seite der Politik" kommentierte. Ihr Referendariat absolvierte sie in der ebenfalls innerhalb des *Temple*viertels gelegenen Kanzlei von Stanley Hopkins. Dieses zwischen Themse und Londoner City gelegene Viertel ist eine Oase der Stille inmitten des geschäftigen Treibens der Hauptstadt. Das malerische Gewirr von eng ineinander verschlungenen Gassen, Passagen, Innenhöfen und Gärten steht ganz im Zeichen juristischer Aktivitäten. Unter den zahllosen *pubs* findet man die ältesten und originellsten der ganzen Hauptstadt.

In der Kanzlei staunte man über Margarets großen Arbeitseifer; sie legte allerdings eine derartige Routine an den Tag, daß sich die Kollegen über ihre kühle Art und ihre mangelnde Herzlichkeit beschwerten. „Warum", klagten sie, „verschwindet sie stets Schlag halb sechs aus der Kanzlei und begleitet uns nie in ein *pub* in der Fleet Street?★"

Margarets Arbeitgeber war ein international anerkannter Experte in Steuerfragen. Sie verdankte ihm wertvolle Ratschläge für ihren weiteren Werdegang. In der Kanzlei war sie die einzige Frau, da weibliche Anwälte im allgemeinen das Straf- oder Scheidungsrecht vorzogen.

Der Inhaber einer großen Kanzlei wurde auf Margaret aufmerksam und versprach ihr, sie bei Ausbildungsende zu übernehmen, wodurch sie sich im Vergleich zu ihrer derzeitigen Arbeitsstelle entscheidend verbessert hätte. Ein halbes Jahr später hatte er sich jedoch ohne ersichtlichen Grund anders besonnen. Dieser plötzliche Sinneswandel versetzte Margaret einen schweren Schlag, auch wenn sie sich nichts anmerken ließ. Er war vielleicht darauf zurückzuführen, daß das Steuerrecht im wesentlichen eine Männerdomäne darstellte. Die zu bearbeitenden Fälle waren derart kompliziert, daß sie monatelange Analysen erforderten. Manche Mandanten sahen es vielleicht nicht gerne, wenn eine Frau die letzte Entscheidung traf, und würden daher möglicherweise der Kanzlei fernbleiben. Margaret wußte, was sie von derlei Vorurteilen zu halten hatte. Sie arbeitete daraufhin eine Zeitlang in einer anderen Kanzlei der *Lincoln's Inn,* bis ihr politisches Interesse erneut die Oberhand gewann. Sie träumte von einem Abgeordnetensitz und dachte angestrengt darüber nach, wie sie diesen Traum verwirklichen konnte.

Die Ursache für die große Eile, mit der Margaret die Kanzlei verließ, um − ohne mit ihren Kollegen in ein *pub* einzukehren − möglichst rasch nach Hause zu gehen, waren ihre Kinder. Sie liebte es, mit ihnen zu spielen, und wollte unbedingt dabei sein, wenn sie gebadet wurden: „Das wollte ich mir nicht entgehen lassen . . .", gestand sie. „Solange die Kinder klein sind, muß man sich möglichst viel um sie kümmern, weil sie durchaus mitbekommen, wieviel man sich mit ihnen beschäftigt. Ich erinnere mich, daß wir die Zwillinge einmal für vierzehn Tage meiner Mutter anvertrauten, weil wir dringend fort mußten. Bei unserer Rückkehr behandelten sie mich fast wie eine Fremde". Margaret wußte es zu schätzen, daß ihre Arbeitsstätte in London lag und sie notfalls in zwanzig Minuten zuhause sein konnte.

War ihre eigene Kindheit von einer strengen, viktorianischen Erziehung geprägt gewesen, so traf dies auf ihre Zwillinge nur ganz bedingt zu: „Man muß ihnen erklären, was richtig und was falsch ist, und ihnen allgemeine Verhaltensmaßregeln an die Hand geben, aber nicht etwa um der Regeln willen. Eines der größten Probleme unserer Zeit ist, daß die Eltern nicht genug mit ihren kleinen Kindern sprechen . . . Man muß ständig mit ihnen reden, sogar während sie baden. Gewiß haben die Mütter stets alle Hände voll zu tun und stehen unter enormem Zeitdruck, doch müssen sie sich diese Zeit für ihre Kinder einfach nehmen. Die Zeit zwischen Teestunde und abendlichem Bad habe ich Tag für Tag meinen Kindern gewidmet. Die Zeitdauer ist weniger wichtig als die Intensität, mit der man sich ihnen zuwendet".

Die religiöse Erziehung war weitaus weniger streng als jene, die Margaret selbst genossen hatte. Gewiß ging man sonntags in die Kirche, doch nur einmal, der Abendgottesdienst wurde nicht auch noch besucht. Als die Zwillinge ins Internat kamen, gingen sie in die Schulkapelle, deren Besuch Margaret ihnen freistellte. Diese liberale, aber keineswegs gleichgültige Haltung resultierte aus Margarets eigenen Erfahrungen. Offensichtlich hatte sie doch stärker unter den ihr auferlegten Zwängen gelitten, als sie sich selbst eingestand.

Auch in Bildungsfragen zeigte sie sich offener und lehnte jeglichen Zwang ab. Die Zeiten hatten sich geändert, und in einer so großen Stadt wie London mit ihrem vielfältigen Bildungsangebot wäre es unsinnig gewesen, Druck ausüben zu wollen. Kulturelle Veranstaltungen wurden den Kindern nicht als Muß, sondern als Unterhaltungsangebot präsentiert. Sie hatten stets das letzte Wort, und wenn Carol sich später für Kunstausstellungen interessierte, entsprang dies einer natürlichen Neigung.

Zum Ausgleich für ihre eigene, ohne große Abwechslung verlaufene Jugend, nahmen Margaret Thatcher und ihr Ehemann Denis die Kinder regelmäßig zu ausschließlich der Unterhaltung dienenden Veranstaltungen mit, weil sie einfach einmal wieder herzhaft miteinander lachen wollten. „*Mum* lacht zuhause sehr viel", berichtete Margarets Sohn. Sie versuchte, ihren Kindern zu vermitteln, was ihr während ihrer eigenen Kindheit abgegangen war. So organisierte sie beispielsweise Kindernachmittage, wie es sie in Grantham nie gegeben hatte.

Als Margaret später Abgeordnete wurde, vermißten die Kinder ihre Mutter nicht allzusehr, da sie das Glück hatte, einen Londoner Wahlkreis zu vertreten. Im übrigen fand sich stets ein älteres Mitglied der Familie bereit, notfalls bei den Kindern zu übernachten. Wenn diese von der Schule kamen, wurden sie stets von Margarets Mutter oder einer ihrer Tanten erwartet, so daß eine

Atmosphäre der Geborgenheit herrschte. „Die Familie", erklärte Margaret, „stellt eine gegenseitige Verpflichtung dar. Man ist stets für sie da, und sie ist stets für einen da. Im Familienkreis läßt man sich Dinge sagen, die man sich von einem Außenstehenden verbitten würde . . ., wenn man Kinder hat, ändert sich das ganze Leben. Das ist eine unglaublich bereichernde Erfahrung". Erst als sie Oppositionsführerin wurde, begannen die Kinder unter der Karriere und der zunehmenden Bekanntheit ihrer Mutter zu leiden, da sie fortan ständig im Mittelpunkt des Klatsches standen und regelmäßig in die Schlagzeilen gerieten. „Mit einem Mal hatte die Presse in uns ein dankbares Thema entdeckt", berichtete Mark, „und ich lernte rasch, vorsichtiger zu sein. Eines abends war ich mit Freunden in einem Restaurant verabredet und brachte ein Mädchen mit, das ich seit einiger Zeit kannte. Als ich kurz darauf die Erstausgabe einer Zeitung erstand, traf mich fast der Schlag: Die Titelseite zierte ein riesiges Foto von meiner Freundin und mir . . . seither passe ich höllisch auf! . . ."

6. Die Rückkehr in die Politik

Der Anfang der fünfziger Jahre markierte einen tiefen Einschnitt in Margaret Thatchers Leben. Dank ihrer Heirat war sie laut der ungeschriebenen Gesetze der englischen Gesellschaft eine Stufe auf der sozialen Leiter emporgestiegen, da ihr Mann dem gehobenen Bürgertum entstammte. Zum ersten Mal empfand sie die Tatsache, im Provinzstädtchen Grantham geboren zu sein, als hinderlich, ja als Makel, den es abzustreifen galt. Gegenüber ihrer Freundin Margaret Wickstead, die ihrem Stand treugeblieben war, bedauerte die spätere Premierministerin in einer Anwandlung von Aufrichtigkeit, daß jedes Fortkommen zu Lasten alter Freundschaften gehe. Zum Ausgleich legte sie sich in London ganz gezielt einen handverlesenen Bekanntenkreis zu.

Auf dem Höhepunkt ihrer Karriere angelangt, setzte sie ihre Kindheit als wirksame Waffe im Wahlkampf ein. Sobald sich die Gelegenheit bot, erinnerte sie an ihre einfache Herkunft, um ihren persönlichen Erfolg zu unterstreichen und einen Teil der traditionell *Labour* wählenden Arbeiterschaft für sich einzunehmen.

Margaret hatte die Zwillinge bekommen und ihr Jurastudium abgeschlossen. Denis war inzwischen ein einflußreicher Geschäftsmann geworden und leitete eine ganze Reihe von Unternehmen, zu denen auch die Burmah Oil Trading gehörte.

Ihre Wochenenden verbrachten die Thatchers zusammen mit ihren Kindern in ihrem Haus in Kent. Winters reiste die Familie für gewöhnlich zum Skifahren in die Schweiz.

Margarets Geschmack hatte sich zunehmend verfeinert. Seit jeher liebte sie schöne Kleider und hatte sogar gelegentlich im Auftrag des *Daily Telegraph* als Mannequin klassisch geschnittene Tweedkostüme vorgeführt. Ihr gepflegter Stil war über die Jahre hinweg fast unverändert geblieben. Lediglich ihre bisweilen fast lächerlich anmutenden Hüte fielen etwas aus dem Rahmen. Man riet ihr diesbezüglich zu mehr Mäßigung. Sie schminkte sich mit großer Sorgfalt und pflegte ihren an eine *English rose* erinnernden

Teint. Norman Mailer bezeichnete sie etwas später als „ungeheuer attraktiv".

1955 kandidierte sie für den in Kent gelegenen Wahlkreis Orpington und Beckenham – und scheiterte. Man gab ihr höflich zu verstehen, daß sie trotz ihres guten Aussehens und ihrer Qualifikation hinter den heimischen Herd gehöre. Zutiefst enttäuscht, bemühte sie sich verzweifelt um einen anderen Wahlkreis in London, weil sie in der Nähe ihrer Kinder bleiben wollte. Da bot sich ihr mit Finchley eine neue Chance.

Nicht nur Margaret strebte einen Platz an der Sonne an – auch Großbritannien hatte während der ganz im Zeichen der als tiefen Demütigung empfundenen Suezkrise stehenden Nachkriegsjahre schwer zu kämpfen. Das „perfide Albion"* hatte die schmerzliche Erfahrung machen müssen, daß es nicht mehr zu den Großmächten zählte und die Zeiten des *Rule Britannia* unwiderruflich vorbei waren.

Margaret hatte Anthony Edens Standpunkt geteilt und es für richtig gehalten, zur Wahrung der britischen Interessen Streitkräfte in den Nahen Osten zu entsenden. Wenn es nach ihr gegangen wäre, hätte man dem Druck der Amerikaner allerdings unter gar keinen Umständen nachgeben dürfen. In diesem Klima allgemeiner Niedergeschlagenheit fanden im Herbst 1956 erneut Unterhauswahlen statt. Sir John Crowder, der seit 1935 als konservativer Abgeordneter den Wahlkreis Finchley im Unterhaus vertreten hatte, wollte sich aus der Politik zurückziehen. Der Ortsverein trat daraufhin an Margaret heran, die sich sofort zur Kandidatur bereit fand und vor allem deshalb aufgestellt wurde, weil diese junge Frau das genaue Gegenteil des Eton-Absolventen Sir John verkörperte. Sie kam außerordentlich gut an und wurde mit einer überwältigenden Mehrheit nominiert. Ihre Anwaltstätigkeit gab sie daraufhin auf: „Man kann sich im Leben zwei, nicht jedoch drei Aufgaben widmen", begründete sie diesen Schritt. „Man kann Abgeordnete und Hausfrau sein. Mehr nicht."

Der Londoner Stadtteil Finchley zählt zu den wichtigsten und sichersten Wahlkreisen der *Tories*. Er nimmt eine riesige Fläche ein und verfügt über fünf bedeutende U-Bahnstationen. Finchley besitzt nur wenige Industriebetriebe, dafür aber umso mehr Wohnsiedlungen. Die meisten Wohnungen sind Privateigentum, daneben gibt es sogenannte *Council houses,* die englische Version von Sozialwohnungen. Wie in Dartford machte Margaret sich mit großem Engagement daran, ihren neuen Wahlkreis kennenzulernen, die Wünsche der in ihm lebenden Menschen ausfindig zu machen; sie bemühte sich, ihnen jederzeit zur Verfügung zu stehen, und suchte nach Lösungen für die dringlichsten Probleme. Ihr Engagement überzeugte die Wähler so sehr, daß sie bei der Unterhauswahl von 1959 mehr Stimmen auf sich vereinigen konnte, als seinerzeit Sir John, der bisherige Abgeordnete.

Nun repräsentierte sie den Wahlkreis Finchley, und ihr Traum wurde wahr: Die Tochter des Lebensmittelhändlers aus Grantham zog ins Parlament ein.

Am nördlichen Ufer der Themse erheben sich die in neugotischem Stil errichteten Parlamentsgebäude. Sie stehen genau an jener Stelle, an der sich bis zu dem großen Brand von 1834 der ehemalige *Palace of Westminster* befand, der bis auf ganz wenige Reste den Flammen zum Opfer fiel. *The House of Lords* (Oberhaus) und *The House of Commons* (Unterhaus) werden von Londons weltberühmtem Wahrzeichen, dem Glockenturm *Big Ben* überragt.

Das Unterhaus wurde 1941 durch einen deutschen Luftangriff dem Erdboden gleichgemacht und im selben Stil wiedererrichtet. Es gilt weltweit als Symbol für die Demokratie.

Im Oberhaus achtet man so sehr auf Tradition, daß es manchmal ans Absurde grenzt. Jahr für Jahr begibt sich die mit Hermelinmantel und Kronjuwelen geschmückte Queen, gefolgt vom gesamten Hofstaat und den Würdenträgern des Vereinigten Königreiches, in das Parlament, um unter großer Prunkentfaltung die Sitzungsperiode zu eröffnen. Sie verliest eine Thronrede, die nichts anderes als eine vom Premierminister verfaßte Regierungserklärung darstellt. Die Macht liegt nicht etwa beim Oberhaus, sondern vielmehr beim Unterhaus beziehungsweise beim Premierminister und seinen Kabinettsmitgliedern. Im Unterhaus pflegt man die andere Kammer in leicht verächtlichem Ton als *the other place* (den anderen Ort) zu bezeichnen.

Das *House of Commons* tagt in einem riesigen Saal, der 635 Abgeordnete faßt, von denen allerdings nur die Hälfte sitzen kann. Anders als alle übrigen Parlamente besitzt das Unterhaus einen rechteckigen Grundriß, ein Umstand, der Emil Ludwig vor dem Ersten Weltkrieg tief beeindruckte. Er beschreibt den Raum folgendermaßen: „Im Unterhaus fand ich nicht wie in den meisten Parlamenten der Welt eine halbkreisförmige Sitzordnung vor, die von der um mehrere Stufen erhöhten und damit deutlich aus der Masse der Abgeordneten herausgehobenen Regierungsbank beherrscht wird. Ich erblickte vielmehr zwei parallel verlaufende Bankreihen, die einander direkt gegenüberstehen, so daß diejenigen, die auf ihnen sitzen, sich fortwährend in die Augen schauen. Als man mir erklärte, daß die eine Abgeordnetenreihe *His Majesty's Government* (die Regierung ihrer Majestät) und die andere *His Majesty's Opposition* (die Opposition Ihrer Majestät) genannt wurde, überkam mich zunächst ein Lachanfall. Als ich anschließend noch einmal darüber nachdachte, wurde mir klar, wie eitel diese Benennung ist und welche Werte sie gleichzeitig verkörpert".

Im nördlichsten Teil des Raumes thront der *Speaker of the House,* hinter dessen Sessel ein Sack hängt, in welchem die Petitionen deponiert werden. Einer Tradition des achtzehnten Jahrhunderts folgend, befinden sich entlang der Wände mit grünem Leder bezogene Bänke, auf denen nach einer detailliert festgelegten Rangfolge die Abgeordneten Platz nehmen. Rechts vom *Speaker* sitzen Regierung und Parlamentsmehrheit, links die Oppositionsparteien mit ihren Anführern und ihrem Schattenkabinett. Auf den Bänken hinter ihnen nehmen rechts wie links jene Abgeordneten Platz, die kein weiteres Amt innehaben und daher im Unterschied zu den vor ihnen sitzenden *frontbenchers* als *backbenchers* bezeichnet werden. Die Empore ist der Presse und Zuschauern vorbehalten.

Im Unterhaus geht es im allgemeinen zu wie in einem Männerklub, und zwar einem Männerklub schlimmster Sorte. Man bekommt dort alles mögliche zu hören, es herrscht ein fürchterlicher Lärm: die Abgeordneten klatschen, stampfen und brüllen.

Man wirft sich gegenseitig Beleidigungen an den Kopf, und von allen Seiten dringen unverständliche Wortfetzen ans Ohr, unter denen hin und wieder ein: *„Hear! Hear!"* („Hört! Hört!") oder ein *„Shame! Shame!"* („Schande! Schande!") auszumachen ist. Niemand nimmt jedoch die beleidigenden Äußerungen übel, sie werden als fester Bestandteil der parlamentarischen Tradition stillschweigend hingenommen. In neuester Zeit kam es nur einmal, im Jahr 1978, vor, daß sich ein *Labour*-Abgeordneter offiziell bei einem *honorable gentleman* (ehrenwerter Gentleman), dem Außenminister des Schattenkabinetts, dafür entschuldigen mußte, daß er ihn als „Dreckskerl mit seinem fetten Hintern" bezeichnet hatte.

Anthony Sampson verglich das Unterhaus mit einer „zischenden, pfeifenden, ächzenden, vom Regierungsapparat sachte vorangeschobenen Lokomotive".

In dieser Umgebung, die manchem tapferen Wachsoldaten Angst eingejagt hätte, fühlte Margaret Thatcher sich wohl. Der rauhe Männerton mißfiel ihr durchaus nicht. Im übrigen war sie keineswegs die einzige Frau im Unterhaus, obwohl nur sehr wenigen Frauen der schwierige Sprung ins Parlament gelang. Margaret war mit Abstand die jüngste und die hübscheste. Sie erregte großes Interesse. Alle wollten *the new girl* (das neue Mädchen) sehen, und Margaret zog rasch die allgemeine Aufmerksamkeit auf sich. Vor allem bei ihrer Antrittsrede, der *maiden speech,* bei der sie jenen Gesetzesentwurf präsentierte, mit dessen Ausarbeitung sie zu Beginn der Sitzungsperiode betraut worden war. Sie unterließ es absichtlich, die bei solchen Anlässen übliche Lobrede auf den bisherigen Abgeordneten ihres Wahlkreises zu halten. „Dies ist die Rede eines neuen Parlamentsmitglieds", erklärte sie in ihrem gekünstelten Tonfall, „aber ich weiß, daß der Wahlkreis Finchley, den zu vertreten ich die Ehre habe, wünscht, daß ich möglichst rasch auf mein eigentliches Thema zu sprechen komme". Auf diese Weise schlug sie zwei Fliegen mit einer Klappe. In ihrem Gesetzesentwurf „Zulassung der Presse zu Sitzungen" forderte sie, die Presse über sämtliche Gemeinderatssitzungen berichten zu lassen, auch wenn die Gemeinderäte – die, wie sich

Anfang des Jahres gezeigt hatten, mit den Gewerkschaften unter einer Decke steckten –, die Anwesenheit von Pressevertretern mit der Begründung ablehne, daß bestimmte Zeitungen streikten und man sich mit den Streikenden solidarisieren müsse. Für Gewerkschaften und Streikende hatte Margaret Thatcher ohnehin nicht viel übrig. „Pressefreiheit", verkündete sie, „ist für eine Demokratie unabdingbar".

Margarets klar gegliederte, flüssig und sorgfältig ausformulierte Rede, an der sich viele Abgeordnete ein Beispiel nehmen konnten, hinterließ großen Eindruck. Man stellte fest, daß die junge Frau sich verblüffend gut vorbereitet hatte. Ihre Jungfernrede erregte großes Aufsehen. Obwohl sie an einem Freitag gehalten wurde – ein Tag, an dem üblicherweise viele Abgeordnete schon das Wochenende einläuteten –, war das Unterhaus voll.

Dieser erste erfolgreiche Auftritt im Parlament beschleunigte Margarets weitere politische Karriere. 1960 wurde sie von einer Londoner Jury zu einer der sechs Frauen des Jahres gekürt. Beim anschließenden Festessen offenbarte Margaret einen bislang unbekannten Wesenszug. Auf die Frage, welche berühmte Person sie gerne verkörpern würde, nannte sie Ann Seonowen, die Gouvernante aus „Anna und der König von Siam", das später die Vorlage zu dem Musical „Der König und ich" abgab. Als die verblüfften Zuhörer um eine Erklärung baten, sagte Margaret: „Ann war eine Frau von Entschlossenheit, die mit großer Ausdauer ihr Ziel verfolgte. Sie reiste mit der erklärten Absicht nach Siam, dort die Sklaverei abzuschaffen – und sie schaffte sie ab!"

Der damalige Premierminister hieß Harold Macmillan. Mit viel Takt und Fingerspitzengefühl hatte er zwischen den beiden äußersten Flügeln der Konservativen Partei vermittelt und das infolge der leidigen Suezaffäre schwer angeschlagene Image Großbritanniens wieder aufpoliert. Macmillan verfügte über eine langjährige politische Erfahrung und war gleichzeitig ein Intellektueller. Der sehr beliebte Politiker war mit den Verlegern gleichen Namens verwandt und trug den Spitznamen *SuperMac*. Seine Politik zielte auf Vollbeschäftigung, auf die gezielte Förderung der Industrie und ganz allgemein darauf ab, den Wohlstand seines

Landes zu sichern. „Uns Briten geht es besser als je zuvor", behauptete er in einer berühmten Rede an die Nation. Innenpolitisch hatte er damit zweifellos recht. Um die Außenpolitik war es dagegen weniger gut bestellt: Das *British Commonwealth of Nations* drohte unter dem Druck der nationalistischen Unabhängigkeitsbewegungen auseinanderzubrechen. In einer geradezu prophetischen Rede sprach sich Macmillan gegen den „Wind der Wende" aus, wie er es nannte, das erste Anzeichen der kurz darauf ausbrechenden Krise.

Etwa um diese Zeit trug Macmillan Margaret Thatcher den Posten einer Unterstaatssekretärin für das Renten- und Sozialversicherungswesen an. Margaret avancierte dadurch mit einem Mal zum *frontbencher,* ohne jedoch dem Kabinett anzugehören.

Auch in diesem wichtigen Augenblick befand Denis sich nicht in London, sondern weilte auf einer Geschäftsreise am anderen Ende der Welt. Er erfuhr die Neuigkeit aus dem Radio.

Bis auf den heutigen Tag vermag niemand eine logische Erklärung dafür zu geben, daß gerade diese junge, noch vollkommen unerfahrene Abgeordnete für diesen Posten nominiert wurde. Vielleicht verdankte sie ihren Aufstieg einzig und allein der Tatsache, daß sie eine Frau war. Sowohl Regierung als auch Opposition beriefen gern Frauen in verantwortungsvolle Positionen. Schon Tacitus hatte festgestellt, daß für die Briten bei der Wahl ihrer Anführer das Geschlecht kein Kriterium darstellte *(neque enim sexum in imperiis discernunt).*

Diese Annahme wird auch durch die Analyse des politischen Beobachters und Direktors des *New Statesman,* Paul Johnson, erhärtet. Seiner Ansicht nach war Margarets Aufstieg innerhalb der Konservativen Partei viel leichter zu bewerkstelligen als in der *Labour Party,* die kein Hehl aus ihrer grundsätzlich frauenfeindlichen Haltung machte. Andererseits war hinlänglich bekannt, daß es sich bei Margaret Thatcher um keine Feministin handelte. Sie beurteilte eine Person nicht nach ihrem Geschlecht, sondern einzig und allein anhand ihrer Verdienste. Allerdings schien sie die Gesellschaft von Männern vorzuziehen, wodurch sie das Mißtrauen der Frauenbewegung erregte. Mit letzterer wußte sie ohnehin nichts anzufangen, da sie aus eigener Kraft genügend Möglichkeiten gefunden hatte, sich als Frau und Politikerin selbst zu verwirklichen.

Als sie nun *frontbencher* wurde, nutzte sie dennoch die Gelegenheit, um eine Lanze für die Frauen zu brechen: „Von insgesamt dreizehn weiblichen *Tory*abgeordneten haben nur drei eine Position innerhalb der Regierung inne. Das ist ein Mißverhältnis. Ich wünsche mir mehr weibliche Abgeordnete".

Bezeichnenderweise für den damals herrschenden Argwohn wurden die Herren im Unterhaus gleich nach Margarets Nominierung von Zweifeln befallen. Der Ständige Staatssekretär etwa äußerte gegenüber Lord Boyd Carpenter die Befürchtung, die neuerdings mit dem Renten- und Sozialversicherungswesen betraute Frau „könnte erst dann zu den Parlamentssitzungen erscheinen, wenn sie den geschlagenen Vormittag beim Friseur und den Nachmittag beim Modeschöpfer zugebracht habe".

7. Auf dem Weg zur Macht

Bei ihrer Tätigkeit als Unterstaatssekretärin für das Renten- und Sozialversicherungswesen kam Margaret ihre juristische Ausbildung sehr zustatten, da die von ihr zu bearbeitenden Probleme juristischer Natur waren. Sie entwickelte ihren persönlichen Stil und begann, ihre Ausführungen mit Statistiken, Zahlen und Details zu spicken.

Bei ihrer ersten Wortmeldung überschüttete sie ihre Zuhörer fünfundvierzig Minuten lang mit zahllosen Einzelheiten. Nicht genug damit, daß sie genauestens über die Lebenshaltungskosten in einem Raucherhaushalt im Unterschied zu einem Nichtraucherhaushalt informierte, stellte sie auch noch einen Vergleich der in Dänemark, Deutschland und andernorts üblichen Renten mit den britischen an.

In ihrer pedantischen Genauigkeit ging sie zum Verdruß ihrer Mitarbeiter dazu über, bereits fertig geschriebene, für ihren Wahlkreis bestimmte Briefe zu verwerfen und neu schreiben zu lassen, weil sie fand, daß sie nicht mehr genau ihren Standpunkt widerspiegelten.

Margaret behielt dieses Amt bis zum Sturz der Regierung Macmillan im Jahr 1964. Großbritannien, um das es noch wenige Jahre zuvor recht gut bestellt gewesen war, wurde plötzlich von schweren Wirtschafts- und Währungskrisen heimgesucht. Auch Macmillans buchstäblich in letzter Minute vorgenommene Kabinettsumbildung half nichts mehr. Das britische Volk war unzufrieden und wünschte einen Regierungswechsel. Überdies hatte Macmillan, den jetzt niemand mehr *SuperMac* nannte, eine außenpolitische Niederlage erlitten. 1963 hatte der französische Staatspräsident de Gaulle mit seinem Veto Großbritanniens Beitritt zu der 1956 von sechs Nationen gegründeten Europäischen Wirtschaftsgemeinschaft (EWG) verhindert. Das „besondere Verhältnis", das Großbritannien mit den Vereinigten Staaten von Amerika verband und welches noch durch das *Commonwealth* verstärkt wurde, erregte das Mißtrauen des Generals. Unter Kennedy kam es zu einer noch engeren britisch-amerikanischen Zusammenarbeit, als Großbritannien amerikanische Raketen vom Typ *Polaris* erhielt – die leistungsfähigsten Atomraketen damaliger Zeit.

In dieser ohnehin gespannten Atmosphäre, in der sich Macmillan wegen seiner innen- und außenpolitischen Mißerfolge fortwährenden Angriffen ausgesetzt sah, platzte ein Skandal, der Großbritanniens Ansehen schädigte und den Sturz der konservativen Regierung beschleunigte. Es handelte sich um die Affäre Profumo: Der konservative Abgeordnete und Minister John Profumo wurde nach anfänglichem Leugnen einer Affäre mit einem Callgirl namens Keeler überführt, das seinerseits im Verdacht stand, mit Hilfe eines weiteren Liebhabers, des russischen Marineattachés, für die Sowjetunion spioniert zu haben.

Als Macmillan, dessen Gesundheitszustand sich erheblich verschlechtert hatte, infolge des Skandals auch noch die Unterstützung seines Kabinetts verlor, reichte er seinen Rücktritt ein, um sich in stationäre Behandlung zu begeben.

Er wurde von Alex Douglas Home abgelöst, den Macmillan auf dem *Tory*-Parteitag in Blackpool praktisch zu seinem Nachfolger designiert hatte. Damit wurde zum ersten Mal seit dem ganz zu Anfang des Jahrhunderts amtierenden Marquess of Salisbury wieder ein *Peer** britischer Premierminister.

Die Unterhauswahlen von Oktober 1964 bestätigten die kurz zuvor durchgeführten Meinungsumfragen: Die *Labour Party* siegte – mit Harold Wilson an der Spitze – über die Konservativen. Während und nach dem Wahlkampf erwies sich Wilson als ein gefährlicher, ernstzunehmender Gegner. In seinen schonungslosen Attacken hatte er die Rückständigkeit der *Tories* und ihre mangelnde Erfahrung in wirtschaftlichen Fragen kritisiert ... Da er sich nicht mit einer knappen Mehrheit zufriedengeben wollte, drängte er auf baldige Neuwahlen, bei denen seine Partei dank ihres eine ganz im Zeichen neuer Technologien verheißenden Manifest beachtliche Gewinne verbuchte.

Unter dem sechs Jahre amtierenden Wilson erlebte Großbritannien eine regelrechte Kulturrevolution, die einen tiefgreifenden Gesellschaftswandel zur Folge hatte. Es war die Zeit der Beatles, der Rolling Stones, der Mary Quant und ihren Miniröcken, der *Carnaby Street* und des *Swinging London*. Die allgemein herrschende Aufbruchstimmung ließ auch die Regierung in positivem Licht erscheinen, wenn auch nur für kurze Zeit. Wenig später brach erneut eine Wirtschaftskrise aus. Das Pfund *Sterling* mußte einen massiven Kursverlust hinnehmen, und wilde Streiks legten das Wirtschaftsleben lahm. Eine günstige Gelegenheit für die *Tories,* welche sie prompt nutzten, um für ihr Konzept eines „zivilisierten Kapitalismus" zu werben.

In Finchley war Frau Thatcher inzwischen auf erste Schwierigkeiten gestoßen. Als plötzlich das Gerücht aufkam, der *Tory*-Ortsverein diskriminiere Juden, büßte sie in ihrem beachtlich viele Juden zählenden Wahlkreis die Hälfte der Stimmen ein – ein Verlust, der sie beinahe ihr Mandat gekostet hätte.

Die nach wie vor in der Opposition befindlichen Konservativen ersetzten ihren bisherigen Parteiführer Douglas Home durch den brillanten Edward Heath. Der ledige, aus einfachen Verhältnissen kommende Politiker segelte gerne und war ein Musikliebhaber. Unter Macmillan war er Arbeitsminister und später Lordsiegelbewahrer gewesen. Er war es auch, der die Verhandlungen über Großbritanniens EG-Beitritt führte.

Während der sechs Jahre, die Heath dem Schattenkabinett der *Tories* vorstand, betraute er Margaret mit verschiedenen Posten, unter anderem mit dem Wohnungsbau- und dem Finanzministerium. 1967 berief er sie zur Energie- und anschließend zur Transportministerin. 1969 vertraute er ihr das wichtige Erziehungsministerium an. Er hielt es für einen geschickten Schachzug, diesen Posten einer Frau zu geben, die obendrein der *lower middle class* (untere Mittelklasse) entstammte. Seine Rechnung ging jedoch nicht auf, denn Margaret entpuppte sich als eine gefürchtete Oppositionspolitikerin, die sich regelmäßig mit der Regierung Wilson anlegte. Ihre geharnischten Reden waren stets gut vorbereitet und durch ein ständig wiederkehrendes Leitmotiv gekennzeichnet: Der einzelne Mensch, vor allem in seiner gesellschaftlichen

Dimension, müsse – angesichts einer viel zu bürokratischen, von allen möglichen Ideologien beherrschten Welt – im Zentrum des politischen Interesses stehen. Es sei an der Zeit, sich mit der alltäglichen Realität auseinanderzusetzen und einen pragmatischen Standpunkt einzunehmen. Als Wohnungsbauministerin prangerte sie Fälle von Machtmißbrauch an und vertrat die Rechte der Steuerzahler. Im Transportministerium nahm sie sich, indem sie das Netz öffentlicher Verkehrsmittel zu verbessern suchte, vor allem jener an, die tagtäglich mit dem Zug oder der U-Bahn zur Arbeit fuhren. Als Erziehungsministerin trat sie schließlich dafür ein, die Wahl der Schule weiterhin den Eltern zu überlassen und lehnte eine staatliche Einmischung ab. Sie regte jedoch keine tiefgreifende Reform an – diese Rolle bleibt in Großbritannien seit jeher den *Labour*-Politikern vorbehalten. Deren Forderung nach einem weniger starren, anpassungsfähigeren Schulwesen beschied sie abschlägig. Warum sollte ausgerechnet sie, deren Erfolg auf ihre schulische Ausdauer zurückzuführen war, den nachfolgenden Generationen die Steine aus dem Weg räumen?

Die Zeit, die sie in der Opposition verbrachte, nutzte sie zu einer Studienreise in die Sowjetunion. Dort setzte sie sich hauptsächlich für die Freilassung eines Bürgers aus ihrem Wahlkreis ein, einen britischen Vortragsreisenden, der unter fadenscheinigen Anschuldigungen festgenommen worden war. Ihre Intervention trug maßgeblich dazu bei, daß der Inhaftierte schließlich frei kam.

Wieder in London, sicherte sie sich die wertvolle Mitarbeit von Airey Neave, der sich zu ihrer rechten Hand entwickelte und ihr, als sie gegen Parteiführer Heath antrat, mit Rat und Tat zur Seite stand. Ihre Zusammenarbeit gewann rasch freundschaftliche Züge.

Margaret sagte unverblümt ihre Meinung. Als sie eines Tages vor dem britischen Frauenbund sprach, äußerte sie eine anschließend viel zitierte und kommentierte Empfehlung: „Wer in der Politik einer Idee zum Durchbruch verhelfen will, wendet sich sinnvollerweise an einen Mann. Wer dagegen erreichen will, daß etwas getan wird, sollte an eine Frau herantreten . . ."

Sie befürwortete die Todesstrafe und körperliche Züchtigungen Inhaftierter. Abtreibung und offizielle Anerkennung der Homosexualität lehnte sie dagegen ab. Mit dem Sophokles-Zitat: „Sobald eine Frau einem Mann ebenbürtig wird, ist sie ihm überlegen" suchte sie gegen die berufliche Diskriminierung der Frauen anzugehen.

Um sich von den Strapazen des politischen Alltags zu erholen, unterzog sie sich regelmäßig einer selbstverordneten „großen Therapie". Diese bestand darin, daß sie sich an den Wochenenden ihren hausfraulichen Pflichten widmete: Sie kochte, legte Handtücher zusammen, räumte Schubladen auf oder listete den Inhalt sämtlicher Schränke und anderer Behältnisse auf, ihrem Bedürfnis nach Effektivität und Ordnung gehorchend.

Geldsorgen waren Frau Thatcher fremd. Ihr Mann hatte beim Verkauf eines ererbten Familienbetriebs den stattlichen Erlös von 500 000 Pfund *Sterling* erzielt, für damalige Zeiten ein sehr großer Betrag. Sowohl Margaret als auch Denis arbeiteten schwer. Dank ihrer beider Einkommen verfügte die Familie – einschließlich der Honorare für Margarets Vorträge und Publikationen – über regelmäßige jährliche Einkünfte in Höhe von sechzigtausend Pfund. Margarets Behauptung, sie seien nicht besonders vermögend, mag daher etwas erstaunen. Die Tatsache, daß sie sich eine *nanny* (eine Kinderfrau) leisteten, ihr Haus in der *Flood Street,* ihr Grundbesitz, daß sie für ihre Kinder die besten Schulen wählten – die *St. Paul's School for Girls* für Carol und das aristokratische *Harrow* für Mark –, der alljährliche Winterurlaub in der Schweiz – all dies deutete darauf hin, daß sie nicht gerade am Hungertuch nagten . . . Das Glück meinte es gut mit ihnen. Sie waren nie ernstlich krank und verbrachten möglichst viel Zeit mit ihren Kindern, deren Ferien mit den parlamentarischen Sitzungspausen zusammenfielen.

Bei den Unterhauswahlen von 1970 erlitt Harold Wilson ganz überraschend eine knappe Niederlage, obwohl er aus den kurz zuvor durchgeführten Meinungsumfragen als Sieger hervorgegangen war. Edward Heath wurde neuer Premierminister. Margaret, die inzwischen den Stimmenverlust in ihrem Wahlkreis Finchley wieder wettgemacht hatte, erhielt das Ministerium für Erziehung und Wissenschaft übertragen. Während ihrer dreieinhalbjährigen Amtszeit war sie nach Kräften bemüht, die seit der Reform von 1944 unveränderten Rahmenrichtlinien im Schulwesen zu überarbeiten, wofür ihr allerdings nur ganz bescheidene Mittel zur Verfügung standen.

Sie zeigte sich den Anforderungen gewachsen. Ihre instinktive Vorsicht, ihr durch ihre kleinbürgerliche Herkunft bedingtes sparsames Wesen ließen sie eine Reihe höchst unpopulärer Maßnahmen ergreifen, mit denen sie vor allem die Presse gegen sich aufbrachte. Sie ließ beispielsweise die von einer früheren *Labour*-Regierung eingeführte kostenlose Schulmilch streichen, da dieses Gratisgetränk in ihren Augen vollkommen überflüssig war: Die vom ernährungswissenschaftlichen Standpunkt aus keineswegs besonders wertvolle Milch brachte den Kindern keinen Vorteil, verursachte dafür aber enorme Kosten. Mit dieser Maßnahme löste Margaret Thatcher einen Sturm der Entrüstung aus, der sich gar nicht mehr legen wollte. Sie handelte sich alle möglichen Schimpfnamen ein, von: *„Thatcher, milk snatcher!"* (*„Thatcher, die Milchdiebin!"*) bis hin zu: *„Ditch the bitch!"* (*„Jagt die Hexe aus dem Amt!"*). Das in eineinhalb Millionen Exemplaren aufgelegte Boulevardblatt *Sun* meldete, Margaret Thatcher sei die unbeliebteste Frau Großbritanniens.

Margaret Thatchers unnachgiebige, konsequente Haltung verweist im Kern bereits auf die Ideologie des Thatcherismus: „Es gilt, den Staat von Aufgaben zu entbinden, die nicht in seine Zuständigkeit fallen, und im Gegenzug den privaten, wirtschaftlichen oder familiären Sektor stärker heranzuziehen."

Margaret setzte sich durch. Auch als später die *Labour Party* wieder an die Regierung kam, wurde die Schulmilch nicht wieder eingeführt. Ihre Streichung ermöglichte Einsparungen in Höhe von zweiundzwanzig Millionen Pfund, die Margaret zu anderweitigen Investitionen im Bildungswesen nutzte. Sie ließ eine Vielzahl kostenloser Kinderkrippen einrichten, dehnte die Schulgeldfreiheit bis auf das sechzehnte Lebensjahr aus und erleichterte den Zugang zu einer höheren Schulbildung. Nach ihrer Indien- und Rumänienreise setzte sie sich dafür ein, die herkömmlichen Schulen durch eine Reihe polytechnischer Einrichtungen zu ergänzen. „Wir brauchen", argumentierte sie, „ein Bildungssystem, das die Förderung der natürlichen Gaben ermöglicht".

Ebenso wie für ihren Vater Alfred Roberts, hatte Bildung für Margaret Thatcher einen ganz hohen Stellenwert. Sie besichtigte eine große Anzahl Schulen, um sich ein möglichst genaues Bild zu verschaffen, und schreckte keineswegs vor ungewöhnlichen Lösungen zurück. Als entschiedene Gegnerin eines unpersönlichen Bildungssystems wollte sie Krippen und Spielplätze auch den Eltern öffnen. Diese Einrichtungen dienten fortan nicht mehr ausschließlich der Kinderbetreuung, sondern ermöglichten gleichzeitig wertvolle Begegnungen. „Wer den Kontakt zu seinem Kind nicht verlieren will, muß sich ernsthaft darum bemühen", faßte sie ihre diesbezüglichen Gedanken einmal zusammen.

Es gelang ihr auch, mehr Mittel für die Förderung behinderter Kinder und Subventionen für das *Royal Ballet* und Yehudi Menuhins Musikschule zur Verfügung zu stellen, angesichts der chronisch leeren Staatskasse eine beachtliche Leistung. All dies entsprang dem Bemühen, in allen nur erdenklichen Bereichen Großbritanniens Ansehen zu steigern.

Sie erschloß eine weitere Einnahmequelle, indem sie Eintrittsgelder für den bislang kostenlosen Besuch staatlicher Museen und Gemäldesammlungen einführte.

Margaret Thatcher schätzte ihre Mitarbeiter und steckte sie mit ihrer Begeisterung an. Für eine gut erledigte Aufgabe gab es stets ein Lob. Wenn ihre Mitarbeiter gelegentlich bis in die Nacht hinein für sie tätig waren, ließ sie es sich nicht nehmen, nach einer offiziellen Veranstaltung Schlag Mitternacht – als Geste des Danks und der Ermutigung – im Abendkleid bei ihnen vorbeizuschauen.

Ihr Auftreten im Parlament beurteilten mehrere Kollegen als treuherzig und naiv. Sie bekannte sich stets zur ungeschminkten

Wahrheit ohne Furcht vor den Konsequenzen. Nie entstellte sie Tatsachen oder manipulierte sie Zahlenangaben, nicht einmal, wenn sie im Widerspruch zur eigenen Politik standen. Sie war von grundlegender Ehrlichkeit. „Eine ihrer hervorstechendsten Eigenschaften", stellte Paul Johnson fest, „ist ihre absolute Redlichkeit . . . Sie redet nicht um den heißen Brei herum und pflegt ihrem Gegenüber fest in die Augen zu blicken!"

Als Erziehungsministerin wurde sie von der Presse zum Sündenbock auserkoren, die fortan jede ihrer Initiativen auf das heftigste kritisierte. Margaret gewann schließlich den Eindruck, daß man es in der *Fleet Street* auf sie abgesehen und die gesamte Presse sich gegen sie verschworen habe. Dies machte sie derart nervös, daß selbst ihre Mitarbeiter darunter zu leiden hatten. Als ihr Mann Denis ihr daraufhin vorschlug, sich aus der Politik zurückzuziehen, zögerte sie einen Augenblick lang. Dann gewann sie ihre Selbstbeherrschung zurück, die sie fortan nicht mehr verlieren sollte.

Mit den Frauen der übrigen Minister und Abgeordneten freundete Margaret sich nie richtig an. Sie kritisierten ihr ständiges Hausfrauen- und Muttergehabe und lästerten hin und wieder über ihre unmöglichen Hüte. Margaret bemühte sich, diese Sticheleien einfach zu ignorieren und nicht einmal deplazierte oder beleidigende Äußerungen übelzunehmen. Diese fest zum politischen Alltag gehörenden Scharmützel wurzelten in Eifersucht und Neid – Gefühle, die Margaret fremd waren. Sie wappnete sich gegen derlei Angriffe mit einer Art Panzer. Anthony Sampson irrt vermutlich nicht, wenn er feststellt, daß Margaret fortan ein eisernes Gemüt bewies.

Als 1972 die wirtschaftliche Lage in Großbritannien erneut kritisch wurde, warf Heath überraschend das Ruder herum und leitete unter Mißachtung sämtlicher Wahlversprechen eine Steuerpolitik ein, die einer *Labour*-Regierung würdig gewesen wäre. Er ließ mehrere Industriebetriebe verstaatlichen, angefangen bei *Rolls Royce*. Die Briten bezeichneten diesen abrupten Kurswechsel als *U-turn,* als Kehrtwende. Mehrere Regierungsmitglieder empfanden dies als Verrat und trugen sich mit Rücktrittsgedanken. Margaret Thatcher war viel an der Durchführung ihres politischen Programms gelegen. Andererseits wollte sie nicht den Eindruck erwecken, Heaths Kehrtwendung zu billigen – eine äußerst schwierige Entscheidung, die ihr durch die weitere Entwicklung abgenommen wurde. Trotz seines Überraschungsmanövers gelang es Heath nämlich nicht, die Flut der Unzufriedenen einzudämmen: Maschinenfabriken, Kohlebergbau, Schiffswerften, Zeitungen, Automobilindustrie, Tankstellen – alles streikte. Es kam zum Chaos, zum vollständigen Zusammenbruch des Wirtschaftslebens sowie zum offenen Konflikt zwischen Regierung und Gewerkschaften.

Der Herbst 1973 versprach ebenso heiß zu werden wie das Jahr 1926.

Im Winter spitzte sich die Lage noch weiter zu. Das anläßlich des Jom-Kippur-Krieges verhängte Embargo führte zu einschneidenden Energiebeschränkungen, so daß Heath sich schließlich gezwungen sah, den nationalen Notstand zu verkünden. Unter Berufung auf eine alte, immer noch gültige Gesetzgebung rationierte er das Schweröl für die Industrie. Die Arbeitswoche umfaßte fortan nur noch drei Tage, und knapp zweieinhalb Millionen Engländer saßen plötzlich auf der Straße – mehr als zur Zeit der Weltwirtschaftskrise.

Die Gewerkschaften zeigten sich ebenso unnachgiebig wie Heath, der sich den Zorn des britischen Volkes zuzog. Bereits für den 28. Februar mußte er vorgezogene Unterhauswahlen ansetzen, eine Frist, die weder seiner eigenen Partei noch der Opposition genügend Zeit für einen ordentlichen Wahlkampf ließ. Immerhin gelang es ihm gerade noch, den britischen Gewerkschaftsbund TUC an der Ausrufung des Generalstreiks zu hindern.

Das Wahlergebnis war enttäuschend: Es gab weder Sieger noch Besiegte. Als auch sein letzter Einigungsversuch mit den Liberalen fehlschlug, trat Heath schließlich zurück.

Mit Harry Wilson zog am 4. März 1974 wieder ein *Labour*-Abgeordneter in die *Downing Street 10* ein. Er bildete die erste *Labour*-Minderheitsregierung seit 1931, in die er unter anderem

James Callaghan als Außenminister, Roy Jenkins als Innenminister und Denis Healey als Schatzkanzler berief. Zu Wilsons Kabinett zählten auch zwei Frauen: die Ministerin für Sozialversicherung Barbara Castle und Shirley Williams, die Staatssekretärin für Preisentwicklung.

Wie durch ein Wunder ließen sich die Streikenden zu einem Kompromiß bewegen, so daß zehn Tage nach der Wahl das ganze Land wieder zur Tagesordnung zurückkehrte.

Auf Dauer vermochte Wilson nicht ohne Mehrheit zu regieren, zumal Konservative und Liberale ihm nach Kräften das Leben schwermachten. Er setzte daher für Oktober desselben Jahres Neuwahlen an. In diesem Wahlkampf profitierte Wilson von der Entspannung, die nach seiner Regierungsübernahme eingetreten war, nachdem er die Wirtschaft wieder in Schwung gebracht und die Drei-Tage-Woche abgeschafft hatte. Von der alarmierenden Inflationsrate abgesehen, hatte die sozialistische Regierung im Handumdrehen die Ruhe im Lande wiederhergestellt.

Die in der Opposition befindlichen Konservativen verfügten über keinerlei Handlungsspielraum. Griffen sie die Regierung Wilson an, so liefen sie Gefahr, ihr noch mehr Wähler in die Arme zu treiben. Sie beschränkten sich daher auf die traditionelle Warnung vor einem Linksruck und wiesen mit erhobenem Zeigefinger auf die galoppierende Inflation. Enoch Powell schien selbst diese verhaltene Kritik noch zu weit zu gehen: Er trat aus der Konservativen Partei aus und wechselte zur *Labour Party* über.

Trotz des großen Engagements Margaret Thatchers, der damaligen Wohnungsbauministerin im oppositionellen Schattenkabinett, die sich für eine Reform der lokalen Steuern und die Einführung fester Hypothekenzinsen einsetzte, waren die Erfolgsaussichten der *Tories* denkbar gering. Aus Angst vor einem erneuten Chaos und einer weiteren Lahmlegung des Wirtschaftslebens schenkten ihnen die Wähler kein Gehör.

Mit seinem Slogan: „Mit *Labour* gewinnen!" nahm Wilson das Wahlergebnis vorweg. Seine Partei erhielt die Mehrheit der Stimmen, und er blieb Premierminister.

8. Die Eroberung der Macht

„Die Konservativen stehen in dem Ruf, mit den Verlierern hart ins Gericht zu gehen", stellt Allan J. Mayer fest, „vor allem, wenn es sich bei dem Verlierer um den Parteiführer handelt." Nach Wilsons Sieg fanden die *Tories* in Heath einen willkommenen Sündenbock. Hätten sie nicht gewonnen, wenn nicht ausgerechnet Heath an ihrer Spitze gestanden hätte? Wenn er die durch die Spannungen mit dem Gewerkschaftsbund, dem *Trades Union Congress (TUC)* ausgelöste Regierungskrise besser bewältigt hätte?

Der eigentliche Grund war jedoch ein ganz anderer: das allgemeine Verlangen, sich wieder an die Arbeit zu begeben, Fabriken und Werkstätten wieder in Betrieb zu nehmen, die ohnehin schon viel zu lange anhaltende Lahmlegung des Wirtschaftslebens zu überwinden. Des Krieges müde, hätten die Wähler für jeden Kandidaten gestimmt, welcher in der Lage gewesen wäre, die Ordnung im Lande wiederherzustellen.

Nun blieb den Konservativen nichts anderes mehr übrig, als sich in die Situation zu fügen und sich einzugestehen, daß ihre Partei das Ziel verfehlt hatte, obwohl sich wahrlich genügend Chancen zum Gewinn der Wahlen geboten hatten. Ihre Niederlage war auf das ungeschickte Verhalten Edward Heaths zurückzuführen, der sich nicht ausreichend engagiert und nicht den nötigen Spürsinn besessen hatte. Öffentliche Auftritte waren ihm zuwider, und er verbarg sein Unbehagen hinter einem Schutzschild aus Arroganz ... Auch wenn es ihm gelungen war, Großbritanniens Beitritt zur EG zu bewerkstelligen, stand er nach drei verlorenen Unterhauswahlen doch als Verlierer da. Und wenn, um den *New Statesman* zu zitieren, „jedermann den Gewinner mag", dann ließ sich daraus auch der Umkehrschluß ziehen, daß niemand den Verlierer mochte.

Die Wurzeln der Unzufriedenheit reichten weit zurück. Schon 1960, als Handelsminister, hatte Heath durch die Abschaffung der

Wiederverkaufspreisbindung, der sogenannten *resale price maintenance,* die Kaufleute gegen sich aufgebracht. Nun wurde ihm – allerdings zu Unrecht – auch noch die Schuld an jener Wirtschaftskrise angelastet, die im Gefolge des Jom-Kippur-Krieges die gesamte Welt und damit auch Großbritannien heimsuchte. Alle waren sich darin einig, daß Heaths Ablösung den einzigen Ausweg darstellte.

Margaret Thatcher und ihr neuer politischer Berater Keith Joseph, die ohnehin frustriert waren, weil sie in den Jahren 1972/73 gerne eine wichtigere Rolle in der Politik gespielt hätten, registrierten Heaths fortlaufende Mißerfolge mit wachsender Unruhe. Zum Dank für ihre Arbeit im Schattenkabinett hatten Margaret Thatcher und Keith Joseph immerhin grünes Licht für die Gründung eines vom parteiinternen *Research Office* unabhängigen Forschungsinstituts erhalten, welches – um mit den Worten Josephs zu sprechen – „die Möglichkeiten eines kapitalistischen Systems mit humanen Zügen" ausloten sollte.

Nichtsdestotrotz zog die Revolte gegen Heath immer weitere Kreise. Sie ging in erster Linie vom *Comité 1922* aus, dessen Name darauf anspielte, daß es im betreffenden Jahr *Tory*-Abgeordneten gelungen war, ihren damaligen Anführer Austin Chamberlain abzusägen. Das *Comité* verfügte über ein achtzehn Mitglieder umfassendes Exekutivorgan unter der Führung von Edward du Cann, einem angesehenen *backbencher* und Aufsichtsratsmitglied einer bedeutenden Geschäftsbank, der Keyer Ullmann. Die übrigen Mitglieder – alle ohne Geschäftsbereich und folglich *backbenchers* – hatten die Aufgabe, für einen reibungslosen Ablauf der Verwaltungsangelegenheiten der Partei zu sorgen und dem Parteiführer Stellungnahmen, Kritiken und Bedenken zukommen zu lassen.

Ein paar Tage nach den Wahlen vom Oktober 1974 hielt du Cann bei sich zuhause in Belgravia eine Zusammenkunft ab. Alle Anwesenden waren sich darin einig, daß Heath abgelöst werden müsse, wofür am lebhaftesten die *backbenchers* plädierten. Einst vom Parteiführer ignoriert, hegten sie nun einen besonderen Groll gegen ihn. Am Ende der knapp einstündigen Versammlung erhielt du Cann den Auftrag, Heath die gesammelte Kritik zu präsentieren.

Das Treffen in du Canns Bank in der *Milk Street* erwies sich als ein Schlag ins Wasser. Heath erfaßte nicht, wie ernst die Lage war und ließ du Cann gar nicht erst zu Wort kommen. Die Journalisten hatten jedoch von dem geheimen Vorstoß Wind bekommen und berichteten tags darauf von der *„Milk Street Mafia"*. Das *Comité* beschloß daraufhin, sich schriftlich an Heath zu wenden, um seine Argumente darzulegen und um eine Unterredung zu bitten. Heath scheute jedoch die Konfrontation und suchte Zeit zu gewinnen. Dies machte einen denkbar schlechten Eindruck, zumal er nur die Vertrauensfrage zu stellen brauchte, die wahrscheinlich zu seinen Gunsten ausgefallen wäre.

Nach weiteren Verzögerungstaktiken sah sich Heath gezwungen, die Gründung eines Arbeitskreises zu billigen, welcher die Bestimmungen bezüglich der Wahl des Parteiführers überarbeiten sollte. Das Gremium gelangte zu dem Ergebnis, daß der Parteiführer sein bislang unbefristetes Mandat fortan alljährlich zur Verfügung stellen müsse. Als gewählt galt derjenige Kandidat, der die absolute Mehrheit erzielte. Im Anschluß an diese Neuregelung sprachen sich sowohl Heath als auch das *Comité 1922* für unverzügliche Neuwahlen aus, die für den 4. Februar 1975 angesetzt wurden.

Im Herbst 1974 hatte Heath einen Fernsehauftritt dazu benutzt, Wilsons Politik massiv zu hintertreiben. Dies eine Mal wenigstens schien er nicht in höheren Sphären zu schweben. Er war während der Sendung zu seiner alten Form aufgelaufen, und seine neu erwachte Vitalität schien die Gerüchte bezüglich seines schlechten Gesundheitszustandes Lügen zu strafen. Man erzählte sich nämlich, gravierende Schilddrüsenprobleme hätten seinen Verstand getrübt und ließen ihn geistig abwesend wirken.

Als der 4. Februar näherrückte, erhob sich die Frage, wer gegen Heath antreten sollte. Wohl waren mehrere Namen im Gespräch, doch schien es der Konservativen Partei an Kandidaten zu mangeln, die das Zeug zum Anführer hatten. Die besten Erfolgsaussichten schienen William Whitelaw und Sir Keith Joseph zu besitzen. Ersterer – ein *Cambridge*-Absolvent, der in den *Scots Guards* gedient hatte – war ein typischer Konservativer von liebenswürdigem Wesen und mit Hängebacken. Als Nordirlandminister hatte er sich dank seiner unermüdlichen Versuche, eine Aussöhnung mit Nordirland herbeizuführen – ein nach wie vor äußerst aktuelles Problem –, mit den Jahren in ganz Großbritannien einen Namen gemacht. Er hatte jedoch nicht das Auftreten eines Parteiführers, und seine unverhohlene Loyalität gegenüber Heath stellte kein geringes Handicap dar. So war ihm beispielsweise eine fatale Äußerung entschlüpft, die um ein Haar diplomatische Spannungen mit Island heraufbeschworen hätte: Um seiner enormen Bewunderung für Heath Ausdruck zu verleihen, hatte er sich bereiterklärt, notfalls sogar einen Botschafterposten in Rykjavik zu akzeptieren, falls Heath ihn dazu auffordern sollte.

Der Oxfordabsolvent Keith Joseph galt als außergewöhnlich intelligent. Margaret Thatcher hegte für ihn grenzenlose Bewunderung. Als Wohnungsbauminister unter Macmillan und Staatssekretär im Sozialministerium unter Heath hatte er durch originelle Entscheidungen, durch seinen Einfallsreichtum und seine Arbeitswut von sich reden gemacht. Keith Joseph befürwortete eine auf strenge Kontrollen abzielende Währungspolitik, um die im Umlauf befindliche Geldmenge zu begrenzen.

Der gutaussehende, stets das große Wort führende und überaus kluge Enoch Powell wäre eigentlich der ideale Kandidat gewesen. Er kam jedoch deshalb nicht in Frage, weil er schon vor seinem spektakulären, auf völliges Unverständnis stoßenden Wechsel zur *Labour Party* immer wieder mit seinem politischen Kurs aneckte. Seine reaktionären Vorstellungen bezüglich der Nordirlandfrage, der Europäischen Gemeinschaft und vor allem der Einwandererwelle aus den Commonwealthstaaten ließen sich nicht mit der allgemeinen politischen Linie vereinbaren.

Doch nicht nur die *Tories* hatten mit Schwierigkeiten zu kämpfen, auch Wilson stieß auf Probleme, nachdem die erste Begeisterung über den Wahlausgang verflogen war. Seine Partei tendierte zusehends zu radikalsozialistischen Positionen: Sie wollte ein Programm zur Verstaatlichung der großen Privatunternehmen starten sowie eine kostspielige Sozialgesetzgebung im Gesundheits- und Erziehungswesen einführen. Die eifrigsten Verfechter dieser massiven Eingriffe waren der Staatssekretär für Vollbeschäftigung, Michael Foot, und Anthony Wedgwood Benn, der den Posten eines Staatssekretärs für Handel bekleidete.

Von den *Tories* versuchte einzig und allein Keith Joseph diesen drastischen Linksruck abzuwenden. Er mahnte die britische Nation, daß es neben Wirtschaft und Politik auch noch andere, moralische Werte zu verteidigen gelte. Im Eifer des Gefechts wagte er sich allerdings zu weit vor: Er äußerte den Wunsch nach einer Geburtenkontrolle für die Mittelschicht – ein Ansinnen, das die Zeitungen als faschistisch anprangerten, da es die Menschen ihrer individuellen Entscheidungsfreiheit beraube. Dieser Ausrutscher sollte ihn teuer zu stehen kommen. Er verscherzte sich damit seine Kandidatur um Heaths Nachfolge an der Parteispitze.

Im November 1974 beauftragte das konservative Schattenkabinett Margaret Thatcher, gemeinsam mit Robert Carr, einem Staatssekretär aus dem Finanzministerium, Fragen der Finanzgesetzgebung und der öffentlichen Ausgaben zu klären. Die *Times* kommentierte diesen neuen Posten innerhalb der Opposition mit den Worten: „Frau Thatcher ist ein aufsteigender Stern innerhalb der Konservativen Partei ... und könnte vielleicht als erste Frau britischer Schatzkanzler werden". Die renommierte Tageszeitung hatte die geheimen Wünsche der Krämerstochter aus Grantham erraten.

Anläßlich eines in London gehaltenen Vortrags legte sie ein weiteres Mal ihre politische Philosophie dar: „Die Schwierigkeiten, in denen derzeit viele Unternehmen stecken, dienen der Linken als Vorwand, um noch mehr staatliche Kontrollen einzuführen. Man ist überhaupt nicht bemüht, die Ursachen der Schwierigkeiten zu erforschen. In Wahrheit verdanken wir unser Wirtschaftswachstum in erster Linie dem individuellen Wohlstand, den Privatunternehmen, die seit dem Krieg einen riesigen Aufschwung genommen haben ... Wirtschaftslage und Lebensstandard hängen in hohem Maße von der Leistungsfähigkeit des privaten Sektors ab. Ich hoffe, daß – mit oder ohne einer entsprechenden Gesetzgebung – die Betriebe in den kommenden Jahren nach Kräften bemüht sein werden, ihren Mitarbeitern auf allen Ebenen ein gewisses Mitspracherecht einzuräumen und sie an ihren Erfolgen zu beteiligen. Einige Betriebe haben schon beachtliche Schritte in dieser Richtung unternommen – nicht, weil Politiker sie dazu angehalten hätten, sondern weil es zu ihrem eigenen und damit zum Vorteil des ganzen Landes gereichte."

Ende November erklärte Margaret sich bereit, sich um Heaths Nachfolge zu bewerben. Bis zu diesem Zeitpunkt hatte sie noch nicht mit dem Posten des Parteiführers oder gar des Premierministers geliebäugelt. Sie hatte allenfalls als erster weiblicher Schatzkanzler Großbritanniens in die Geschichte eingehen wollen, was auch schon eine enorme Leistung dargestellt hätte. Hatte sie nicht zu Beginn ihrer Karriere gegenüber der *Liverpool Daily Post* erklärt, daß „es noch lange dauern wird, bis eine Frau das Amt eines Parteiführers oder gar des Premierministers übernehmen wird. Ich denke, daß es in der nächsten Generation soweit sein wird".

Edward du Cann kam ebenfalls als Kandidat in Frage. Margaret Thatcher hatte erklärt, daß sie im Falle seiner Kandidatur zurückstehen wolle. Du Cann trat jedoch nicht an. Zum einen hatte seine Frau ihn gebeten, sich aus der Politik zurückzuziehen; zum anderen fürchtete er, die Schwierigkeiten seiner in zweifelhafte Geschäfte verwickelten Bank könnten auf die Partei zurückfallen. Somit reduzierte sich der Kandidatenkreis auf Margaret Thatcher, Edward Heath und Hugh Fraser, einen literaturbegeisterten Aristokraten, der noch nie irgendeinen Posten bekleidet hatte, weder in der Regierung noch in der Opposition.

Drei Wochen vor der Wahl erbot sich Airey Neave, ein genialer Taktiker und Wahlkampforganisator, seiner alten Freundin Margaret Thatcher beizustehen. Seine Unterstützung trug ganz entscheidend zum Aufstieg der künftigen Premierministerin bei. Wenn er auch über keinen nennenswerten Einfluß im Unterhaus verfügte, so achtete man ihn dort dennoch wegen seiner Heldentaten im Zweiten Weltkrieg. Als Artillerieoffizier war es ihm gelungen, aus dem Kriegsgefangenenlager bei Colditz zu entkommen. Später hatte er eine kühne Organisation begründet, um weiteren Kriegsgefangenen zur Flucht zu verhelfen. Nach Kriegsende hatte er als Anwalt den Nürnberger Prozessen beigewohnt. Seine Kriegserlebnisse hatte er in mehreren Büchern aufgezeichnet. 1950 zog er als Abgeordneter ins Parlament ein, und unter Macmillan erhielt er erstmals einen Posten als Unterstaatssekretär. Neun Jahre danach zwang ihn ein schweres Herzleiden, seine politischen Aktivitäten einzuschränken und wieder zu den *backbenchers* zurückzukehren. Heath gab ihm daraufhin zu verstehen, daß er seine politische Karriere als beendet betrachten könne.

Zunächst überredete Airey Neave die Anhänger du Canns, ihre Stimme Margaret zu geben. Dann organisierte er im Handumdrehen einen perfekten Wahlkampf, der deshalb erfolgreich war, weil Heath den seinen denkbar ungeschickt anpackte: Er beschränkte sich darauf, seine Konkurrentin systematisch anzuschwärzen. Die erhoffte Wirkung verkehrte sich allerdings in ihr Gegenteil: Alle wandten sich Margaret Thatcher zu.

Zwei Wochen vor der Wahl begab sich die *Labour Party,* die bisher persönliche Angriffe unterlassen hatte, ebenfalls in die Arena. Am niederträchtigsten gebärdete sich Healey, der Margaret Thatcher als *Passionara*★ der Privilegien beschimpfte, die durch ihre Ablehnung der Erbschafts- und Schenkungssteuer eindeutig beweise, daß ihre Partei die Interessen der betuchten Elite vertrete.

Margarets Entgegnung ließ nicht lange auf sich warten. Gleich am darauffolgenden Tag ritt sie eine heftige Attacke gegen Healey: „Manche Schatzkanzler sind Experten in Sachen Mikroökonomie", wetterte sie, „andere kennen sich in Steuerfragen aus – dieser hier ist schlicht und ergreifend eine Null. Als er gestern das Wort ergriff, fragte sich jedermann, wie man Schatzkanzler sein und im Namen der Regierung sprechen kann, ohne die geringste Sachkenntnis zu besitzen. Wenn dieser Mann für das Amt des Schatzkanzlers taugt, dann taugt jeder beliebige Abgeordnete dafür . . . Ich hatte gehofft, der ehrenwerte Gentleman habe in dieser Debatte etwas dazugelernt. Das ist offensichtlich nicht der Fall. Er könnte sich wenigstens mit den konkreten Auswirkungen seiner Politik befassen, die schließlich uns alle betreffen, einschließlich derer, die – wie ich – ohne jegliches Privileg geboren wurden. " Noch bevor Margaret mit ihrer Erwiderung fertig war, sprangen die *Tory*-Abgeordneten auf, um ihr langanhaltenden Beifall zu spenden. Macmillan hatte einmal gesagt, um das Land regieren zu können, müsse man zunächst das Unterhaus kontrollieren. Margaret Thatcher hatte soeben bewiesen, daß sie dazu in der Lage war. Zum ersten Mal schien sie ernsthafte Erfolgsaussichten zu besitzen.

Von der einhelligen Reaktion ermutigt, griff Margaret Thatcher dieses Thema noch mehrmals auf. Sie sei keineswegs in einer vornehmen Wohngegend zur Welt gekommen, betonte sie, sondern stamme aus der Mittelschicht.

Vier Tage vor der Wahl sagte sie in ihrem Wahlkreis Finchley: „Vergessen Sie, daß ich eine Frau bin, vergessen Sie, daß man mich bezichtigt, politisch rechts zu stehen und nur auf Privilegien aus zu sein . . . Ich versuche, alle Konservativen dieses Landes zu repräsentieren, die in dieser politischen Einöde den Eindruck haben, von ihrer Partei im Stich gelassen worden zu sein". Sie räumte ein, in den Jahren 1970 bis 1974, als sie als Ministerin der Regierung angehörte, möglicherweise manches falsch gemacht zu haben. „Doch jeder hat einmal klein angefangen", beendete sie ihre Ausführungen.

Neave verkündete unterdessen überall, sein Schützling stehe zwar hoch im Kurs, benötige jedoch noch mehr Stimmen, um gewiß siegen zu können.

Keith Joseph war das einzige Mitglied des Schattenkabinetts, das sich offen zu Margaret Thatcher bekannte. Noch am Vorabend der Wahl – am 3. Februar – schienen siebzig Prozent aller Wähler Heath in seinem Amt als Parteiführer bestätigen zu wollen. Aus dem Oberhaus verlautete ähnliches.

Einen Tag später, am 4. Februar, wurde im *Committee Room 14* gewählt. Margaret schaute kurz herein, gab ihre Stimme ab und ging zum Mittagessen in die Stadt. Anschließend wartete sie in Neaves Büro auf das Wahlergebnis. Um halb vier Uhr schloß das Wahllokal. Eine knappe halbe Stunde darauf gab Edward du

Cann den seit den frühen Nachmittagstunden anwesenden Journalisten und den Abgeordneten das Resultat bekannt. Margaret Thatcher hatte mit 130 Stimmen über ihre Rivalen Heath und Fraser gesiegt, die 119 beziehungsweise 16 Stimmen erhalten hatten.

Einen Augenblick lang herrschte verblüfftes Schweigen, dann brach alles in lautstarke Hurra-Rufe und wilde Spekulationen aus. Da Margaret die absolute Mehrheit verfehlt hatte, war ein zweiter Wahlgang erforderlich.

Die nach wie vor in Neaves Büro sitzende Margaret Thatcher wußte noch gar nicht von ihrem Triumph. Neave war es, der ihr die frohe Botschaft überbrachte. Margaret sprang aus ihrem Sessel empor und fiel dem zufällig neben ihr stehenden Sir Nigel Fisher um den Hals.

Heath kommentierte seine Niederlage mit der trockenen Feststellung: „Dann haben wir uns eben alle geirrt . . .“ – alle bis auf Margaret. Arbeit, Strenge, Beharrlichkeit – alle auf Ordnung und Disziplin abzielenden Tugenden, an die ihr Vater glaubte, waren soeben durch einen unerhörten Erfolg belohnt worden. Nun war sie zu allen Hoffnungen berechtigt. Wenn Heath im zweiten Wahlgang unterlag, stand ihr der Weg in die *Downing Street 10* offen. Ihr ausgeprägtes Talent würde dann schon dafür sorgen, daß dieser Traum in Erfüllung ginge.

Zur Stunde listete sie, mit einem Bleistift bewaffnet, gemeinsam mit Neave die Stimmen auf, mit denen sie in jedem Fall rechnen konnte, sowie jene, die ihr abgingen und die sie unbedingt an sich ziehen mußte. Die große Frage war, wie viele der gegen Heath stimmenden Abgeordneten sich für Margaret Thatcher entscheiden würden.

Unterdessen traten aus Loyalität gegenüber Heath plötzlich neue Kandidaten auf den Plan, die im ersten Wahlgang nicht anzutreten gewagt hatten. Unter ihnen befand sich auch William Whitelaw mit seinen tief in ihre Höhlen eingesunkenen, von dunklen Schatten umringten Augen. Seine fehlende Rednergabe, seine fast vollständige Unkenntnis wirtschaftlicher Zusammenhänge sowie vor allem seine enge Zusammenarbeit mit Heath während der letzten Jahre machten ihn zu einem höchst fragwürdigen Kandidaten, dessen Image und politische Einstellung untrennbar mit jenen des bisherigen Parteiführers verquickt waren. Und prompt gab denn auch ein *backbencher* lauthals zu bedenken: „Ich habe doch nicht gegen Ted gestimmt, um ihn gegen Willie einzutauschen!"

Der katholische Norman St. John Stevas verfolgte als einer der wenigen inmitten der wechselnden Bündnisse eine klare Linie. Er ließ Margaret Thatcher wertvolle Unterstützung zukommen, indem er die gemäßigten Parteimitglieder aufforderte, für die „gebenedeite Margaret" zu stimmen, wie er sie gerne nannte.

Die Woche vor dem zweiten Wahlgang verlief auffallend ruhig. Beide Kandidaten redeten vor einer Versammlung junger Konservativer in Eastbourne. Zuvor hatte man sich darauf geeinigt, den Auftritt nicht zur Wahlkampfplattform entarten zu lassen. Whitelaw sprach über die Schottland und Wales betreffende Devolutionspolitik, die darauf abzielte, diesen beiden Ländern die Verwaltungshoheit zuzugestehen.

Margaret für ihr Teil stellte erneut die traditionellen Werte der Konservativen in den Mittelpunkt ihrer Ansprache und erzielte dank ihres routinierten Auftretens rauschenden Beifall. Sie wurde ohne Unterlaß fotografiert und war am nächsten Tag sämtlichen Zeitungen eine Schlagzeile wert. Whitelaw dagegen hatte sich zuhause fotografieren lassen, wie er, mit einer Schürze um den Bauch, Geschirr spülte. Dies entsprach nicht ganz der Vorstellung, die man sich von einem Parteiführer machte. Margaret hingegen entsprach ihr durchaus. Geschickt hatte sie jede Fangfrage und jeden Fallstrick umgangen und sich keinen Schnitzer zuschulden kommen lassen. Whitelaw hatte es nicht verstanden, sich im richtigen Licht darzustellen und als ehrlicher Politiker, *Tory* alter Schule und nicht zuletzt als männlicher Kandidat, die Wähler von sich zu überzeugen.

Am Wochenende vor dem zweiten Wahlgang wandte Margaret auf Anraten Neaves eine List an. Sie blieb der BBC Fernsehsendung *Panorama* fern, in der die Kandidaten ein letztes Mal zu Wort kommen sollten. Margaret zog die Sendung *World in action*

(Weltgeschehen) im Privatfernsehen vor. Wer sie sehen wollte, war gezwungen, umzuschalten und auf die übrigen Kandidaten zu verzichten. Die Sendung geriet zu einem Dokumentarfilm über Margarets Person. Sie trat im Alleingang an und gab sich völlig siegessicher.

Neaves Taktik bewährte sich bestens: Durch ihr raffiniertes Vorgehen sicherte Margaret Zug um Zug ihren Sieg, so daß am Vorabend des zweiten Wahlgangs alle Konservativen überzeugt waren, in ihr eine geeignete Nachfolgerin für Heath gefunden zu haben: eine intelligente Frau, die kämpfen konnte wie ein Mann. Sie vereinte in ihrer Person die Eigenschaften beider Geschlechter.

Die *Peers of the realm* (die adeligen Mitglieder des Oberhauses) ließen wissen, daß sie ebenfalls für Margaret stimmen würden. Das Wahlergebnis war überwältigend: Margaret Thatcher gewann mit 146 Stimmen gegen Whitelaw, der 79 Stimmen auf sich vereinigte. Von den übrigen Kandidaten sprach niemand mehr.

Als Margaret ihren Mann anrief, um ihn über ihren Sieg zu unterrichten, erwiderte Denis: „Ich habe es bereits im Radio gehört."

9. An der Spitze des Schattenkabinetts

Kaum war die Begeisterung verflogen, zeigte sich, daß zwischen Margaret Thatcher und ihren Kabinettsmitgliedern ein merkwürdiges Verhältnis gegenseitiger Furcht herrschte. Man begegnete einander mit Mißtrauen, das dadurch gesteigert wurde, daß Margaret Thatcher dank ihrer weiblichen Intuition rasch realisierte, daß ihre Wahl eher auf die Ablehnung des bisherigen Oppositionsführers Heath zurückzuführen war als auf eine bewußte Entscheidung für ihre Person. Gewiß stellte die Wahl einen Vertrauensbeweis dar, doch lief sie Gefahr, daß man ihr dieses Vertrauen eines Tages ebenso ungeniert wieder entzog. Der *Economist* schrieb einige Tage später: „Es liegt im Wesen der Briten begründet, daß sie ihr Vertrauen nie allzu lange ein und demselben Politiker schenken."

Unter dem Eindruck dieser Erkenntnis und der jüngsten Ereignisse glaubte Margaret, ihren eigenen Leuten nicht mehr trauen zu können. Bei der ersten Sitzung des Schattenkabinetts trugen alle lange Gesichter und besorgte Mienen zur Schau, als ob etwas Schlimmes passiert sei. Am unberechenbarsten waren die altgedienten Kabinettsmitglieder, die sich durch die ganzen Wahlstrategien und Manöver hinters Licht geführt glaubten, vielleicht nicht einmal zu unrecht. Sie verspürten nicht die geringste Lust, sich den überzeugten Anhängern Margarets anzuschließen, die – wie Neave – über den Ausgang der Wahl begeistert, und was die Zukunft der Partei anging, voller Optimismus waren. Diese kritischen Elemente fanden, daß Margaret bereits in den ersten Tagen nach ihrer Wahl wiederholt ihre Unfähigkeit bewiesen hatte. Ihre Unsicherheit schlug in offene Aggressivität um. Sie redete viel zu viel, und ihr Verhältnis zu bestimmten Kabinettsmitgliedern war äußerst gespannt. Dies traf vor allem auf Heath zu, aber auch auf ihren ehemaligen Gegenkandidaten James Prior, dem sie bei einer Versammlung mit der abschätzigen Bemerkung ins Wort fiel: „Er hat hier überhaupt nichts zu sagen, er hat nur neunzehn Stimmen erhalten!"

Ihr ungeschicktes Benehmen fiel nicht nur in den eigenen Reihen auf. Auch Wilson blieb es keineswegs verborgen, der sich ein Vergnügen daraus machte, ihr gegenüber ein betont väterliches Verhalten an den Tag zu legen und als routinierter Politiker zu ihr zu sprechen, der sich über die parlamentarisch unerfahrene Frau amüsiert. Als sie nach ihrer Wahl zum ersten Mal im Parlament erschien, empfing er sie mit den ironischen Worten: „Ich kann es kaum erwarten, bis wir hinter dem Sitz des *Speaker* ein vertrauliches Tête-à-Tête haben werden" – eine Anspielung auf die Gewohnheit der Premierminister, sich hinter dem Sessel des Parlamentspräsidenten mit dem jeweiligen Oppositionsführer zu vertraulichen Beratungen unter vier Augen zu treffen.

Nichts machte Margaret Thatcher wütender als ein derartiges, ihr eigenes Unbehagen steigerndes Verhalten. Sie beschloß daher, zum Gegenangriff überzugehen und ihrerseits aktiv zu werden, getreu ihres Grundsatzes, sich nicht unterkriegen zu lassen. In kühner Entschlossenheit führte sie eine umfassende Kabinettsumbildung herbei, indem sie rund ein halbes Dutzend treuer Heath-Anhänger entließ und alle Welt mit der Berufung von Geoffrey Howe und Ian Gilmour überraschte, zwei engen Mitarbeitern Heaths. Dann ernannte sie ihren alten Freund Thorneycroft zum Parteivorsitzenden und den gleichzeitig mit der Devolutionspolitik betrauten Whitelaw zu dessen Stellvertreter.

Whitelaw akzeptierte den Posten gegen der Rat seiner Frau und einiger Freunde, die ihn eindringlich davor warnten, sich in dieses eigenartige Kabinett unter Margaret Thatcher einbinden zu lassen. „Ich bin und bleibe gegenüber dem Parteiführer loyal", lautete seine pathetische Begründung, die ihn später jedoch nicht daran hinderte, Tricia Murray anzuvertrauen, daß Margaret Thatcher ihm Angst einflöße – wie übrigens alle politisch aktiven Frauen.

Margarets weniger als Säuberungsaktion denn als taktischer Schachzug gedachte Kabinettsumbildung löste sowohl innerhalb des *establishment* der Konservativen Partei als auch in der Presse einigen Wirbel aus, den Margaret Thatcher bewußt ignorierte. Sie reagierte nicht einmal, als die *Times* ihr Vorgehen als glatten

Wahnsinn bezeichnete oder als der *Statesman* unter Berufung auf die sprichwörtliche Redensart: „Was vom Pfeifer kommt, kehrt zum Trommler zurück!" die Schützlinge der neuen Parteiführerin aufforderte, sich mit Rücksicht auf ihre politische Karriere von ihr zu distanzieren.

Margaret Thatcher umgab sich mit einer Handvoll zuverlässiger Mitarbeiter, einer Art Prätorianergarde zur Abwehr möglicher Angriffe. Neave wurde zum Vorsteher ihres Privatbüros sowie Sprecher für Nordirland betreffende Angelegenheiten. Fergus Montgomery machte sie zu ihrem parlamentarischen Privatsekretär.

Nach den ersten, von Unsicherheit und Umstrukturierungen geprägten Wochen hatte Margaret Thatcher somit endlich ihre Autorität als Parteiführerin begründet und sich eine gute Ausgangsbasis geschaffen. Da sie bald sehr beschäftigt war, gewöhnte sie sich an, die Meinung ihrer Berater einzuholen. Am liebsten folgte sie aber nach wie vor ihrer eigenen Eingebung.

Im Unterhaus klagte man, daß sie nicht schlagfertig und überdies humorlos sei. Alles, was sie dem betont überlegenen und väterlichen Auftreten Wilsons entgegenzusetzen hatte, war: „Der Premierminister will hiermit zum Ausdruck bringen, daß er sich schon sehr lange hier aufhält – was man ihm durchaus ansieht!"

Als Oppositionsführerin hatte sie weniger die Politik der Regierung zu bekämpfen – diese Aufgabe konnte sie getrost ihren Kabinettsmitgliedern überlassen – oder Kritik zu üben, als vielmehr für eine klare, sich deutlich von der *Labour Party* abhebende ideologische Linie zu sorgen. In einer programmatischen Rede, die sie im Februar 1975 vor dem Studentenbund der Konservativen Partei hielt, legte sie die Grundzüge ihrer künftigen Politik dar: die Bekämpfung der Inflation bis auf ein akzeptables Niveau und die vorrangige Förderung privater Unternehmen, ohne Einmischung des Staates. „Ärzte, Journalisten und Industrielle", erklärte sie unter anderem, „könnten kaum noch Karriere machen, wenn diese auf Krankenhäuser, Zeitungen und staatliche Betriebe beschränkt wäre. Nur die private Wirtschaft vermag den für den

Fortschritt notwendigen Stimulus zu bieten! Ich will, daß dieses Land überlebt! Ich bin in diesem Kampf auf Ihre Hilfe angewiesen! Ich habe doch nicht zwanzig Jahre lang gegen die verheerenden Auswirkungen des Sozialismus angekämpft, um nun aufzugeben, da der Kampf seinen kritischen Höhepunkt erreicht. Wir werden dafür sorgen, daß die Briten wieder hoffnungsvoll in die Zukunft blicken, daß es mit Großbritannien wieder aufwärts geht. Wir wollen, daß Sie in Ihren Entscheidungen frei sind, daß Sie Ihr Leben frei gestalten können. Wir wollen keine Staatsdiener, sondern Partner, die sich mit uns einer gemeinsamen Anstrengung unterziehen. Wir werden für ein gerechtes Steuersystem sorgen ... und uns vergewissern, daß die Steuergelder sinnvoll angelegt werden ... Wir wollen systematisch die Industrie fördern ... die freie Wahl in bezug auf Schule und Wohnung wiederherstellen ... Wir wollen sicherstellen, daß Großbritannien der ihm zufallenden Rolle beim Aufbau Westeuropas und bei den Verteidigungsausgaben innerhalb des Nordatlantischen Pakts gerecht wird. All dies ist machbar." – beendete sie ihre Ausführungen – „Viele Menschen glauben fest daran. Denn der Glaube versetzt bekanntlich Berge ..." Geduldig fuhr sie fort, bei ihren Zuhörern für die Sache der Partei zu werben.

Nachdem sie mehrmals kreuz und quer durch das Land gereist war und selbst in traditionellen *Labour*-Hochburgen persönliche Erfolge errungen hatte, beschloß Margaret Thatcher im September desselben Jahres, sich in die Vereinigten Staaten zu begeben. Es folgte eine ganze Reihe weiterer Reisen, mit denen sie sich im Ausland vorstellte und ihr politisches Programm als potentielle Premierministerin darlegte.

Als Macmillan von Margaret Thatchers geplanter Amerikareise erfuhr, spottete er: „Sie täte besser daran, zuhaus in ihrem Garten zu bleiben – Besitzt die Dame denn überhaupt einen Garten? – und sich der Lektüre von *Moneypenny*★ sowie Buckleys *The Life of Disraeli* zu widmen!"

In den Vereinigten Staaten traf Margaret Thatcher Jimmy Carter, der kein Geheimnis aus seiner Sympathie für Callaghan

Das früheste Bild: Margaret wird von ihrem Vater gehalten
(Privatbesitz M. Thatcher)

Die Familie: die Eltern mit den beiden Töchtern (rechts Margaret), 1945
(Foto: Express Newspapers)

Margaret und Denis Thatcher schneiden ihre Hochzeitstorte an
(Foto: Express Newspapers)

Familienfoto mit den Zwillingen Mark und Carol, 1959
(Privatbesitz M. Thatcher)

Nach ihrer Wahl zum Premierminister zieht Margaret Thatcher
in die Downing Street 10 ein, begleitet von ihrem Ehemann, Mai 1979
(Foto: Express Newspapers)

Margaret Thatcher mit dem Ehepaar Gorbatschow, 1987
(Foto: Express Newspapers)

Die Würfel sind gefallen: Margaret Thatcher tritt als Premierministerin zurück (November 1990)

(Foto: Express Newspapers)

Margaret auf dem Weg zum Buckingham Palast, um der Queen ihren Rücktritt mitzuteilen (November 1990)

(Foto: Express Newspapers)

machte, sowie den ehemaligen Präsidenten Gerald Ford und Henry Kissinger. Sie setzte alles daran, als Parteiführerin anerkannt zu werden und verstand es, die gesamte Aufmerksamkeit der Medien auf sich zu lenken, so daß der gleichzeitige Staatsbesuch des japanischen Premierministers vollkommen unterging. Die Amerikaner eilten in Scharen herbei, um die Frau zu sehen, die als erste einer Oppositionspartei vorstand. Sie bedauerten jedoch, daß sie nur ein einziges Thema, ihre *Tory*-Philosophie, zu kennen schien. Zu ihrem eigenen Erstaunen wurde Margaret vor allem von feministischen Gruppierungen vereinnahmt – sie, die nie ein Hehl daraus gemacht hatte, daß Mann und Frau in ihren Augen gleichwertig waren und nur die jeweiligen Verdienste zählten. „Meine Zugehörigkeit zum weiblichen Geschlecht stand mir bei meiner Führungsposition nie im Wege. Schon bevor *Women's Lib* aufkam, gab es eine ganze Reihe sehr erfolgreicher Frauen . . ." Sie betonte, daß sie ihren eigenen Aufstieg in keiner Weise der Frauenbewegung zu verdanken habe. Als sie in Chicago gefragt wurde, ob sie lieber mit „Frau" oder „Fräulein" angeredet werden wolle, gab sie zurück: „Ich glaube, ich habe den Sinn Ihrer Frage nicht ganz verstanden. Ich bin Margaret Thatcher, Punktum!"

Abgesehen von solchen harmlosen Sticheleien, wurde sie in Amerika mit offenen Armen empfangen. Die Fernsehprogramme widmeten ihr ganze Sendungen, in denen ihr hohes Lied gesungen wurde. Sie verstiegen sich sogar zu der Behauptung, diese würdevolle und gleichzeitig vom gesunden Menschenverstand geleitete Politikerin werde in Großbritannien eine neue Ära einläuten. Bei ihrer Rückkehr nach London jubelte sie: „Ich bin soeben auf internationaler Ebene als Parteichef akzeptiert worden, obwohl mancher mein sicheres Scheitern prophezeit hatte!" Die Regierung stellte sich auf diesem Ohr taub. Außenminister James Callaghan warf ihr vor, sie habe durch ihre ständigen Attacken gegen die *Labour*-Regierung, deren Vorgehen sie heftig kritisiert hatte, im Ausland schmutzige Wäsche gewaschen. Margaret wehrte sich mit der Bemerkung: „Es ist schließlich nicht meine Aufgabe, für den Sozialismus zu werben!"

Meinungsumfragen ergaben, daß Margaret Thatchers Popularität infolge dieser Reise gestiegen war und daß bereits 17 Prozent der Briten damit rechneten, daß sie eines Tages Premierministerin würde.

Im Anschluß an eine weitere Auslandsreise hielt sie im Rathaus von Kensington eine geharnischte Rede über die Menschenrechte, mit denen sie sich bereits anläßlich der Konferenz von Helsinki kurz befaßt hatte. Ihre heftige Kritik an der Sowjetunion trug ihr bei der sowjetischen Nachrichtenagentur TASS den Spitznamen *Eiserne Lady* ein. Sie attackierte aber auch die *Labour*-Regierung, weil diese die von der Sowjetunion ausgehende militärische Gefahr unterschätzte, während die Russen im Begriff waren, zur größten Militärmacht der Welt zu avancieren. Da es auf russischer Seite keinerlei Anzeichen für eine Entspannung gebe, müsse man mit Solschenizyn davon ausgehen, daß seit 1946 „die westliche Welt bereits einen Dritten Weltkrieg durchmache" und an Terrain verliere. Sie bekräftigte die traditionelle Verbundenheit der Konservativen Partei mit den Vereinigten Staaten und die Einbindung Großbritanniens in die Nato. Sie schloß mit der eindringlichen Aufforderung, den Russen gegenüber mißtrauischer zu sein, da man andernfalls mit dem Schlimmsten rechnen müsse.

Die Regierung Wilson suchte Margaret Thatchers Worte mit der Feststellung zu entschärfen, daß es sich um Äußerungen einer inkompetenten Frau handle. Dies hinderte sie jedoch nicht im geringsten daran, dieses Thema noch lange weiterzuverfolgen und sich an ihrem neuerworbenen Titel *Eiserne Lady* zu erfreuen, als ob es sich um eine olympische Medaille handle.

Wenig später begab sie sich auf eine Einladung der chinesischen Regierung hin auf Staatsbesuch nach China. Unterwegs machte sie in Hongkong und Japan Station. Ihr Interesse und ihre Neugier kannten keine Grenzen. Mit Hilfe von Statistiken und Diagrammen informierte sie sich über den Lebensstandard in China und Japan, sie bewunderte die wohlgeformten Hände von Hua und begeisterte sich derart für chinesische Seidenmalerei, daß sie sogar in die üblichen Reinigungsverfahren eingeführt zu werden wünschte.

Sie wurde von ihrer Tochter Carol begleitet, die nach Abschluß ihres Jurastudiums als Rechtsanwältin in Australien arbeiten wollte. Die umwälzenden Ereignisse der beiden letzten Jahre hatten ihre Nerven auf eine harte Probe gestellt. Wenn sie sich nun ans andere Ende der Welt begab, so geschah dies vor allem in der Absicht, dem Schatten der berühmten Familie zu entfliehen.

Nach ihrem Triumphzug durch die Vereinigten Staaten hielten die *Tories* in Blackpool ihren traditionellen Jahresparteitag ab. Es herrschte eine gespannte Atmosphäre; Margaret Thatcher und Edward Heath würdigten einander keines Blickes. Dies blieb nicht unbemerkt und am nächsten Tag berichteten die Zeitungen von einem quer durch die Partei verlaufenden Bruch. Heath sah sich zu einem lahmen Dementi gezwungen. Die in *Tory*-Blau gekleidete Margaret Thatcher ließ sich durch Heaths bissige Laune nicht aus dem Konzept bringen. Als sie zu Beginn ihrer Rede die Verdienste der früheren Parteiführer lobte, erwähnte sie sie alle – von Churchill bis zu Heath. Sie fand liebenswürdige Worte für jenen ihrer Vorgänger, der Großbritanniens Eintritt in die EG bewerkstelligt hatte. Dann ging sie auf das sogenannte „britische Erbe" ein: das Recht eines jeden, seinem persönlichen Willen zu folgen, seinen Lohn auszugeben, Eigentum zu erwerben und es seinen Kindern zu vermachen, den Staat als Diener und nicht als Meister zu haben. Der Beifall, den sie mit ihrer Rede erntete, verlieh ihr vollkommene Sicherheit. Sie hatte soeben bewiesen, wer innerhalb der Partei das Sagen hatte. „Jetzt", sagte sie, „blickt alles auf mich."

Kurze Zeit später ging zur allgemeinen Überraschung die Führung der *Labour* Party in andere Hände über. Noch heute vermag niemand zu sagen, welche Gründe Wilson veranlaßten, zugunsten von James Callaghan von der Partei- und Regierungsspitze zurückzutreten. Gesundheitliche Gründe konnte er jedenfalls nicht anführen, es ging ihm blendend. Er hatte auch keinen Mißerfolg einstecken müssen. Wollte er sich nach dreiunddreißig im Unterhaus verbrachten Jahren einen ehrenvollen Abschied sichern? „Die Ausübung von Macht ist eine stimulierende, in vielerlei Hinsicht befriedigende Aufgabe, die einen jedoch auf Dauer zermürbt", ließ er später verlauten. Wahrscheinlich hatten ihn vielfältige Motive zu diesem Schritt bewogen, neben der zweifellos maßgeblich beteiligten Amtsmüdigkeit. Manche sehen darin auch eine Rücksichtnahme auf seine Frau, die Wilsons Rückzug aus der Politik wünschte.

Der in Portsmouth, unweit der Docks geborene James Callaghan wußte aus eigener Erfahrung, was es hieß, arm zu sein. Callaghans Mutter war putzen gegangen und sein Vater hatte bei der Küstenwacht gearbeitet. James begeisterte sich frühzeitig für das sozialistische Gedankengut und trat in die *Labour* Party ein, innerhalb derer sich sein ganzer Aufstieg vollzog. 1945 zog er erstmals als Abgeordneter ins Unterhaus ein.

Die Anführer der Regierungs- und der Oppositionspartei waren von nun an durch eine Gemeinsamkeit verbunden: Beide waren sie in starkem Maße durch ihre einfache Herkunft geprägt, die sie mit Hilfe der Politik zu überwinden suchten.

Im Herbst 1977 stattete Margaret Thatcher den Vereinigten Staaten einen zweiten Besuch ab. Carter ließ ihr zu Ehren den roten Teppich ausrollen – eine Geste, die er wenige Monate zuvor mit der Begründung, daß sie ausschließlich Premierministern vorbehalten sei, François Mitterrand verweigert hatte. Margaret Thatcher wurde überall der einer *very important person* (VIP) gebührende Empfang zuteil. Sie besichtigte Raumfahrtzentren sowie Fabriken. Bei ihrem Treffen mit Präsident Carter standen die Gewerkschaften sowie Margaret Thatchers pragmatisch orientierte Außenpolitik im Mittelpunkt der Gespräche. Zu ihrem Bedauern fand diese Reise in der britischen Presse nur ein schwaches, eher gleichgültiges Echo.

Anfang 1978 wandte Margaret Thatcher eine erfolgreiche Taktik an. Sie startete eine Polemik, wie man einen Versuchsballon startet, um den anläßlich der letzten Wahlen erlittenen Stimmenverlust wettzumachen. Hatte sie nicht selbst einmal erklärt, die ganze Kunst des Regierens bestünde darin, neue Ideen im richtigen Augenblick zu lancieren? Die im Januar 1978 ausbrechenden Unruhen boten einen günstigen Anlaß. In Wolverhampton hatten Farbige der Polizei erbitterten Widerstand geleistet, Autos in Brand gesteckt und Schaufenster eingeschlagen. Margaret nutzte einen Auftritt in der Fernsehsendung *World in action*, um Alarm zu schlagen: Laut Statistik würde die farbige Bevölkerung Englands bis zur Jahrhundertwende auf vier Millionen anwachsen. „Ich fürchte", sagte sie, „dieses Land könnte eines Tages vollkommen von Menschen anderer Hautfarbe überrannt werden." Mit prophetischem Unterton forderte sie die Bevölkerung auf, Vorkehrungen zu treffen, um nicht von der Sturmflut farbiger Einwanderer hinweggerafft zu werden. Anhand von Zahlenmaterial und Statistiken belegte sie, daß ein jährlicher Zustrom von fünfzigtausend Einwohnern, wie ihn die damaligen Gesetze gestatteten, Jahr für Jahr praktisch zwei Städte von der Größe ihrer fünfundzwanzigtausend Einwohner zählenden Geburtsstadt Grantham entstehen ließen. Es stehe ihr fern, das aus der Vergangenheit stammende *Tory*-Versprechen zurücknehmen zu wollen, daß jeder asiatische oder afrikanische Inhaber eines britischen Passes jederzeit nach Großbritannien einreisen könne, doch sei eine strengere Kontrolle nötig. Diese Minderheiten stellten zwar einerseits eine Bereicherung für das Land dar, drohten aber andererseits die homogene Bevölkerungsstruktur zu sprengen. Es sei daher an der Zeit, einschneidende Maßnahmen zu ergreifen, um der Nation schwerwiegende Probleme zu ersparen.

Margaret Thatcher hatte in ein Wespennest gestochen. Niemand hatte vor ihr dieses heiße Eisen anzufassen gewagt. Niemand bis auf Enoch Powell, der einen schlechten Augenblick gewählt und sich geradezu apokalyptischer Worte bedient hatte. Mit ihrer eindeutigen Stellungnahme hatte Margaret Thatcher gegen ein ungeschriebenes Gesetz der Konservativen Partei verstoßen, die sich in dieser Frage stets um eine klare Antwort gedrückt hatte. Wie Allan J. Mayer feststellt, „ist das Wort Einwanderung in Großbritannien gleichbedeutend mit Rassismus".

Margarets Stellungnahme löste überaus heftige Reaktionen

aus. Insgesamt gesehen pflichteten ihr die Briten bei, aus Angst vor den rund vier Millionen Farbigen, die bereits unter ihnen lebten und in der nächsten Generation im britischen Volk aufgehen würden. Heath entrüstete sich als erster über Margaret Thatchers Kampagne, doch nahm sie ihm rasch den Wind aus den Segeln, indem sie ihm etwa zehntausend Briefe präsentierte, die sie zu ihrer schonungslosen Offenheit beglückwünschten. Eine Meinungsumfrage ergab für die Konservative Partei einen Stimmengewinn von dreizehn Prozent. Unter den Befürwortern dieser neuen *Tory*-Linie fanden sich auch einige ehemalige *Labour*-Anhänger. Mit diesem Ergebnis gab Margaret Thatcher sich jedoch keineswegs zufrieden. Sie fuhr fort, sich in dieser Frage zu engagieren, als ob es sich um einen Kreuzzug handle!

Das Problem war keineswegs neu. Schon 1971 hatte das Parlament das sogenannte „Großvater-Gesetz" verabschiedet, daß sich nur Nachkommen britischer Staatsbürger ohne Sondererlaubnis auf britischem Boden niederlassen dürfen, selbst wenn es sich um Commonwealth-Mitglieder handelte.

In keinem anderen Land ist sich das Volk so sehr der ethnischen und kulturellen Unterschiede bewußt. Einerseits pflegen sich die Briten über diese Unterschiede zu amüsieren. So machen sie gerne Witze über Juden, Iren und Schotten und behaupten, jenseits von Calais lebten nur noch Nordafrikaner. Andererseits erfüllte sie die zunehmend schwierige Situation auf dem Arbeitsmarkt mit großer Besorgnis, auch wenn die Einwanderer Tätigkeiten ausübten, welche die Briten als zu beschwerlich oder zu erniedrigend ablehnten!

In den Jahren 1975 bis 1979 wurden die Unterhausdebatten vor allem von einem zentralen Problem beherrscht: den Gewerkschaften. Die schwere Krise, die Ende 1974 das Land heimgesucht hatte, war noch allen im Gedächtnis. Die Wähler wollten jede weitere Kraftprobe zwischen Regierung und Gewerkschaften vermeiden und auf keinen Fall hinnehmen, daß letztere sich als Herren der Nation gebärdeten. Die Konservativen steckten in einer Zwickmühle: schließlich wußten sie nur zu gut, daß sie auch die

Stimmen einiger Arbeiter benötigten, um an die Regierung zu gelangen.

Es war allgemein bekannt, daß Margaret Thatcher sowohl dank ihrer Erziehung als auch aufgrund ihrer persönlichen Einstellung nicht gut auf die Gewerkschaften zu sprechen war. Anfang Winter 1978/79 vermied sie es, sich für einen drastischen währungspolitischen Kurs auszusprechen, der weder beim Volk noch vor allem bei den Gewerkschaften auf Gegenliebe gestoßen wäre. Und dies, obwohl sie selbst die Ansicht vertrat, daß ein solcher Kurswechsel den einzigen Ausweg aus den ernsten wirtschaftlichen Problemen darstellte, die sich auf das tägliche Leben der Arbeiter auswirkten. Anläßlich einer Rede vor dem Züricher Wirtschaftsverein malte Margaret Thatcher die Zukunft ihres Landes in rosigen Farben aus – vorausgesetzt, die Wähler entschieden sich für die Konservative Partei: „Das sozialistische Experiment", erklärte sie, „hat nicht gehalten, was es versprach". Stattdessen sollte man eine auf freiem Unternehmertum basierende wirtschaftliche Expansion anstreben.

Durch die wirtschaftlichen Schwierigkeiten zusehends in die Enge getrieben, beschloß Callaghan, alles auf eine Karte zu setzen, indem er die Liberalen unter der Führung des jungen David Steel zur Zusammenarbeit aufforderte. Die Zeitungen tauften das Kooperationsabkommen unter Verwendung der ersten Silben von *liberal* und *Labour* den *Lib-Lab*-Pakt. Er stellte Callaghans äußersten Versuch dar, die verfahrene Situation in den Griff zu bekommen. Doch so sehr er auch vor einem Sturz seiner Regierung warnte, der unweigerlich Margaret Thatcher und die Konservative Partei an die Macht bringen würde – niemand hörte auf ihn. Im Juli 1977 beschlossen die beiden größten britischen Gewerkschaften – die *TGWU* (Transport & General Worker's Union, Union der Transport- und allgemeinen Arbeiter) mit ihren zwei Millionen Mitgliedern und die *NUM* (National Union of Mineworkers, Nationale Union) –, sich über den Sozialkontrakt hinwegzusetzen, in dem die Löhne für zwei Jahre festgeschrieben worden waren, während nach wie vor eine galoppierende Inflation herrschte. Nachdem Callaghan trotz aller Winkelzüge die Gewerkschaften nicht umzustimmen vermochte, mußte er seinen Gang nach Canossa antreten. Nichtsdestotrotz konnte sich die Regierung in der Illusion wiegen, daß sich die Lage etwas entschärft hätte, da während des ganzen Winters keine weiteren Forderungen mehr erhoben wurden.

Im Juni 1978 spitzte sich die Situation jedoch erneut derart zu, daß vorgezogene Unterhauswahlen erforderlich wurden. Gleichzeitig kündigte David Steel für die Sitzungsperiode im Herbst die Beendigung des *Lib-Lab*-Paktes an. Damit wurde das Kabinett Callaghan zu einer echten Minderheitsregierung.

Premierminister Callaghan startete einen letzten, verzweifelten Versuch, indem er die *Scottish National Party,* walisische Nationalisten und die *Unionist Party* aus Ulster um Unterstützung bat. Diese in letzter Minute erfolgenden taktischen Manöver blieben jedoch ohne jegliche Wirkung. Es führte einfach kein Weg mehr an Neuwahlen vorbei, die denn auch für Oktober angesetzt wurden.

Die einzelnen Parteien stürzten sich sofort in den Wahlkampf. Westminster, das im August gewöhnlich vor sich hindöste, erlebte eine Phase fieberhafter Aktivität. Margaret Thatcher kehrte vorzeitig von einer Kreuzfahrt mit ihrer Familie zurück. Der phlegmatische Callaghan dagegen hielt es nicht für notwendig, sein Cottage in Sussex zu verlassen.

Die *Tories* hatten die kostspieligen Dienste eines *Public Relations*-Fachmanns namens Gordon Reece in Anspruch genommen, der in dén kommenden Jahren Margaret Thatchers Pygmalion werden sollte. Der aus Liverpool gebürtige Gordon Reece war zunächst Filmproduzent gewesen, bevor er sich auf *Public Relations* spezialisierte. In Los Angeles war er persönlicher Berater des amerikanischen Milliardärs Armand Hammer gewesen. Nun erhielt er den Auftrag, sich um Maggies Image zu kümmern, es möglichst mediengerecht aufzubereiten, indem man – um ihre menschlichen Qualitäten zu unterstreichen – gelegentlich ein wenig den Schleier ihres Privatlebens lüftete.

Gordon Reece begab sich unverzüglich an die Arbeit. Als erstes nahm er sich Margarets Stimme an. Er störte sich an ihrem metallischen, monotonen Klang und an dem gekünstelten Oxfordakzent, der verheerende Wirkungen hatte. Margaret erwies sich als gelehrige Schülerin und lernte ihre Lektion so gut, daß sie fortan mühelos einen sanften, vertraulichen, einschmeichelnden Ton anzuschlagen wußte. Gleichzeitig lernte sie, ihrem Blick geradezu magnetische Wirkung zu verleihen. Ferner legte man ihr nahe, auf heftige Kritik nicht – wie bisher üblich – überaus emotional zu reagieren, sondern vielmehr den Anschein zu erwecken, als ob diese sie kalt ließe.

Fotografen und Kameraleute bereiteten Reece nach wie vor das größte Kopfzerbrechen. So sehr er sich auch bemühte – Maggies Gesicht kam einfach nicht an. Er empfahl ihr, stets frontal in die Kamera zu blicken und das wegen ihrer auffallenden Nase und ihres Doppelkinns weniger günstige Profil zu meiden. Von vorne, stellte er fest, wirke ihr typisch englisch geschnittenes Gesicht mit den leuchtend blauen, intelligent dreinblickenden Augen geradezu schön.

Margaret übte sich in Selbstbeherrschung und bot den Journalisten keine Gelegenheit zu einem Schnappschuß. „Sie gähnt bei geschlossenem Mund", klagten denn auch die Fotografen.

Auf Reeces Anraten wandten sich die *Tories* an die Werbeagentur Saatchi & Saatchi, die für ein Honorar von einer halben Million Pfund Sterling einen Wahlkampf nach allen Regeln der Kunst aufzogen. Im ganzen Land wurden Plakate angebracht, die mit treffenden Slogans wie: *„Die Arbeiterpartei arbeitet nicht!"* für die *Tories* warben. Die Werbeagentur wurde von zwei sefardischen Juden irakischer Herkunft geleitet, die zunächst aus Begeisterung, für die Konservative Partei arbeiten zu dürfen, jegliches Honorar ausschlugen. Reece hatte insgesamt gute Arbeit geleistet. Als der Wahlkampf dann glücklich vorbei war und die *„Eiserne Lady"* gewonnen hatte, wurde Reece als Anerkennung für seine treuen Dienste zum Ritter geschlagen und durfte sich fortan Sir Gordon Reece nennen. Dennoch war er in Margaret Thatchers Umgebung nicht sonderlich beliebt. Namentlich Lord Thorneycroft kritisierte seinen Hang zur Verschwendung: „Sobald ich ihn zu Gesicht bekomme", bemängelte er, „ist er damit beschäftigt, eine Champagnerflasche zu entkorken!"

Unterdessen veranstaltete der elf Millionen Mitglieder zählende und bekanntlich immer wieder Druck auf das Parlament ausübende Gewerkschaftsbund TUC seinen jährlichen Kongreß. Die Lohnpolitik Callaghans, der trotz drohender Unruhen nach wie vor kein Datum für Neuwahlen nannte, wurde glattweg abgelehnt. Da erbat sich Callaghan überraschend fünf Minuten Sendezeit, um vom Bildschirm aus eine Mitteilung an die ganze Nation zu machen. Für Margaret Thatcher stand fest, daß Callaghan das Wahldatum verkünden werde, „denn", so argumentierte sie, „man wendet sich nicht an die Nation, um ihr mitzuteilen, daß keine Wahlen stattfinden werden". Margaret hatte sich getäuscht: Man konnte durchaus eine Fernsehmitteilung machen, ohne etwas mitzuteilen. Als Callaghan tatsächlich bekanntgab, daß keine Wahlen stattfinden würden, verzog Maggie das Gesicht zu einer Grimasse. Ihre Partei schreckte nicht davor zurück, die politische Verantwortung zu übernehmen, und sie selbst war bereit, in die *Downing Street 10* einzuziehen.

Margaret Thatchers Wahl zur Parteivorsitzenden hatte massive Auswirkungen auf ihr geliebtes Privatleben. Ihre gesamte Familie wurde in Mitleidenschaft gezogen, da fortan Scharen von Mitarbeitern und Sekretären an den Wochenenden das Haus bevölkerten. Margarets Ehemann, der vor allem ein ruhiges Leben zu führen wünschte, mußte sich den zahlreichen und strengen Sicherheitsvorschriften beugen. Er machte gute Miene zum bösen Spiel, auch als man ihn aus Sicherheitsgründen ersuchte, das Nummernschild seines Wagens DTI (Denis Thatcher I) gegen ein unauffälligeres einzutauschen. Hatte er nicht erklärt, als Ehemann der Anführerin eines Schattenkabinetts im Schatten bleiben zu wollen?

Bis sie zur Parteiführerin gewählt wurde, setzte Margaret Thatcher ihre Ehre darein, ihre Reden selbst zu schreiben. Als ob sie ein Gebäude aus Granit baue, setzte sie Stein auf Stein, Argument um Argument zusammen, um anschließend ewig an ihnen herumzufeilen. Es handelte sich weniger um brillante, rhetorisch wirkungsvolle Texte, als vielmehr um Anhäufungen von Zahlen und Statistiken, mit denen sie ihre Zuhörer zu überzeugen suchte. Sie stützte sich auf ein äußerst umfangreiches, eigenhändig zusammengetragenes und sorgsam gehütetes Material.

Als ihr später die Zeit fürs Redenschreiben fehlte – sie hatte zunächst bis tief in die Nacht hinein unermüdlich weiter über ihren Ansprachen gesessen –, wandte sie sich erst an Airey Neave und dann an Ronald Millar, einen erfolgreichen Bühnenautor, der sich ein Vergnügen daraus machte, unentgeltlich Reden für sie zu verfassen, wie er es schon für Heath getan hatte. Maggie besaß absolut keinen Humor, wohingegen der äußerst schlagfertige Millar allseits wegen seiner witzigen Art geschätzt wurde. Der geschickt Scherzhaftes und Ernstes kombinierende Millar wurde für Margaret unentbehrlich.

Anläßlich einer ihrer Amerikareisen wollte sie zum Beweis der Überlegenheit der westlichen Welt über den Ostblock sämtliche Dissidenten namentlich nennen. Sie glaubte, auf diese Weise ihre Zuhörer überzeugen zu können, und hatte das parteiinterne Forschungsinstitut beauftragt, die vollständige Liste zusammenzustellen ... Nur unter Mühen konnte man ihr klarmachen, daß die Lektüre all dieser ausländischen Namen sich als schwieriger erweisen könnte, als sie glaubte, und daß man besser eine gewisse Auswahl treffen solle.

Später begleitete Millar, der inzwischen ein Freund der Familie geworden war, Margaret zu ihren Wahlkampfauftritten im ganzen Land. Hin und wieder kam es vor, daß Maggie ihn – ebenso wie andere ihrer Mitarbeiter – bat: „sagen Sie mir rasch einen Anfangssatz für meine Rede", den sie dann als Aufhänger für eine frei gehaltene Ansprache nahm.

10. Die Feuertaufe

Im Winter 1978 brach erneut eine landesweite Welle der Unzufriedenheit aus. Die Gewerkschaften zwangen durch ihre unnachgiebige Haltung die *Labour*-Regierung, die jegliche Glaubwürdigkeit verloren hatte, zur Ausschreibung von Neuwahlen.

Gegen Ende des Jahres 1978 und während des ganzen Januars 1979 kam es zu einer Kraftprobe zwischen Gewerkschaften und Regierung. Zuerst gelang es den seit mehreren Wochen streikenden Arbeitern der Fordwerke, ihre Forderungen durchzusetzen. Statt der angebotenen fünfprozentigen Lohnerhöhung erhielten sie nun eine Lohnerhöhung von 17 % beziehungsweise sogar 20 % für die Lastwagenproduktion. Im Handumdrehen wurden von allen Seiten Forderungen erhoben, ohne die geringste Rücksicht auf die wirtschaftliche Lage. Fernfahrer, Straßenwärter, Müllmänner, Klinikpersonal, ja sogar die Totengräber riefen zum Generalstreik auf.

Die Presse befaßte sich in reißerisch aufgemachten Artikeln mit den Folgen der Arbeitsniederlegung: Sie berichtete von Krebspatienten, die wegen des Streiks nicht operiert werden konnten, von Ratten, die auf offener Straße in Müllbergen wühlten, von tödlichen Unfällen auf nicht gestreuten Straßen, von Friedhöfen, auf denen mangels Personals keine Bestattungen mehr vorgenommen werden konnten . . . Selbst das Wetter kam den Streikenden zu Hilfe, indem es Großbritannien einen besonders harten Winter bescherte.

Als Regierung und britischer Gewerkschaftsbund im Februar schließlich ein „Konkordat" unterzeichneten, das eine Herabsetzung der Inflationsrate und eine strenge Lohndisziplin vorsah, kam dies einer förmlichen Bankrotterklärung der gegenüber den Gewerkschaften ohnmächtigen Regierung gleich. Diese auf die überzogenen, die wirtschaftliche Realität verkennenden Forderungen der Gewerkschaften zurückzuführende Niederlage bedeutete das Ende der Regierung Callaghan.

Als die Neuwahlen näherrückten, war jedermann klar, daß sie

die Konservativen an die Macht bringen würden. Nicht einmal die Gewerkschaften machten sich diesbezüglich Illusionen, die mit ihren überzogenen Forderungen die *Labour*-Regierung zu Fall gebracht hatten, obwohl sie sich mit den Zielen der Arbeiterpartei identifizierten.

Die ungewisse, angespannte Lage kam Margaret Thatcher zugute, die noch aktiver wurde. Sie verhöhnte die ohnmächtige, resignative Haltung der Regierung und verurteilte mit scharfen Worten, daß Streikposten Nichtstreikende am Arbeiten hinderten *(secondary picketing.)* „Es geht nicht an", rief sie rot vor Zorn, „daß die britischen Bürger auf diese Weise eingeschüchtert werden . . . Großbritannien befindet sich praktisch in der Hand der streikenden Lastwagenfahrer, die über die Versorgung mit Lebensmitteln entscheiden, indem sie bestimmten Fahrzeugen das Beladen mit neuen Lebensmitteln gestatten oder verweigern. Sie haben jedoch keinerlei Recht, irgendetwas zu erlauben oder nicht zu erlauben!"

Margaret verzehrte sich vor Ungeduld und konnte es kaum erwarten, bis sich die erste Gelegenheit zum Sturz der Regierung Callaghan bot. Das Vertrauensvotum vom 30. März brachte die langersehnte Gelegenheit. Die *Eiserne Lady* ergriff das Wort, um in einer regelrechten Anklagerede sämtliche Mißerfolge der Regierung aufzuzählen: die galoppierende Inflation, die verheerende Wirtschaftspolitik sowie vor allem die Diktatur der Gewerkschaften. Sie forderte daher dringend vorgezogene Parlamentswahlen. Statt auf ihre Vorwürfe einzugehen, machte Callaghan sich zunächst über sie lustig, indem er feststellte: „Sie hat den Mut, sich zu anderer Leute Überzeugung zu bekennen", um sie anschließend mit den Worten zu provozieren: „Seit wann fordern die Puten ein vorgezogenes Weihnachtsfest?"

Nach einer siebenstündigen Debatte schritt man zur Abstimmung, aus der die Konservativen mit 311 gegen 310 Stimmen als Sieger hervorgingen. Zum ersten Mal seit fünfundfünfzig Jahren hatte das Unterhaus wieder einer Regierung das Vertrauen entzogen. Die Konservativen jubilierten – allen voran die Krämerstochter aus Grantham, die sich nun ganz nahe am Ziel wähnte.

Während Callaghan sich am darauffolgenden Tag zur Königin begab, um sie von der Parlamentsauflösung zu unterrichten, gönnte Margaret Thatcher sich das seltene Vergnügen, im Bett zu frühstücken, bevor sie sich in den fünfwöchigen Wahlkampf stürzte, der sie zum Sieg führen sollte. Sie war sich vollkommen bewußt, daß es für sie jetzt oder nie hieß – eine solche Gelegenheit bot sich kein zweites Mal. Ihre Chancen wurden dadurch erhöht, daß die Briten seit etwa einem Jahrzehnt nicht mehr notwendigerweise stets ein und dieselbe Partei wählten, sondern vielmehr jener Partei ihre Stimme gaben, von der sie sich am ehesten eine Stabilisierung der Verhältnisse und die Herbeiführung eines gewissen Wohlstandes versprachen. Nach den zurückliegenden Unruhen fiel es Maggie nicht schwer, mit ihrem wenig detaillierten Programm zu überzeugen, in welchem sie die Ausarbeitung einer neuen Gesetzgebung bezüglich der Streikposten vorsah sowie die Einführung des geheimen Wahlprinzips für die Streikabstimmungen in Fabriken und Werkstätten.

Callaghan, der mit einem Fernsehauftritt den Wahlkampf eröffnete, stellte sich als Hüter der Tradition dar, im Gegensatz zu den Konservativen, die seinen Worten zufolge eine ganze Reihe tiefgreifender Veränderungen herbeiführen wollten.

Maggies erster Fernsehauftritt wurde von einem Drama überschattet. Wenige Stunden bevor sie im Fernsehen auftreten sollte, erreichte sie in ihrem Wahlkreis Finchley die Nachricht, daß Airey Neave bei einem Bombenattentat ums Leben gekommen war. Als er die Garage des Unterhauses verlassen wollte, war ein unter seinem Auto angebrachter Sprengsatz explodiert. 1812 war zuletzt ein Abgeordneter in Westminster umgekommen, als der damalige Premierminister Spencer Perceval einem Geistesgestörten zum Opfer fiel. Irische Terroristen bekannten sich zu dem Attentat, das Margaret einen schweren Schlag versetzte. Ihr Freund hatte ihr stets mit Rat und Tat zur Seite gestanden und ihr 1975 zum Sieg verholfen, wofür sie ihm ewig dankbar war. Die Aussicht, diesen neuen Wahlkampf ganz allein, ohne den treuen Freund an ihrer Seite durchstehen zu müssen, verdoppelte ihren Kummer und erfüllte sie gleichzeitig mit Furcht.

Sie sagte ihren Fernsehauftritt ab und eilte stattdessen ins Unterhaus. Anschließend kümmerte sie sich um Neaves Witwe. Sie erklärte, daß der Wahlkampf für sie erst nach dem Begräbnis ihres Freundes beginnen werde. In der Nacht verfaßte sie einen Nachruf auf ihren verstorbenen Freund, den sie im Fernsehen verlas. Sie sagte darin unter anderem: „Monster haben ihn umgebracht! Nie werden wir zulassen, daß sie triumphieren!"

Ihre Mitarbeiterschar hatte sich unterdessen um eine stattliche Anzahl Journalisten erweitert, die aus nächster Nähe über ihren Wahlkampf berichten wollten, der den Namen *Thatcher Tours* erhalten hatte. Die erfahrenen Experten von Saatchi & Saatchi hatten die zeitliche und örtliche Abfolge der einzelnen Auftritte sorgsam aufeinander abgestimmt. Die erste wichtige Station war Cardiff, auf dessen Marktplatz Margaret Thatcher zu einer riesigen Menschenmenge sprach, während Callaghan ein paar Tage zuvor auf einem fast menschenleeren Platz gestanden hatte.

Sir Ronald Millar verfaßte Margarets Rede und suchte sie gleichzeitig immer wieder zu beruhigen. Margaret brauste nämlich auf oder schmollte, weil ihre Gedanken nicht adäquat wiedergegeben würden und daß es der Rede an Schwung fehle. Ihr Auftritt wurde jedoch zu einem Triumph und die Ermahnung, die Sir Ronald dem Alten Testament entlehnt hatte, zeitigte die erhoffte Wirkung: „Die Propheten sagen nicht: *,Meine Brüder, ich will eure Zustimmung'*, sondern: *,Das ist mein Glaube, daran glaube ich von ganzem Herzen. Wenn ihr auch daran glaubt, dann folgt mir nach!' "*

So reiste die *Eiserne Lady* von Stadt zu Stadt, um überall Reden zu halten und bereitwillig auf die Wünsche der Fotografen und Kameraleute einzugehen. Sie nahm alles sehr genau und schien unermüdlich – sie war notfalls bereit, eine Szene unzählige Male zu wiederholen, bis sie endlich saß. Dann fragte sie nach jeder Aufnahme mit banger Stimme: „Habe ich diesmal den richtigen Ton getroffen?" Sie horchte auf ihre Berater, die ihr nahegelegt hatten, bei Fernsehauftritten einen vertraulichen Ton anzuschlagen, als ob sie es nur mit einer einzigen Person zu tun habe, und ein ganz klein wenig lauter zu sprechen, gerade so viel, um das Gemurmel im Saal zu übertönen.

Anfangs plante Sir Gordon Reece Margaret Thatchers Auftritte bis ins kleinste Detail – aus Angst, sie könnte einen taktischen Fehler begehen, den die *Labour Party* umgehend ausgeschlachtet hätte. Obwohl Margaret im eigenen Interesse sichtlich bemüht war, sämtlichen Anweisungen Folge zu leisten, hätte Reece aus Angst vor einem eventuellen Fauxpas die Fernsehauftritte seines Schützlings am liebsten auf das Besteigen und Verlassen von Flugzeugen beschränkt. Ein einziges Mal begehrte Margaret auf: Während sie die Herausforderung der *Labour Party* annehmen und sich auf eine Gegenüberstellung mit Callaghan einlassen wollte, suchte ihr Berater dies unter allen Umständen zu verhindern. Schließlich fügte sie sich mit der Bemerkung: „Bei diesen Wahlen werden Sachfragen und künftige Programme den Ausschlag geben, nicht die Personen. Es steht kein Präsident zur Wahl, sondern eine Regierung."

Zwischen den einzelnen Auftritten arbeitete die ganze Mannschaft fieberhaft an Margarets Reden. Während Millar und Thorneycroft einander zu übertreffen suchten, unterzog Reece die Resultate einer abschließenden Kontrolle.

Von Anfang an pessimistisch eingestellt, wollte Reece in diesem Wahlkampf nichts, absolut nichts dem Zufall überlassen. „Margaret Thatcher verkauft sich schlecht", hatte er geäußert, „doch wenn sie mitzieht, werden wir ihr das Image eines Chefs verleihen". Selbst hinsichtlich ihrer Kleidung beriet er sie eingehend. Er empfahl ihr, etwas Schmuck zu tragen, aber nur ganz dezent, sowie schlichte Kleider und Frisuren. Zwei Freundinnen – Janet Young und Guinever Tilney – kümmerten sich um Margarets Garderobe.

Auch die interviewenden Journalisten wählte Reece sorgfältig aus. Er hegte ein tiefes Mißtrauen gegenüber allen Journalisten. Einmal gelang es ihm auf geschickte Weise, einen offenkundig mit der *Labour Party* sympathisierenden Journalisten gegen den absolut zuverlässigen Konservativen Denis Tuohy auszutauschen.

In weiser Voraussicht hatte Reece bedacht, daß sein Schützling bei den weiblichen Wählern auf besonderes Interesse und, abgesehen von den Frauen aus dem Großbürgertum, auf Bewunderung stoßen würde. Er veranlaßte Margaret, sich mit ihnen zu treffen und sich mit ihnen über ihre Sorgen und Nöte zu unterhalten.

Die Fotografen ließen Margaret hinter der Nähmaschine oder beim Staubwischen posieren. Einmal ließ sie sich, um Bauern für sich zu gewinnen, mit einem neugeborenen Lamm auf den Armen fotografieren. Der sie begleitende Denis sagte, als sich der Fototermin zusehends in die Länge zog, in seiner bedächtigen, humorvollen Art: „Paß auf, wenn die Szene nicht binnen zwei Minuten fertig ist, hältst Du demnächst ein totes Tier im Arm!"

Reece achtete auch darauf, daß Margaret sich nicht auf unsicheres Terrain vorwagte, wie etwa in die eindeutig pro *Labour* eingestellten *British Leyland* Werke. Er machte stattdessen absolut harmlose Orte für ihre Auftritte ausfindig, wie zum Beispiel eine Schokoladenfabrik in East Anglia oder ein Teeimport-Unternehmen in Tyneside anstelle der gefährlichen Docks.

Er legte ihr nahe, zweimal pro Tag das Thema zu wechseln – ein Ratschlag, den sie mit einem gewissen Zynismus befolgte: Wenn sie vormittags Fabriken besuchte, hütete sie sich wohlweislich davor, die beabsichtigte Streichung der Subventionen allzu sehr in den Vordergrund zu stellen; dies tat sie erst nachmittags, wenn sie in ländlichen Gebieten auftrat.

Nur unter Mühen gelang es Reece, Margarets von Natur aus aufbrausendes Temperament zu zügeln. Begegnete ihr ein Mitglied der *Labour Party,* legte sie es sofort auf einen heftigen Wortwechsel an und mußte von ihren Mitarbeitern gewaltsam fortgezogen werden. Als sie eines Tages innerhalb ihres Wahlkreises Finchley auftrat, gelangte ein Schwarzer zu der Schlußfolgerung, nachdem er Maggie lange Zeit zugehört hatte: „Die *Tories* sind ja noch schlimmer als die *National Front*." Auf die Frage eines neben ihm stehenden Reporters, warum er dies Margaret Thatcher nicht gesagt habe, erwiderte er: „Weil es sich um eine Dame handelt".

Anläßlich einer anderen Rede zitierte Margaret Churchills Spruch: *Set the people free!* (Befreit das Volk!) aus dem Jahr 1951.

Sie erklärte, den Sozialismus nicht nur bekämpfen, sondern mit Stumpf und Stiel ausrotten zu wollen, um den Briten wieder zu ihrer geliebten Freiheit zu verhelfen: „Möglichst wenig Kollektivbeschlüsse, jeder soll seine eigene Verantwortung übernehmen", lautete eines ihrer Leitmotive.

Sie versprach, die Einkommenssteuer herabzusetzen, die öffentlichen Ausgaben einzuschränken, abgesehen vom Verteidigungshaushalt, den sie sogar zu erhöhen gedachte, die Staatsanleihen zu reduzieren, Industriebetriebe sowie Werften zu reprivatisieren etc. Denn, so gab sie zu bedenken, „vorübergehend kann man einem maladen Unternehmen unter die Arme greifen, aber nicht für immer". Sie stellte auch eine Gewerkschaftsreform in Aussicht, um die Gewerkschaften daran zu hindern, das Land ein weiteres Mal in eine ausweglose Situation hineinzumanövrieren. Margaret gab vor, daß die Arbeiter sie darum gebeten und ihr grünes Licht für eine Wende gegeben hätten.

Margaret Thatcher ging jedoch nie darauf ein, wie sie diese Reformen durchzuführen gedachte. Dies geschah mit voller Absicht. Es lag nicht in ihrem Interesse, ausführliche Details bekanntzugeben. Ebenso wie ihre politische Weltanschauung in ihrer Erfahrung als Krämerstochter aus der Provinz wurzelte, von der sie sich ihr ganzes Leben lang leiten ließ, war sie überzeugt, daß die Regierung empirisch vorgehen müsse. In ihren Augen war es wichtiger, ein Gesamtkonzept von der herbeizuführenden Wende und den festen Willen zu ihrer Verwirklichung zu besitzen.

Ein heftig umstrittenes Thema, das die *Tories* während des ganzen Wahlkampfs erfolgreich zu meiden suchten, war die Zukunft Rhodesiens. Auch über die Diskussion um die Todesstrafe ging Margaret Thatcher geschickt hinweg. Sie machte jedoch kein Hehl daraus, daß sie für ihre Wiedereinführung plädierte, um, so argumentierte sie, „den jungen Verbrechern, die nicht davor zurückschrecken, Menschen umzubringen, bewußt zu machen, daß sie ihrerseits Kopf und Kragen riskieren".

Der Erfolg von Margaret Thatchers meisterhaft geführtem Wahlkampf war zum Teil auf das ungeschickte Vorgehen der *Labour Party* zurückzuführen. James Callaghan war die lebendige Inkarnation der Niederlage. Er hatte sich getreu der Devise *Wait and see!* (Abwarten und aufpassen!) darauf verlegt zu warten, bis Margaret ein Fehler unterlief oder sie schlappmachte. Oder womöglich beides gleichzeitig. Bis dahin begnügte er sich damit, unermüdlich zu wiederholen, daß Großbritannien nicht etwa unter zuviel, sondern ganz im Gegenteil unter zu wenig Sozialismus litt. Er bezichtigte Margaret Thatcher einer reaktionären, auf eine Spaltung des Landes abzielenden Haltung. Insgesamt präsentierte er ein schwaches, unglaublich mittelmäßiges Programm.

Die Liberalen dagegen schlugen sich tapfer. Angeführt von David Steel, der eine Rückbesinnung auf die liberalen Kräfte propagierte, gelang es ihnen, einige Wähler für ihr Programm zu gewinnen, obwohl die Partei insgesamt ein begrenztes Echo fand.

Gegen Ende des Wahlkampfs fürchtete man einen Augenblick lang, daß Margaret Thatcher infolge der starken Emotionen und des ungeheuren Stresses tatsächlich schlappmachen könnte. Bei Callaghan befürchtete dies seltsamerweise niemand, obwohl es sich bei ihm ebenfalls um seinen ersten Wahlkampf handelte. Maggies Stimme versagte gelegentlich. Sie erhielt daraufhin Order, zwischen den einzelnen Auftritten kein Wort zu reden, um ihre Stimmbänder zu schonen. Thorneycroft sorgte dafür, daß in ihrer Gegenwart nicht geraucht wurde und daß sie sich genügend ausruhte, wozu Maggie nicht die geringste Lust hatte. „Ich und schlafen?" fragte sie ungläubig, „ich bin viel zu aufgeregt! Die letzte Nacht habe ich teilweise damit zugebracht, Aristoteles zu lesen". Sie setzte ihre ganze Ehre darein, sich – außer ihren Stimmproblemen – keinerlei Anzeichen von Müdigkeit anmerken zu lassen. Lediglich Reece vermochte an bestimmten Tagen eine gewisse Überdrüssigkeit auszumachen, die sich in Ungeduld, ja bisweilen sogar in Aggressivität äußerte.

Drei Tage vor der Wahl verbrachte sie eine schlaflose Nacht, weil ausgerechnet die den Konservativen freundlich gesonnene *Daily Mail* eine Umfrage veröffentlicht hatte, derzufolge die *La-*

bour Party über einen leichten Vorsprung verfügte. In der Londoner City brach daraufhin Panik aus, und die britische Währung erlebte einen Kursverfall. Nach Beratung mit ihren Mitarbeitern beschloß Maggie, ihre Taktik zu wechseln, aus Angst, selbst manche *Tory*-Anhänger zu verprellen. Sie wies darauf hin, daß sie die geplanten „Änderungen nicht von heute auf morgen durchzuführen" gedachte und betonte mehrfach, daß sie „... nicht an nostalgische Vergangenheitsvisionen anzuknüpfen beabsichtige", daß es sich „um ganz bescheidene Vorschläge" handle.

Dann tat sie plötzlich etwas, das sie während der vier vorausgegangenen Wahlkampfwochen sorgsam vermieden hatte: Sie griff Callaghan und die *Labour Party* öffentlich an. Sie nahm kein Blatt vor den Mund, sondern wetterte insbesondere gegen die enge Zusammenarbeit zwischen der Arbeiterpartei und den Gewerkschaften, die, so gab sie den Wählern zu bedenken, spätestens seit den Ereignissen des vergangenen Winters jeglichen Sinn verloren habe. „Vergessen Sie nicht," schärfte sie ihren Zuhörern ein, „daß die Regierung um ein Haar von den Streikposten erpreßt worden wäre! Und daß sich die Arbeiter ihr Recht auf Arbeit förmlich erbetteln mußten!" Prompt fielen die Meinungsumfragen am Vorabend der Wahl erneut zugunsten der Konservativen aus.

Der Zufall wollte, daß am Wahltag ein ausgesprochen garstiges Wetter herrschte. Starke Schneefälle setzten ein, auf die in den nördlichen und westlichen Landesteilen eine Glatteiswelle folgte, ein für den Monat Mai höchst ungewöhnliches Wetter. Erfahrene Beobachter wußten, daß die grimmige Witterung den *Tories* zugute kam, da ihre Anhänger in der Regel besser gegen die Kälte gerüstet waren. Am Tag der Wahl beschwor Callaghan die Briten: „Fünf Minuten lang Regen und Schnee zu trotzen, ist nicht zuviel verlangt, um das Land vor einer fünf Jahre amtierenden *Tory*-Regierung zu bewahren!"

In Großbritannien wird traditionell donnerstags gewählt. Die Thatchers beschlossen, am Wahltag in ihrem Heim in der Flood Street im Familienkreis zu Abend zu essen, was in der letzten Zeit recht selten vorgekommen war. Carol war eigens wegen der Wahl aus Australien angereist.

Anschließend eilte Margaret in ihren Wahlkreis Finchley, von dessen Wahlergebnis ihr Verbleib im Unterhaus und an der Parteispitze abhing. Der Wahlkreis Finchley hielt der *Eisernen Lady* die Treue, indem er sie mit einer Mehrheit von achttausend Stimmen wiederwählte.

Von Finchley aus begab sich Margaret in die Zentrale der Konservativen Partei am St. John's Smith Square, in der man sich mit einem Vorrat von achthundert Bierflaschen für eine lange Wahlnacht gerüstet hatte. Als der australische Premierminister anrief, um sie bereits zu ihrem Sieg zu beglückwünschen, reagierte Margaret äußerst vorsichtig. Kurz darauf erfuhr sie jedoch, daß sie gewonnen hatte. Man schrieb den 3. Mai 1979.

Bei ihrer Rückkehr fand sie ein von Unmengen Schaulustiger umlagertes Haus vor. Die Menge skandierte *„We want Maggie!"* (Wir wollen Maggie!) und stimmte die Hymne der Konservativen Partei an, die sie während ihres ganzen Wahlkampfs begleitet hatte: *Blue is her colour, Maggie is her name*. (Blau ist ihre Farbe, Maggie ist ihr Name). Von der Türschwelle aus verkündete sie voller Rührung und Dankbarkeit: „Ich spüre den Wind der Wende, ich sehe eine ruhige Ära heraufziehen . . ." Dann gönnte sie sich endlich eine kurze Ruhepause.

Als am Tag darauf offiziell der Sieg der Konservativen Partei mit einer Mehrheit von 43 Sitzen bekanntgegeben wurde, begab sich die frischgebackene Premierministerin – ganz in Blau gekleidet und erstaunlich erholt aussehend – in die Parteizentrale.

Sie dankte allen, die zu ihrem Sieg beigetragen hatten. Dann brachte man den traditionellen, die Tür der *Downing Street 10* darstellenden Schokoladekuchen, den sie eigenhändig anschnitt, bevor der Sieg gebührend mit Champagner begossen wurde.

Den Höhepunkt des Tages, auf den die Journalisten schon seit den frühen Morgenstunden lauerten, bildete Margarets Ankunft in der *Downing Street 10*. Traditionell bleiben dem aus dem Amt scheidenden britischen Premierminister nur ein paar Stunden, um seinen Amtssitz zu räumen. Gleich am Morgen waren Möbelpacker erschienen, um Callaghans persönliche Habe abzuholen und der neuen Amtsinhaberin Platz zu machen.

Bevor sie in die *Downing Street 10* einziehen konnte, mußte Margaret Thatcher jedoch noch ein paar Formalitäten erledigen. Eine Stunde nachdem Callaghan sich in den *Buckingham Palace* begeben hatte, um bei der Königin seinen Rücktritt einzureichen, stattete Margaret Thatcher ihr offiziell in einem von Polizisten eskortierten Dienstwagen ihren Antrittsbesuch ab. Sie wurde von ihrem Ehemann begleitet, der gemeinsam mit dem übrigen Mitarbeiterstab im Erdgeschoß zurückblieb. Margaret Thatcher stieg die Ehrentreppe in die erste Etage empor, wo Königin Elizabeth sie in ihrem Arbeitszimmer zur förmlichen, an die mittelalterliche Gefolgschaftstreue erinnernden Zeremonie des *kiss hands* (Handkuß) erwartete. Die Königin erkundigte sich, ob die siegreiche Partei zur Regierungsbildung imstande sei, mit der sie die neue Premierministerin auf deren bejahende Antwort hin unverzüglich beauftragte. Dann lud die Königin sie ein, Platz zu nehmen, und die beiden Frauen, von denen die eine das Staatsoberhaupt und die andere Regierungschefin war, unterhielten sich eine Dreiviertelstunde lang miteinander.

Nachdem sie sich von der Königin verabschiedet hatte, fuhr Margaret Thatcher in Begleitung ihres Mannes in die berühmte *Downing Street 10,* in der sie die nächsten fünf Jahre lang residieren würde, und in die es sie, davon war sie inzwischen fest überzeugt, seit ihrer weit zurückliegenden Kindheit im Lebensmittelladen zu Grantham mit aller Macht gezogen hatte.

Sie wurde bereits von Journalisten und Kameraleuten erwartet. Eine halbe Stunde lang ließ sie sich mit ihrer Familie vor der weltbekannten Tür fotografieren. Immer wieder hakte sie sich bei ihrem Mann unter, der ihr während des Wahlkampfs eine treue Stütze gewesen war. Ihre Tochter Carol machte ebenfalls einige Erinnerungsfotos von diesem denkwürdigen Tag. Alle waren erregt und überglücklich. Mark vertraute später Tricia Murray an, daß er unglaublich stolz auf seine erfolgreiche Mutter war.

„Das ist die größte Ehre“, rief die *Eiserne Lady* aus, „die einem Bürger in einer Demokratie zuteil werden kann“, um gleich darauf der Menge in Erinnerung zu rufen, daß sie alles ihrem Vater verdanke: „Er vermittelte mir den Glauben an all das, wofür ich heute eintrete, an die Werte, für die ich gekämpft habe. Es ist bemerkenswert, daß gerade diese aus ganz bescheidenen, kleinstädtischen Verhältnissen stammenden Werte mir zu meinem Sieg verholfen haben." Dann beschwor sie ihre Landsleute, sich für die nationale Einheit einzusetzen, und gedachte mit vor Rührung zitternder Stimme ihres Freundes Airey Neave, der einem Attentat der IRA zum Opfer gefallen war: „Und nun spreche ich aus, was Airey Neave in dieser Situation sagen würde, wenn er noch unter uns wäre – *business as usual!* (Wie üblich!)"

An das Ende ihrer Ansprache stellte sie – eingedenk einer Empfehlung Ronald Millars – ein Zitat des Heiligen Franz von Assisi, das sie in einer regelrecht surrealistisch wirkenden Atmosphäre wiedergab:

„Wo die Zwietracht regiert, werden wir Harmonie stiften.
Wo der Irrtum regiert, werden wir Wahrheit stiften.
Wo der Zweifel regiert, werden wir Glauben stiften.
Wo die Verzweiflung regiert, werden wir Hoffnung stiften."

11. Premierministerin – Erster Akt

Margarets neues Zuhause, die *Downing Street 10,* liegt mitten in London. Die Eingangstür mit ihrer berühmten kupfernen Hausnummer ist in der ganzen Welt bekannt. Niemand besitzt einen Schlüssel zu dieser Tür – sie hat nämlich gar kein Schloß. Vielmehr ist rund um die Uhr jemand da, um sie den klopfenden Besuchern zu öffnen.

Die rechtwinklig zur Whitehall Road – an welcher die ganzen Ministerien liegen – verlaufende, in unmittelbarer Nähe zum Parlament gelegene Downing Street ist eine Sackgasse, die bei Bedarf durch ein kürzlich installiertes hohes Eisengitter abgesperrt werden kann. Ihr Name erinnert an den im siebzehnten Jahrhundert lebenden Bauherrn George Downing, der laut Winston Churchill „mit allen Wassern gewaschen war".

Nachdem er in die Vereinigten Staaten ausgewandert war, um in Harvard zu studieren, kehrte George Downing nach England zurück, um als Spion in Oliver Cromwells Dienst zu treten. Später lief er zu den Truppen Karls II. über und verriet all seine ehemaligen Freunde. Der im Zuge der Restauration zu Wohlstand gelangte George Downing ließ in den Jahren 1682 bis 1684 in dieser Sackgasse insgesamt fünfzehn Gebäude errichten. Das Gebäude mit der Hausnummer 10 überließ König Georg I. seinem Premierminister Sir Robert Walpole – dem ersten in der britischen Geschichte – als Amtssitz.

Das typische Pub, das sich bis Ende des vorigen Jahrhunderts an der Straßenecke befand, mußte dem Bau weiterer Verwaltungsgebäude weichen.

Von den fünfzehn ursprünglichen Häusern stehen heute nur noch drei: die Nummer 10, die Nummer 11 – der durch eine Zwischentür mit der Nummer 10 verbundene Amtssitz des Schatzkanzlers – und die Regierungsbüros beherbergende Nummer 12.

Von außen präsentiert sich der Sitz des britischen Premierministers als ein bescheidenes rotes Backsteinhaus. Das rund um die Uhr von *Bobbies* bewachte Gebäude ist für jeden Londontouristen ein unabdingbares Muß. Das Gebäudeinnere – einst als „Herrensitz, in dem von Zeit zu Zeit eine kleine Regierung tagt", beschrieben – entspricht in keiner Weise dem bescheidenen Äußeren. Hinter der unscheinbaren Fassade verbergen sich rund sechzig Räume und drei Treppen. Die Diensträume bieten Platz für 150 Personen.

In der letzten Etage befindet sich – genau wie über dem Lebensmittelladen in Grantham – die Dienstwohnung des Premierministers mit Blick auf die *Horse Guards Parade,* eine riesige Esplanade, auf der alljährlich anläßlich der offiziellen Geburtstagsfeier der *Queen* die beeindruckende Militärparade des *Trooping of the Colour* (Fahnenparade) stattfindet. Diese direkt unter dem Dach gelegene Privatwohnung wurde in den dreißiger Jahren von Neville Chamberlain eingerichtet. Von hier aus kann Margaret Thatcher sich binnen kürzester Zeit in ihr Büro in der ersten Etage begeben, in der sich auch die prunkvollen Empfangsräume befinden, oder in das die Verwaltung beherbergende Erdgeschoß. Ein langer Korridor führt zu dem großen Schlafzimmer, dem Bad, einem Arbeitszimmer, dem Ankleidezimmer des Premierministers, drei Schlafzimmern mit angrenzenden Bädern, zu Denis' Arbeitszimmer und einem weiteren Raum, der dem Sekretär des Wahlkreises Finchley als Büro dient. Am entgegengesetzten Ende des Korridors befindet sich eine Küche und ein bis zu acht Personen Platz bietendes Eßzimmer.

Die vollkommen auf Staatskosten möblierte, ein wenig altmodisch eingerichtete Wohnung ermöglicht es – um mit den Worten Carol Thatchers zu sprechen –, „unterlegenen Premierministern, umgehend das Weite zu suchen".

Ebenso wie sie ihrem Büro in der Parteizentrale mit ein paar hübschen Lampen und bequemeren Sesseln eine weibliche Note verliehen hatte, wollte Maggie auch die anonyme Wirkung dieser an ein Hotel erinnernden Wohnung ein wenig auflockern. Sie ließ auf eigene Kosten sämtliche Räume in kräftigem Gelb streichen und umgab sich mit einigen persönlichen Gegenständen. Ferner ersuchte sie die staatlichen Museen, ihr leihweise Gemälde zu überlassen, die sie in den Prunkräumen und in ihrer Privatwohnung anbringen ließ. Die Tate Gallery stellte ihr drei wundervolle Turner zur Verfügung, und ihrer Bitte um Porträts berühmter Briten wurde mit einem Konterfei von Nelson, von Wellington sowie – unter Berücksichtigung ihres persönlichen Werdegangs – einem Porträt von Newton, der wie sie in Grantham geboren war, und – als Anspielung auf ihr naturwissenschaftliches Studium – einem Porträt von Priestley Rechnung getragen. Diese Gemälde ergänzten die bereits vorhandene, in Schwarzweiß gehaltene Gemäldegalerie der bisherigen Amtsinhaber von Walpole bis Callaghan. Ihr eigenes Porträt war dort aus naheliegenden Gründen noch nicht vertreten. Als jemand sie darauf aufmerksam machte, daß dieses gar keinen Platz mehr finden würde, beruhigte sie ihn mit den Worten: „Machen Sie sich darüber keine Sorgen, notfalls werde ich die übrigen enger zusammenrücken . . .“

Die silbernen Gerätschaften lieh sie sich von ihrem ebenfalls bei Grantham wohnenden alten Freund Lord Bronlow.

Number Ten, wie das aus der Zeit Georgs I. stammende Gebäude im Volksmund heißt, ist vielleicht kein Traumhaus. Lady Falkender, die unter dem Namen Marcia Williams acht Jahre lang als politische Sekretärin Harry Wilsons darin arbeitete, würde es „nicht unbedingt als Wohnhaus empfehlen“. Lady Falkender ist nämlich überzeugt, daß es in diesem Haus spukt. Angeblich wurde am Ende eines Ganges eine schwankende, ganz in Rosa gekleidete, unheimliche Gestalt gesichtet, die urplötzlich wieder verschwand, wobei sich trotz der Heizung eine beißende Kälte breitmachte. Als Lady Falkender Premierminister Wilson von dieser Begebenheit erzählte, lachte er sie nicht etwa aus, sondern gestand vielmehr, daß auch er, als er eines Morgens aufgewacht sei, einer am Fußende seines Bettes stehenden rosa gekleideten Frau in die Augen geblickt habe, die gleich darauf spurlos verschwunden sei . . .

Im Lauf der Jahre wurde das Haus wiederholt umgebaut und komfortabler ausgestattet. Die bedeutendsten Eingriffe wurden unter Macmillan vorgenommen, als man das nahe der Themse stehende Gebäude ganz neu unterbaute, da es langsam abzusinken drohte. Obwohl es nicht akut gefährdet ist, dürfen sich nach wie vor nicht übermäßig viele Personen darin aufhalten.

Der Premierminister und seine Familie müssen die ständige Anwesenheit von Verwaltungsbeamten und Sekretären ertragen. Erst abends in der Wohnung, können sie wieder ein Privatleben *(privacy)* führen. Die Familie Thatcher behielt ihr Haus in Chelsea, da – wie Margaret selbst gesagt hatte – „eines Tages die Stunde des Abschieds schlagen wird, und ich, wenn ich mein Amt verliere, wenigstens etwas haben möchte, wohin ich mich zurückziehen kann".

Der Tag der *Right Honorable* Margaret Thatcher, ihres Zeichens *Member of Parliament, Prime Minister and First Lord of the Treasure,* der fünfzigsten Premierministerin Großbritanniens, beginnt um sieben Uhr, auch wenn Margaret – was oft der Fall ist – nicht vor ein Uhr zu Bett geht. Ihr häufigster Satz ist: „Wann kommen die nächsten Nachrichten?", woraufhin ihr die Familienmitglieder immer wieder die üblichen Sendetermine des BBC nennen.

Wie eh und je, bereitet sie das Frühstück für ihren Mann Denis und sich selbst zu: Er bekommt Rührei, Tee und Toast, sie dagegen nur Kaffee und einen Apfel, da sie sehr auf ihre schlanke Linie bedacht ist. Früher pflegte sie auch selbst abzuspülen – eine Aufgabe, die sie nun den beiden täglich kommenden Haushaltshilfen überläßt. Sie erledigen auch die Einkäufe, wobei ihnen gelegentlich Carol behilflich ist, wenn sie in London weilt. Eine Freundin Margaret Thatchers kümmert sich um alle persönlichen Angelegenheiten, angefangen bei den Kleidern, welche die Londoner Modehäuser ihr zur Anprobe schicken, bis hin zu den Empfängen. Sie setzt sich ferner mit den verschiedenen Redeschreibern in Verbindung, um die Ansprachen der Premierministerin aufeinander abzustimmen.

Margaret nutzt das Frühstück, um einen raschen Blick in die Zeitungen zu werfen und die neuesten Meldungen mit ihrem Ehemann zu besprechen, den die britischen Zeitungen gerne als lächerliche Figur und als Trunkenbold darstellen. Es stimmt, daß er gerne Gin trinkt – wie die meisten seiner Landsleute. Denis Thatcher ist ein zuverlässiger Mann, ohne dessen Unterstützung Margaret wohl kaum eine derartige Bilderbuchkarriere gemacht hätte. Mit dem ihm eigenen, seiner Frau völlig abgehenden Humor hat er ihr in allen schwierigen Augenblicken beigestanden. Voll der Bewunderung für seine Frau muß er ständig dagegen ankämpfen, als bloßes Anhängsel Margaret Thatchers zu gelten. Wer das Paar gut kennt, weiß, daß Margaret an Denis die Wirkung ihrer Reden oder ihrer Initiativen zu erproben pflegt. Diese ganz persönliche Beraterrolle übt Denis vor allem seit seiner Pensionierung aus. Vorher ließen ihm seine Geschäfte häufig nicht die Zeit dazu. Gern begleitet er seine Frau auf ihren Wahlkampftourneen, manchmal reist er sogar mit ihr ins Ausland. Dies geschieht stets auf eigene Kosten, ebenso wie Margaret, wenn sie ihn früher auf Geschäftsreisen begleitete, ihren Aufenthalt selbst finanzierte, weil sie um keinen Preis der Firma ihres Mannes auf der Tasche liegen wollte. Anläßlich Maggies Rücktritt haben die Zeitungen Denis großes Lob gespendet und vorgeschlagen, ihm für seine würdevolle Rolle an der Seite der Premierministerin eine offizielle Anerkennung zu verleihen.

Die frühen Morgenstunden sind dem Friseur, dem Zahnarzt und der Auswahl der Garderobe vorbehalten. Die Presse versorgte die Öffentlichkeit ausgiebig mit Details aus dem Leben der Premierministerin. So erfuhren die Leser etwa, daß sie feines Haar hat und deshalb sehr oft zum Friseur muß. Nachdem Airey Neave bei einem Bombenattentat umgekommen war, hatten die Sicherheitskräfte Margaret Thatcher gebeten, sich nicht mehr zum Friseur zu begeben. Auf Anraten von Sir Gordon Reece, welcher aus der kleinen Provinzbewohnerin aus Grantham unbedingt eine bedeutende Politikerin machen wollte, wechselte Margaret die Haarfarbe: Statt des grellen Blondtons ihrer früheren, mit Haarspray fixierten Frisuren wählte sie nun einen sanfteren honigblonden bis hellbraunen Farbton. Das Resultat war überwältigend. Zwischen zwei Friseurbesuchen benutzt sie elektrisch beheizbare Lockenwickler, die eine wichtige Rolle in ihrem Leben spielen, vor allem, wenn sie auf Reisen geht. Damit man sie nie mit vom Wind zerzausten Haaren zu Gesicht bekommt, trägt sie diese berühmten Lockenwickler stets bei sich, um sich – wenn ihre Frisur infolge eines Aufenthaltes im Freien nicht mehr perfekt saß –, kurz bevor sie sich der Presse stellt, für zehn Minuten zurückzuziehen und ihre Haartracht wieder in Ordnung zu bringen.

Sir Gordon nahm sich auch ihrer Zähne an, die – obwohl völlig gesund – durch ihre ungleichmäßige Stellung ins Auge stachen. Im Herbst 1982 unterzog sie sich daher in der *Downing Street 10* morgendlichen Zahnarztsitzungen, um wie ein Filmstar die ästhetische Wirkung ihrer Zähne korrigieren zu lassen. Das Ergebnis war überzeugend.

Margaret Thatcher legte sich eine umfangreiche Garderobe zu, die sie in drei sorgfältig beschrifteten Wandschränken aufbewahrte. Der erste Schrank mit der Aufschrift *Executive* enthält ausschließlich blaue Kostüme sowie ein paar schwarze Kostüme für staatliche Trauerakte samt passenden Blusen. Der zweite Schrank enthält Schuhe. Diese sind mit Zetteln versehen, die sie speziellen, für Fernsehauftritte vorbehaltenen Kleidern zuordnen, die sich aufgrund ihres Schnittes und ihrer Farbgebung besonders gut auf dem Bildschirm machen. Um sich rascher zurechtzufinden, hat Maggie jedes dieser Kleider mit einem charakteristischen Namen bedacht: sie heißen: *Pflaumengebäck, Venedig, Weißer Wirbel auf schwarzem Grund, Englischer Garten, NATO* etc. Schrank Nummer drei dient der Aufbewahrung eleganter Abendkleider wie zum Beispiel das raschelnde *Domino best* mit seiner auffälligen Karozeichnung. Auf diese Weise verliert Margaret Thatcher keine Zeit mit der Auswahl der passenden Garderobe. Sie hat einen unfehlbaren Sinn für Eleganz, sie weiß, was der Masse gefällt und was ihr ein jugendliches Aussehen verleiht. Ihr ganzes Geheimnis beruht in der Macht, die eine stark stimulierende Wirkung auf sie ausübt.

Gegen neun Uhr sitzt die Premierministerin an ihrem Chippendale-Schreibtisch, von dem ihr aus einem schönen Schmuckrahmen ihre Zwillinge entgegenblicken. Währenddessen treffen ein Stockwerk tiefer in der Eingangshalle die Sekretäre, Verwaltungsbeamten und Sicherheitskräfte ein. Sie werden von einem Portier im Frack empfangen, dessen Sessel – eine wunderbare, mit dunkelgrünem Leder bezogene Antiquität aus der Zeit Gladstones – sich schön von dem schwarzweiß gefliesten Marmorboden abhebt.

Der *Boss,* wie sie von ihren Sekretären insgeheim genannt wird, trifft sich zum Auftakt ihres Arbeitstages mit fünf bis sechs Mitarbeitern, die im hinteren Teil des Büros auf dem Sofa und in den Sesseln rund um das niedrige Tischchen Platz nehmen. Sie haben die Aufgabe, die Premierministerin auf dem laufenden zu halten, die Presse zu kommentieren und die für den jeweiligen Tag anstehenden Gesprächstermine zu koordinieren. Bei diesen Zusammenkünften – die nie länger als dreißig Minuten dauern und bei denen ein freundlicher, aber keineswegs vertraulicher Ton herrscht – erhält Margaret mit amüsanten Randnotizen versehene Pressespiegel sowie ihre Lieblingszeitung, die *Financial Times,* überreicht. In der Regel hat sie in der Nacht zuvor bereits die erste Ausgabe des *Daily Telegraph* gelesen.

Bei diesen Sitzungen begnügt sich die *Eiserne Lady* mit mündlichen Berichten. Ihre Mitarbeiter wissen jedoch ganz genau, daß es jederzeit vorkommen kann, daß sie binnen kürzester Zeit Statistiken und Zahlenmaterial zu erhalten wünscht. Dann folgen offizielle Unterredungen mit vorübergehend in London weilenden hochgestellten Persönlichkeiten aus Großbritannien, dem Commonwealth oder dem Ausland. Margaret Thatcher pflegt sie in den Repräsentationsräumen der ersten Etage zu empfangen, in denen sie sich gerne selber reden hört. Von der Presse daraufhin als „Schulmeisterin" tituliert, entgegnet Margaret mit der ihr eigenen Logik: „Was ist daran schlecht? Ich habe ausgezeichnete Schulmeisterinnen gehabt!"

Der Dienstag- und der Mittwochvormittag ist jeweils Kabinettssitzungen vorbehalten, die im einstigen privaten Arbeitszimmer von Sir Robert Walpole stattfinden, das unter dem Duke of Portland 1807 erweitert und um vier herrliche korinthische Säulen sowie einen mächtigen Kamin bereichert wurde. Der langgezogene Raum wird von einem riesigen ovalen, auf Macmillans Wunsch angefertigten Tisch beherrscht. Dieser ist so beschaffen, daß der Premierminister von seinem zentralen Platz aus auf einen Blick die gesamte Kabinettsrunde überschauen kann.

Margaret Thatcher nutzt die Kabinettssitzungen weniger dazu, die Meinung der übrigen einzuholen als vielmehr ihre eigene durchzusetzen. Sie weiß ganz genau, was sie will und läßt sich nur selten umstimmen. Sie legt eine Entschlossenheit an den Tag, die man bei anderen Menschen als Starrsinn bezeichnen würde. Das Kabinett spielt nur eine ganz begrenzte Rolle – es nimmt in erster Linie die bereits gefaßten Beschlüsse zur Kenntnis. Dies bemängelte auch einer von Margarets Ministern: „Manchmal teilt man uns von vornherein mit, was beschlossen wurde, und läßt uns nicht die Zeit, uns dazu zu äußern."

Margaret duldet keine Skeptiker in ihrer Umgebung, um die Durchführung der von ihr versprochenen Reformen nicht zu gefährden. Ihre Vorliebe für sogenannte *yes-men* ist allgemein bekannt. Jemand aus ihrer engeren Umgebung stellte sogar einmal fest: „Wenn Maggie könnte, wie sie wollte, würde sie ganz auf ein Kabinett verzichten!"

Dennoch herrscht bei den protokollarisch geregelten Kabinettssitzungen im allgemeinen eine angenehme Atmosphäre. Alle kennen sich seit langem und haben schon häufig zusammengearbeitet. Während sich die Kabinettsmitglieder gegenseitig beim Vornamen nennen, reden sie Margaret Thatcher mit ihrem offiziellen Titel an und diese sie ebenfalls. Ein typischer Charakterzug Margaret Thatchers ist ihre Ungeduld. Sie legt Wert darauf, daß ihre Befehle augenblicklich ausgeführt werden. Als der Verteidigungsminister Francis Pym nicht sofort eine Entscheidung bezüglich der *Sea-Eagle*-Raketen traf, wies Margaret Thatcher ihn mit den Worten zurecht: „Dann müssen eben Whitelaw und ich an Ihrer Stelle entscheiden . . . wie immer!"

Die Kabinettssitzungen gehen der zweimal pro Woche stattfindenden *Question Time* (Fragestunde) voraus, die in Margarets Augen die wichtigste Etappe der Parlamentswoche darstellt. Jeden Dienstag und Mittwoch muß sich der Premierminister den Fragen der *backbenchers* aus den eigenen Reihen und jenen der Opposition stellen. Dieses Ritual – laut Alan J.Mayer „gewissermaßen eine Schande" – stellt eine Zeitverschwendung dar, da der Premierminister unter Berufung auf Sicherheits- oder Schicklichkeitsgründe den ihm gestellten Fragen mühelos ausweichen und Minister oder andere Abgeordnete ihre Antwort ebenfalls durch einen schriftlichen Bericht hinauszögern und somit Zeit gewinnen können. Dennoch geht von der *Question Time* nach wie vor eine große Faszination aus. Sie ist so fest im Parlamentsalltag verankert, daß die Briten sie nicht missen mögen. Da sie vom Fernsehen live übertragen werden, bereitet Maggie sich mit großer Sorgfalt darauf vor. Sie hat panische Angst davor, mit einer Frage überrumpelt zu werden – was sehr unwahrscheinlich ist. Als Callaghan eines Tages ihr Allgemeinwissen testen wollte, ließ sie ihn gekonnt abblitzen. „Man sagt häufig", begann sie, „daß, sobald man den Menschen zuviel Verantwortung überläßt, manche unruhig werden". Auf Callaghans Frage: „Wer hat das gesagt?", antwortete sie sichtlich triumphierend: „Bernhard Shaw".

Die Premierministerin erwartet, daß ihre ganze Mannschaft dienstags und mittwochs über Mittag in der Downing Street bleibt, um zu arbeiten. Sie läßt Sandwiches und ein kaltes Büffet kommen, „gute Sachen aus der *nursery*". Wenn kein offizielles Essen ansteht, nimmt Margaret Thatcher in ihrem Büro eine Kleinigkeit zu sich. Alle vierzehn Tage geht sie mit den *backbenchers* in der Parlamentskantine essen; weniger des Essens wegen – die Parlamentskantine läßt bekanntlich sehr zu wünschen übrig – als vielmehr, um den Kontakt zur Parteibasis zu halten, den ihr Vorgänger Heath sträflich vernachlässigt hatte. Die Nachmittage verbringt sie ganz wie die Vormittage: mit Arbeit. Lediglich der Dienstagnachmittag bildet eine Ausnahme: An ihm begibt sich Margaret Thatcher regelmäßig zur Queen, um das Staatsoberhaupt pflichtgemäß über die Regierungsarbeit auf dem laufenden zu halten. Gemäß der nicht schriftlich fixierten Verfassung Großbritanniens ist die Queen dem Premierminister übergeordnet, dessen Rat sie jedoch stets einholen muß. Die Krone symbolisiert die Kontinuität der Nation, der Regierungschef regiert.

In ihrem Dienstwagen, einem dunkelfarbigen Mercedes, und unter Polizeischutz begibt sich Margaret Thatcher in den *Buckingham Palace*. Dort spielt sich stets dieselbe Szene ab: Die *Queen* empfängt sie stehend mit den Worten „Guten Tag, Premierminister, was gibt es für Neuigkeiten?", und lädt sie anschließend ein, Platz zu nehmen.

Churchill, Macmillan und Wilson waren samt ihren Ehefrauen häufig zu Gast in Schloß Balmoral, in dem Elizabeth II. gerne im Kreis der Familie und einiger Freunde die Wochenenden verbringt. Die Thatchers wurden nur ganz selten eingeladen. Als Maggie und ihrem Ehemann diese Ehre zum erstenmal widerfuhr, hatte die Queen, wie so oft, ein zwangloses Grillfest organisiert, bei dessen Vorbereitung jeder mit Hand anlegte. Die Premierministerin war hell entsetzt. Obwohl sie gerne und gut kochte, rührte sie keinen Finger und half nach dem Essen auch nicht beim Abräumen. Ihre Vorstellung vom Königtum war eine andere, und da ihr gesellschaftlicher Aufstieg sie nicht bis in die berühmte *upper class,* die Stütze des britischen *establishment* geführt hatte, in der es zum guten Ton gehörte, sich möglichst unkompliziert zu geben, war sie vollkommen verunsichert und fühlte sich fehl am Platz. Margaret Thatcher läßt sich nicht mehr eindeutig einer bestimmten Gesellschaftsschicht oder sozialen Kategorie zuordnen.

Die Thatchers empfangen neben den offiziellen, vom Protokoll vorgeschriebenen Einladungen gerne private Gäste. Bei diesen Gelegenheiten erwarten sie ihre Gäste unten an der Treppe, und Maggie erweist sich als eine aufmerksame Gastgeberin. Solche Einladungen sind ganz nach ihrem Geschmack. Wenn weder eine offizielle Einladung noch ein Abendessen im engeren Rahmen ansteht, ißt sie mit den Ihren in dem winzigen Speisezimmer im Dachgeschoß. Anschließend gönnt sie sich einen kräftigen Whisky, streift ihre Schuhe ab und macht sich wieder an die Arbeit. Sie sichtet in letzter Minute eingetroffene wichtige Dokumente, die in aktenkofferähnlichen, mit rotem Leder bezogenen und dem königlichen Wappen sowie der goldenen Aufschrift *Prime Minister* versehenen Schachteln aufbewahrt werden. Zu dieser Tageszeit pflegt sie auch ihre Marathonreden zu schreiben. „Wenn alle zu Bett gegangen sind und das Telefon nicht mehr klingelt", sagt Margaret Thatcher, „dann finde ich die nötige Ruhe. Dann gewinnen plötzlich die allmählich gesammelten Ideen Gestalt und ein Wort gibt das andere . . .". Mangels Zeit kommt sie jetzt nicht mehr dazu, ihre berühmten Moralpredigten zu verfassen. In der Regel übernehmen das nun ihre Mitarbeiter für sie. Sie sieht sie jedoch stets durch, um sie hier und da abzuändern und mit Zitaten anzureichern, von denen sie im Lauf der Jahre einen riesigen Schatz angehäuft hat. Eines Tages bat sie ihre Mitarbeiter, nach einem ganz bestimmten Satz von Churchill zu suchen. Als ihr Sekretär den Grund wissen wollte, sagte sie: „Weil ich mich daran erinnere, daß mein Vater diesen Satz häufig zitiert hat und stets damit Anklang gefunden hat."

Bevor sie zu Bett geht, liest sie noch ein wenig in ihren Lieblingsbüchern, während ihr Ehemann Denis schon seit geraumer Zeit schläft.

Das Wochenende verbringt Margaret Thatcher in Chequers, dem offiziellen Landsitz des britischen Premierministers in der Grafschaft Buckingham. 1918 hatte Lord Fee of Fareham das Anwesen dem Staat vermacht. Die Bäume der auf das Gebäude zuführenden *Victory*-Allee ließ Churchill pflanzen. Das geräumige Anwesen eignet sich besser für große Einladungen als die enge *Downing Street 10,* in der die Premierministerin bei offiziellen Essen die Speisen von eigens darauf eingerichteten Firmen liefern läßt und die Mahlzeiten, die im vertrauten Kreise in dem kleinen Eßzimmer eingenommen werden, eigenhändig zubereitet. Chequers dagegen verfügt über ständiges Personal und einen ausgezeichneten Chefkoch.

Selbst auf dem Land wird Maggie ständig von Abgeordneten und Sekretären aufgesucht. Ruhe ist für sie ein Fremdwort. Man erzählt sich, daß sie nach ihrer Wahl zur Parteiführerin widerstrebend einwilligte, ein paar Tage Urlaub zu nehmen. Sie fuhr in ihr Haus in Kent und erholte sich, indem sie das Badezimmer tapezierte!

Auch die Weihnachtsfeiertage verbringen die Thatchers in

Chequers. Manchmal gesellt sich Denis' Schwester hinzu sowie Sir Gordon Reece, der sie mit seinem Klavierspiel erfreut, und der Bühnendichter Sir Ronald Millar – alles enge Freunde der Premierministerin. Selbst bei solchen Anlässen kommt sie sehr rasch auf Politik zu sprechen und auf Philosophie, denn sie liebt es zu diskutieren – besonders wenn man ihr nicht widerspricht.

Diese Arbeitswut und ständige Aktivität legt sie nicht einmal im Urlaub ab. Wenn sie winters in der Schweiz Ferien macht, stiehlt sie sich – obwohl sie gerne Ski fährt – nach ein paar Tagen davon, um sich mit irgendeinem Wirtschaftsexperten, Bankier oder Naturwissenschaftler zu treffen und Informationen oder Ratschläge einzuholen.

Gleich nach der Wahl schrieb Edward Heath Margaret Thatcher einen Brief, in dem er ihr viel Erfolg wünschte und ihr mitteilte, daß er gerne bereit sei, in ihrem Kabinett mitzuarbeiten, falls sie ihn mit einem Amt betrauen wolle. Nach einer erfolgreichen Behandlung seiner Schilddrüsenprobleme fühlte er sich nun wieder in Form und wollte sich wieder politisch betätigen. Dieses Verlangen war der Grund dafür, daß er sich der *Eisernen Lady* anbot. Letztere, die für gewöhnlich keinen Brief unbeantwortet ließ, reagierte nicht. Sie bot ihm auch keinen Ministerposten an, ließ ihn aber wissen, daß sie ihn gerne als Botschafter nach Washington entsenden würde, falls er dies wünsche. Sie wollte ihn möglichst weit vom politischen Geschehen in Großbritannien entfernt wissen. Heath schlug das Angebot aus und kehrte in die Reihen der *backbenchers* zurück.

Die erste Aufgabe eines frischgewählten Premierministers besteht darin, eine Regierung zu bilden, damit das Parlament wieder arbeiten kann. „Es gibt zwei Arten der Regierungsbildung", hatte Margaret Thatcher Kenneth Harris vom *Observer* anvertraut, „entweder man wählt Personen, welche die verschiedenen Tendenzen innerhalb der Partei repräsentieren, oder man wählt jene, deren Vorstellungen den eigenen entsprechen". Margaret Thatcher entschied sich für die zweite Alternative. Später hielt sie es für notwendig, ihr Vorgehen zu rechtfertigen: „In meiner Eigenschaft als Premierministerin kann ich es mir nicht leisten, meine Zeit mit internen Querelen zu vergeuden". Ihr Kabinett machte einen gemäßigten und ausgewogenen Eindruck. Offenkundig hatte Margaret Thatcher der Versuchung widerstanden, sich ausschließlich mit *yes-men* (Ja-Sagern) zu umgeben. Unter den zweiundzwanzig neuen Kabinettsmitgliedern – allesamt Männer – befanden sich auch Freunde von Heath. Die Schlüsselpositionen wurden mit Politikern besetzt, die wie Margaret Thatcher mittels eines harten währungspolitischen Kurses die Wirtschaftskrise zu lösen gedachten. Sir Geoffrey Howe wurde im Amt des Schatzkanzlers bestätigt, das er bereits im oppositionellen Schattenkabinett innehatte. Dem konservativen Steuerpolitiker wurde der für seine Unnachgiebigkeit bekannte John Biffen beigeordnet.

Home Secretary oder Innenminister wurde Willie Whitelaw, der dieses Amt nach Neaves Tod anvertraut bekommen hatte. Er war zudem die Nummer Zwei des Kabinetts, das heißt Stellvertreter des Premierministers.

Das Industrieministerium hatte Margaret Thatcher Keith Joseph übertragen. Die gemäßigten Mitglieder von Margarets Kabinett leiteten kostenintensive Ministerien wie das Landwirtschafts-, das Erziehungs-, Gesundheits-, Arbeits- oder Umweltministerium, während die begehrten Posten an sichere Kandidaten gingen, auf die sie sich in jedem Fall verlassen konnte, die ihre Ansichten teilten und sie notfalls davon abhalten würden, einen *U-turn* – eine Kehrtwende à la Heath – zu vollziehen.

Ins *Foreign Office* (Auswärtiges Amt) zog Lord Carrington, ein für seine Begabung und Klugheit bekannter Berufsdiplomat, als Außenminister ein, um für Großbritanniens Verbleib in der Europäischen Gemeinschaft zu werben. Seine Ernennung hatte eine gewisse Überraschung ausgelöst, da die Premierministerin und Lord Carrington häufig verschiedener Ansicht waren. Außerdem war hinlänglich bekannt, wie sehr Margaret Thatcher dem *Foreign Office* allgemein und insbesondere Lord Carrington mißtraute, der den Prototyp des eine Spur altmodischen Beamten verkörperte und in pessimistischer Manier unablässig vor Hindernissen und Schwierigkeiten warnte, während seine Aufgabe doch darin bestand, diese zu überwinden.

Verteidigungsminister wurde Francis Pym, der die unnachgiebige Haltung der Premierministerin teilte. Ebenso wie Lord Carrington ging er die südafrikanischen Probleme mit großer Behutsamkeit an. Wenn es ihr möglich gewesen wäre, hätte Margaret Thatcher jedoch sämtliche Mitglieder ihres Kabinetts durch Leute vom Schlag eines Derek Rayner ersetzt, des Geschäftsführers von Marks & Spencer, der einst Heath beraten hatte und nun im Kabinettsbüro in der *Downing Street* mitarbeitete.

Nach Abschluß der Kabinettsbildung gedachte Margaret Thatcher sich dieses Instruments zu bedienen. Sie gab deutlich zu verstehen, daß nicht das Kabinett, sondern *sie* den Ton angeben würde, daß sie dennoch auf eine gute Zusammenarbeit hoffe und daß jeder, dessen Loyalität oder Disziplin zu wünschen übrig lasse, postwendend wieder zu den *backbenchers* zurückkehren würde. Ihre offene Art, die Karten auf den Tisch zu legen, schockierte zahlreiche Abgeordnete, denen sich der Eindruck aufdrängte, einem *Diktat* zu unterliegen.

Nach kurzer Zeit waren die Premierministerin und ihr Kabinett bereit, so daß das königliche Staatsoberhaupt offiziell die parlamentarische Sitzungsperiode eröffnen und in ihrer Thronrede das Regierungsprogramm verlesen konnte. Unter einzigartiger, vollkommen altmodischer und anachronistischer Prunkentfaltung biegt die Queen in ihrer vergoldeten Kutsche in die breitangelegte The Mall Straind ein, um sich vom Buckingham Palace nach Westminster zu begeben. Sie wird von sämtlichen Mitgliedern des Königshauses und ihrer Leibgarde, deren Reiter prächtige Federbüsche auf ihren Helmen tragen, begleitet. In Westminster wird ihr ein Purpurmantel umgelegt und die schwere, mit dreihundert äußerst kostbaren und seltenen Edelsteinen verzierte Krone aufgesetzt. In diese ist auch jener berühmte Rubin eingearbeitet, den Heinrich V. vor fünfeinhalb Jahrhunderten in der Schlacht von Azincourt trug. Anschließend begibt sich die Queen in die weitläufige spätgotische Halle des *House of Lords* (Oberhaus). Elisabeth II. besteigt den Thron, und nach einem aufwendigen Zeremoniell, das die Unabhängigkeit des Unterhauses gegenüber dem Oberhaus zum Ausdruck bringt, macht sich ein Perücke tragender hoher Würdenträger auf, um die Regierungschefin sowie die Oppositionsführer aus dem *House of Commons* (Unterhaus) herbeizuholen.

Margaret Thatcher und ihr Kabinett, aber auch James Callaghan und sein Schattenkabinett nahmen die ihnen zugewiesenen Plätze ein. Die mit einem cremefarbenen Kostüm und einem passenden Strohhut bekleidete Premierministerin machte dem Staatsoberhaupt ihre Aufwartung und lauschte aufmerksam der verlesenen Rede. Diese fiel kurz aus. Margaret Thatcher hatte während der vergangenen Tage im Kreise ihrer Mitarbeiter fieberhaft daran geschrieben. Ihr Programm gliederte sich in die zwei Teile Innenpolitik und Außenpolitik.

Im ersten Teil bekundete sie ihre Absicht, die Rechte und Pflichten der Gewerkschaften neu zu regeln, die Einkommenssteuer zu senken, das Haushaltsdefizit abzubauen sowie die zu Lasten der Staatskasse gehenden Subventionen im öffentlichen Sektor, die Inflation zu bekämpfen und – ganz allgemein gesprochen – die Privatinitiative zu fördern, um für ein günstiges Wirtschaftsklima und somit den Wohlstand des Landes zu sorgen. Sie bestätigte, daß die Mieter der regierungseigenen *Council houses* (Sozialwohnungen) ihre Wohnung käuflich erwerben konnten, falls sie dies wünschten. Ferner verkündete sie, daß in bezug auf das Schulsystem große Wachsamkeit angebracht sei und die Einwandererflut eingedämmt werden müsse.

Was die Außenpolitik betraf, verpflichtete sich die Regierung, dafür Sorge zu tragen, daß Großbritannien seinen Verpflichtungen innerhalb des Nordatlantikpakts nachkomme, seine militärische Schlagkraft zu erhalten, und zunächst bessere Bedingungen für die britische Stellung innerhalb des Gemeinsamen Marktes auszuhandeln, um anschließend einen konstruktiven Beitrag zum Aufbau Europas zu leisten.

Nach der Rückkehr ins Unterhaus setzte die Debatte über die Regierungserklärung ein, und die Opposition gab mit ihrem einhelligen Protest das Startsignal für die Kritik, die sie während der kommenden Jahre an der Regierungspolitik übte. Callaghan erklärte mit großem Nachdruck, daß die *Tories* angesichts der von ihnen erzielten Mehrheit sich keinen folgenschweren Fehler leisten oder ihre Mißerfolge anderen Parteien in die Schuhe schieben könnten. Gewiß verfügten sie über die erforderliche Mehrheit, um ihr Programm in die Tat umzusetzen, „doch", gab er zu bedenken, „gilt es erst einmal abzuwarten, ob sie auch dazu in der Lage sind".

Er spottete über die Konservativen, die so naiv waren zu glauben, daß ihre grob vereinfachenden Positionen eine sofortige Steigerung der Produktivität und der Investitionen sowie eine Besserung der Beschäftigungslage auslösen würden, während es viel sinnvoller gewesen wäre, zunächst eine gründliche Analyse der tatsächlichen Bedürfnisse vorzunehmen, um anschließend zu den geeigneten Mitteln zu greifen.

Die *Eiserne Lady* kündigte in einem keinerlei Widerspruch duldenden Tonfall an, daß sie dem Parlament in den bevorstehenden siebzehn Monaten siebzehn Gesetzesvorlagen zu präsentieren und sich mit großem Nachdruck für die Ratifizierung *sämtlicher* Vorlagen einzusetzen gedenke. Sie zweifelte nicht im geringsten an der Richtigkeit ihres Vorgehens – schließlich hatte sich die britische Nation bei der Wahl eindeutig für das Programm der Konservativen ausgesprochen. Dieses Programm galt es nun zu verwirklichen. Sie würde die Auswirkungen von dreißig Jahren Sozialismus rückgängig machen. Sie würde keine Zeit verlieren und sich auf der Stelle an die Arbeit machen. „Jetzt sind wir dran", stopfte sie der *Labour Party* kurzerhand den Mund.

Auch als ein paar Tage später Geoffrey Howe den ersten Haushalt der Regierung Thatcher präsentierte, bewies die Premierministerin große Entschlossenheit. Auf ihre deutliche Parlamentsmehrheit gestützt, legten die Premierministerin und der Schatzkanzler einen der revolutionärsten Haushaltspläne der britischen Geschichte vor. Wie von Margaret Thatcher in Aussicht gestellt, wurde die Einkommensteuer um fünf Milliarden Pfund gesenkt. Die Staatsausgaben wurden auf drastische Weise um vier Milliarden Pfund gekürzt, die in den Bereichen Bildung, Energie, Wohnungsbau, Transport und Beschäftigung eingespart werden sollten. Zuschüsse an Industrieunternehmen und Auslandshilfen wurden ebenfalls eingeschränkt. Dagegen wurde die Mehrwertsteuer auf fünfzehn Prozent erhöht. Benzin, Alkohol sowie Zigaretten wurden ebenfalls teurer.

Der Schatzkanzler trat für eine Lockerung der seit vierzig Jahren streng kontrollierten Wechselkurse ein, um ausländisches Kapital und Investoren ins Land zu locken. Dies war eine der einschneidendsten Maßnahmen während der elf Jahre, die die Thatcher-Regierung amtierte. Howe legte den Zinssatz auf 18 Prozent fest.

Sein Haushaltsentwurf löste einen landesweiten Sturm der Entrüstung aus: Die *Financial Times* bedauerte diese Maßnahmen, welche die Lebenshaltungskosten steigern und die Arbeitslosenzahl auf mehrere Millionen anwachsen lassen würden. Das Blatt prophezeite, daß die ausbleibenden Subventionen zahlreiche Unternehmen zum Schließen zwingen würden und die daraus resultierende Rezession zu einem noch nie dagewesenen Wirtschaftschaos führen würde; daß die Einsparungen die Reichen noch reicher und die Armen noch ärmer machen und die Anhebung der Mehrwertsteuer unweigerlich die Inflation ankurbeln würde, welche die Regierung doch ausdrücklich bekämpfen wollte . . .“

Selbst der den Konservativen nahestehende *Economist* äußerte sein Befremden angesichts des von Sir Geoffrey Howe präsentierten Haushaltsentwurfs, der nach Meinung des Blattes alle Voraussetzungen zu einer weiteren Verschlimmerung der ohnehin verheerenden Wirtschaftslage enthielt und somit den ersehnten Aufschwung noch weiter hinauszögerte.

Die Gewerkschaften wetterten gegen das von ihnen als ungerecht bezeichnete Regierungsprogramm, das es ganz offensichtlich auf sie abgesehen hatte, und gegen „diesen geradezu teuflischen und kleinlichen Haushaltsentwurf . . ., der auf Arbeitnehmer zurechtgeschnitten ist, die niemals erkranken, weder rauchen noch trinken und mit dem Auto zur Arbeit fahren“. Sie drohten der Regierung einen heißen Sommer und Winter an, der sie vor weit höhere Forderungen und größere Probleme stellen werde als seinerzeit im Winter 1974 Edward Heath. Vor allem solle sie bloß nicht darauf vertrauen, daß die Gewerkschaften ihr bei den Lohnverhandlungen entgegenkommen würden – sie würden vielmehr gewaltige Tariferhöhungen verlangen, darauf könne sie sich verlassen!

Angesichts all dieser heftigen Reaktionen geriet die Regierung ins Schwanken. Von allen Seiten beklagte man den Schwindel. Die Premierministerin, deren zur Grundlage ihrer Wirtschaftspolitik erhobener strenger währungspolitischer Kurs und deren Befürwortung des freien Unternehmertums Sir Geoffrey Howes Budget maßgeblich beeinflußt hatten, zeigte sich durch das Ausmaß der Unzufriedenheit leicht verunsichert. Ihre Verunsicherung währte jedoch nur einen Vormittag lang. Der Schatzkanzler hielt an seinem Haushaltsentwurf fest. Er wies darauf hin, daß Großbritannien unter einem Defizit von elf Milliarden leide und unbedingt seine Einnahmen und Ausgaben aufeinander abstimmen müsse, auch wenn dies große Opfer erfordere. Margaret Thatcher stellte sich voll und ganz hinter ihren Schatzkanzler, dessen soeben präsentiertes Budget ein getreues Abbild der konservativen Ideologie darstellte. Außerdem, überlegte sie, war es vielleicht besser, gleich am Anfang drastische Maßnahmen zu ergreifen, statt die geplanten Reformen tröpfchenweise über mehrere Monate zu verteilen. Falls die politischen und wirtschaftlichen Beobachter jemals an der Entschlossenheit gezweifelt hatten, mit der die Premierministerin die von ihr angekündigten Reformen durchzuführen gedachte, waren sie nun eines Besseren belehrt. Nicht umsonst nannte man sie die *Eiserne Lady*.

Von einem Tag auf den anderen war jedoch die Schonfrist, welche die neue Regierung zunächst genossen hatte, abgelaufen. Die *Tories* büßten einen erheblichen Teil ihrer Popularität ein. Seit Kriegsende hatte sich kein Kabinett so schnell derart massive Kritik zugezogen.

Unterdessen standen wichtige Treffen auf internationaler Ebene an, die für die britische Premierministerin eine Art Feuertaufe darstellten. Zum ersten Mal sollte Maggie mit anderen Regierungschefs und Staatsoberhäuptern weltpolitische Fragen besprechen. Das war etwas vollkommen Neues für sie und wurde ihr dadurch erschwert, daß sie die einzige Frau unter lauter Männern war. Kaum war die Regierungsbildung abgeschlossen, landete auch schon der deutsche Bundeskanzler Helmut Schmidt in Heathrow, um Großbritannien einen Staatsbesuch abzustatten. Er war noch von der Regierung Callaghan eingeladen worden, und Margaret Thatcher hatte den Termin bestätigt. Dieses erste Zusammentreffen bildete den Auftakt zu einer fast freundschaftlichen Zusammenarbeit, obwohl der Bundeskanzler in ideologischen Fragen eher auf Callaghans Linie lag. Hinsichtlich der Entspannungspolitik etwa vertrat er eine andere Auffassung als die *Eiserne Lady*. Er versuchte ihr klarzumachen, daß Deutschland aufgrund seiner strategischen Mittlerrolle zwischen Ost und West und der Berlin-Frage einen Sonderfall darstelle. Unter diesem Vorbehalt erklärte er sich mit einer ganzen Reihe anderer Punkte einverstanden, so daß Margaret Thatcher sich schließlich dazu berechtigt fühlte, mit unverhohlenem Stolz zu verkünden, daß ihre beiden Länder denselben politischen Kurs verfolgten. Bundeskanzler Schmidt erschrak zutiefst und unterbrach sie rasch: „Langsam, langsam, sonst bekomme ich Schwierigkeiten innerhalb meiner Partei . . .“.

Ein paar Tage darauf, im Juni, reiste sie nach Brüssel, um an dem halbjährlichen EG-Gipfeltreffen teilzunehmen, und kurze Zeit später nach Japan, zum Gipfeltreffen der sieben reichsten Industrienationen.

In Brüssel hatte sie mit aller Deutlichkeit ihren Standpunkt offengelegt, wonach der britische Beitrag zur Europäischen Gemeinschaft um mindestens dreißig Prozent gesenkt werden mußte. Diese Forderung wurde zum Leitmotiv ihrer Wirtschaftspolitik, das mehrmals das Fortbestehen des Gemeinsamen Marktes in Frage stellte. Vermutlich aus Unsicherheit gebärdete Margaret Thatcher sich anfangs derart arrogant, daß Lord Carrington schon eine Katastrophe fürchtete.

Während ihrer Tokioreise verlief alles ganz nach Wunsch. Auf dem Hinflug war die VC-10 der *Royal Air Force,* an deren Bord sie sich befand, überraschend gezwungen, in Moskau zwischenzulanden. Statt einen Stellvertreter zum Flughafen zu schicken, erschien Regierungschef Kossygin höchstpersönlich, um die *Eiserne Lady* zu begrüßen. Sie unterhielten sich mehr als anderthalb Stunden lang und erörterten bei Kaviar und Krimsekt das Problem der weltweiten Rezession und der vietnamesischen Flüchtlinge. Das unvorhergesehene Treffen erwies sich als ein solcher Erfolg, daß Kossygin die britische Premierministerin zu einem Staatsbesuch in die Sowjetunion einlud. Das Interesse, das die Sowjetunion plötzlich Margaret Thatcher entgegenbrachte, dürfte teilweise dadurch bedingt sein, daß man eine eventuelle britisch-chinesische Zusammenarbeit von vornherein unterminieren wollte.

Japan, dessen Bewohner eine besondere Schwäche für blonde Frauen haben, lag Margaret Thatcher zu Füßen. Eine Parfümfabrik fragte bei der britischen Botschaft an, ob sie ihre Etiketten mit dem Porträt der Premierministerin versehen dürfe.

In beiden Ländern trat Margaret Thatcher sehr gewandt auf, als sei sie es gewöhnt, stets im Rampenlicht zu stehen. Die Herren, mit denen sie es zu tun hatte, sahen sich mit einer perfekten Schauspielerin, einer Aufsehen erregenden Primadonna konfrontiert, die sich gleichzeitig unbeirrbar entschlossen zeigte, in der britischen Außenpolitik einen neuen Kurs einzuschlagen. Ihre Weiblichkeit setzte sie ganz gezielt als Waffe ein; sie trug häufig ein regelrecht verführerisches Lächeln zur Schau und blickte aufreizend kokett in die Kameras, wobei ihr Gesicht bald einen sanftmütigen, bald einen ungläubigen Ausdruck annahm. Margaret Thatcher – die schon längst begriffen hatte, daß man von ihr eine gewisse Eleganz erwartete – erschien zu einem Festessen, bei dem sie neben Roselyn Carter die einzige Frau war, in einem atemberaubenden, weißschimmernden Kleid, das sich wunderbar von den schwarzen Smokings abhob. Margarets internationale Erfolge wurden in der britischen Presse meist ausführlich kommentiert. Es hieß, die Premierministerin steigere das Ansehen des Landes und werde allgemein geschätzt.

Margaret Thatcher reiste auch nach Lusaka, die Hauptstadt Sambias, um an der Commonwealth-Konferenz teilzunehmen. Diese sollte sich mit dem Problemfall Rhodesien befassen, das im Begriff stand, sich zu dem unabhängigen Staat Simbabwe zu entwickeln. Im Laufe der vergangenen Jahre hatte Margaret Thatcher wenig Verständnis für die Forderungen der Rhodesier gezeigt. Instinktiv trat sie für eine Aufhebung der 1965 von Großbritannien verhängten wirtschaftlichen Sanktionen ein. Jahre später vertrat sie einen ganz ähnlichen Standpunkt, als sie es ablehnte, sich an den Sanktionen gegenüber Südafrika zu beteiligen, eine Haltung, mit der sie sich weltweit überaus heftige Kritik zuzog. Auch als britische Sportler zu keinem ausländischen Wettkampf mehr zugelassen wurden, blieb Margaret Thatcher standhaft.

Lord Carrington war anderer Meinung. Er hielt Margaret Thatcher vor, ihre Sturheit drohe diplomatische Spannungen mit Washington auszulösen, das die Sanktionen befürwortete, und den Handel mit sämtlichen Ländern Schwarzafrikas zum Erliegen zu bringen. Der Untergrundkrieg werde sich verschärfen, Russen und Kubaner könnten das Land verstärkt unterwandern. War es nicht Großbritanniens vordringlichste Aufgabe, die noch in Rhodesien befindlichen Briten und übrigen Weißen zu verteidigen? Die Queen teilte Lord Carringtons Ansicht und verkündete, daß sie in ihrer Funktion als Oberhaupt des Commonwealth nach Lusaka zu reisen gedenke. Maggie eilte daraufhin ebenfalls nach Lusaka, um überraschend eine völlige Kehrtwendung zu vollziehen, indem sie sich plötzlich bereit erklärte, einer Verfassungsänderung und Neuwahlen unter britischer Aufsicht zuzustimmen. Mit diesem taktisch klugen, in letzter Minute erfolgten Manöver sicherte sie sich die Sympathie der übrigen afrikanischen Staaten.

Ian Smith und Bischof Abel Muzorewa ergriffen die Gelegenheit beim Schopf und erklärten sich bereit, einander in London zu Verhandlungen – den sogenannten Gesprächen im *Lancaster House* – zu treffen. Trotz ihrer Skepsis erteilten der tansanische Präsident Nyerere und sein sambischer Amtskollege Kaunda dem Projekt ihren Segen.

Gleich nach ihrer Rückkehr bekam Margaret Thatcher vom Schatzkanzler eine alles andere als brillante Vorschau auf die zu erwartenden Ergebnisse auf währungspolitischem Gebiet vorgelegt. Die Inflation war unvermindert hoch. Infolge der beachtlichen Zinssätze und der Freigabe der Wechselkurse tauchten an der Londoner Börse plötzlich große Kapitalmengen auf. Das Pfund Sterling kletterte rasch in die Höhe und erreichte seinen höchsten Kurs. Die Ausfuhr kam fast zum Erliegen. Lediglich billige Produkte wurden noch eingeführt. „Eine Erdölwirtschaft mit vierzehn Prozent Darlehenszinsen", schrieb der *Economist,* „das ist als ob eine Prostituierte ihren Freier bezahlte!"

Maggie beauftragte Sir Geoffrey daraufhin, die Staatsausgaben zu kürzen und auf schnellstem Wege zwei Milliarden lockerzumachen, ganz gleich wo und ganz gleich wie! Der Schatzkanzler kam ihrer Anordnung nach und forderte die einzelnen Minister auf, von sich aus alles zu streichen, was gestrichen werden konnte und selbst abzuschätzen, wieviel sie dadurch jeweils einsparen könnten. Dieser britische Brauch kommt einem *harakiri* gleich. Die Minister zeigen sich im allgemeinen nicht sehr bereit, einschneidende Kürzungen vorzunehmen, und verlegen sich auf eine Verzögerungstaktik. Diesmal blieb ihnen jedoch keine andere Wahl; wenn sie nicht als Waschlappen *(wets)* gelten wollten, mußten sie der Aufforderung nachkommen.

Unterdessen waren erneute Lohnforderungen zu befürchten. „Warum sollten wir nicht die für Herbst geplante Gewerkschaftsreform vorziehen, um Gewerkschaften und Opposition zum Schweigen zu bringen?" überlegte die Premierministerin. Sofort regte sich scharfer Protest, doch Margaret Thatcher ließ sich nicht beeindrucken, sondern führte die Reformen durch, zu denen sie ihrer Ansicht nach aufgrund des Wahlergebnisses berechtigt war. Sie verbot die Aufstellung von Streikposten, die Nichtstreikende am Arbeiten hinderten, förderte das Prinzip der geheimen Abstimmung in den Fabriken und genehmigte spätere Ladenschlußzeiten. Der Herbst war noch nicht vorüber, da war der Haushalt verabschiedet, die Autonomie der Gewerkschaften eingeschränkt und Maggies internationales Ansehen gefestigt.

Ein brandaktuelles Problem war jedoch nach wie vor ungelöst: Nordirland. Die viel zu sehr mit der Sanierung von Wirtschaft und Währung beschäftigte Margaret Thatcher schien ihm nicht die geringste Aufmerksamkeit zu schenken. Sie hatte James Prior als Nordirlandsekretär vor Ort geschickt. Jeder seiner Kompromißvorschläge wurde von der IRA, der *Irish Republican Army*, mit blutigen Attentaten beantwortet. Zahlreiche Terroristen wurden festgenommen und begannen einen Hungerstreik, den sie bis zum bitteren Ende durchhielten. Margaret Thatcher war fest entschlossen, nicht nachzugeben, und ließ sich nicht erweichen.

Neun Iren kamen ums Leben.

12. Maggie zieht in den Krieg

Die rund 12 000 Kilometer von London entfernt im Südatlantik gelegene Inselgruppe der Malwinen wird in erster Linie von Pinguinen bevölkert. Die Zahl der britischen und protestantischen Einwohner beläuft sich insgesamt auf 1 800 Personen.

Der britische Entdecker James Cook beschrieb im Jahr 1775 Süd-Georgien mit folgenden Worten: „Zwei durch einen Kanal getrennte Inseln . . . Der Boden ist ganz mit Moos bewachsen . . . Gewaltige Westwinde peitschen das Meer auf . . . Die Gipfel sind von Gletschern bedeckt, die nie zu schmelzen scheinen. Es gibt keine Wälder. Selbst mitten im Sommer herrscht eine furchtbare Kälte. Wir halten diese Inseln für unbewohnbar."

1982 – mehr als zwei Jahrhunderte später – bot sich genau dasselbe Bild. Schon der *Duke of Wellington* hatte 1829 ernste Zweifel an den britischen Herrschaftsansprüchen auf die Malwinen oder Falklandinseln geäußert: „Ich habe die Dokumente über die Malwinen sorgfältig studiert. Es scheint mir nicht offensichtlich, daß wir jemals das Hoheitsrecht über diese Inseln besessen hätten". Auch Ronald Campbel meldete Bedenken an, als er 1911 in seiner Funktion als Amerikaexperte im britischen Außenministerium erklärte: „Wir können keinerlei Anspruch erheben, und es wäre klug, diesbezüglich jegliche Diskussion mit Argentinien zu umgehen". Anläßlich der Hundertjahrfeier der Unabhängigkeit Argentiniens vertrat der britische Botschafter in Buenos Aires, Malcolm Robertson, dieselbe Ansicht: „Ich muß zugeben, daß ich meine Meinung seit meinem Schreiben vom 5. Oktober geändert habe. Ich hatte geglaubt, unsere Ansprüche auf die Malwinen seien unbestreitbar. Das ist bei weitem nicht der Fall". Ähnliches kann man einem Schreiben John Troubecks, seinerzeit Amerikaexperte im *Foreign Office,* aus dem Jahr 1936 entnehmen: „Unsere Position ist deshalb so schwierig, weil die Eroberung der Malwinen im Jahr 1833 aus heutiger Sicht einen reinen Willkürakt darstellt, den man fast als internationale Piraterie bezeichnen könnte".

Nach dem Zweiten Weltkrieg schienen 1946 sämtliche Zweifel ausgeräumt. Für Großbritannien stand eindeutig fest, daß die Falklandinseln seit 1833 britisch besetzt waren. Selbst wenn am Anfang eine militärische Aggression gestanden hatte, übte Großbritannien nun unbestreitbar die Hoheitsrechte aus. Besetzung war gleichbedeutend mit Besitzergreifung.

Als es 1977 zu ernsten Spannungen kam, hatte Callaghan eine kleine Flotte zu den Falklandinseln entsandt. Man interessierte sich jedoch so wenig für dieses Problem, daß es rasch wieder in völlige Vergessenheit geriet. Der argentinische Angriff von 1982 beunruhigte Margaret Thatcher nicht über Gebühr – sie war fest überzeugt, das Recht auf ihrer Seite zu haben. Die meisten ihrer Landsleute sorgten sich ebenso wenig wie sie. Im April 1982 durchgeführte Umfragen ergaben, daß die Mehrheit der Briten die Falklandinseln nicht einmal geographisch einordnen konnte, sondern sie meist irgendwo westlich der schottischen Küste vermutete . . .

Der junge Minister Nicholas Ridley, den Lord Carrington 1979 mit der Lösung dieses Problems betraut hatte, schlug vor, Argentinien ein nominelles Hoheitsrecht einzuräumen, um im Gegenzug einen Pachtvertrag abzuschließen, der es Großbritannien ermöglichen sollte, weiterhin die Verwaltungsaufsicht über die Inselbewohner auszuüben, die im britischen Staatsverband zu verbleiben wünschten. Lord Carrington fand den Lösungsvorschlag hervorragend. Er beeilte sich, ihn der Premierministerin vorzustellen und die daraus resultierenden Vorteile anzupreisen: Dieser Kompromiß würde alle Beteiligten zufriedenstellen. Argentinien würde nicht mehr ständig bei der UNO vorstellig werden. Großbritannien würde seine Handelsinteressen und seine strategischen Stützpunkte wahren, mit deren Hilfe es – wie in Gibraltar und andernorts – die Seewege kontrollieren konnte.

Die Alternative bestand Lord Carrington zufolge in einem Ausbau der Inselbesatzung – der sogenannten Festung Falkland –, um einen eventuellen argentinischen Angriff abwehren zu können. Dies sei jedoch eine kostspielige Angelegenheit. Maggie, die keinen Fingerbreit an Hoheitsrechten abtreten wollte, hielt diesen Plan für unsinnig. Er drohte die *backbenchers* zu verstimmen, die bekanntlich mittels ihrer *Falkland lobby* die Interessen der Falklandbewohner vertraten. Da Lord Carrington und Margaret Thatcher zu keiner Einigung gelangten, wurde die Frage vertagt. In ihrer krankhaften Sparsamkeit ging die Premierministerin sogar noch einen Schritt weiter, indem sie das vor den Falklands kreuzende Patrouillenschiff *Endurance* zurückbeorderte.

Ein Jahr später tauchte der Plan im Verteidigungsausschuß wieder auf, um endgültig beiseite gelegt zu werden, zum großen Mißfallen Lord Carringtons. Die Premierministerin hingegen war höchst zufrieden, um eine Entscheidung herumgekommen zu sein.

Als jedoch am 19. März 1982 mehrere argentinische „Schrotthändler" bei Süd-Georgien vor Anker gingen, runzelte Lord Carrington besorgt die Stirn. Er sah darin das Vorzeichen eines bewaffneten Konflikts. Plötzlich erinnerte er sich an einen Ausspruch, den Callaghan eines Tages in seiner Gegenwart getan hatte: „Es sind nie wichtige Angelegenheiten, die einen Krieg auslösen, sondern kleine, vollkommen unbedeutende Begebenheiten am entgegengesetzten Ende der Welt. Jene, denen man nicht genügend Beachtung schenkt und die den Weltfrieden gefährden". Lord Carrington alarmierte Maggie, die Verteidigungsminister John Nott mit der Ausarbeitung eines Schlachtplans beauftragte. Der Verteidigungsminister hielt ihr entgegen, daß Großbritannien außerstande sei, die Inselgruppe zurückzuerobern. Daraufhin ließ die Premierministerin aufs Geratewohl ein Atom-U-Boot, mehrere Zerstörer und Begleitschiffe in See stechen und Kurs auf die Malwinen nehmen. Am 31. März erfuhr John Nott von einem unmittelbar bevorstehenden Angriff der Argentinier. Im Unterhaus trat die Regierung Thatcher erstmals vollständig zu einem Kriegsrat zusammen, an dem auch Marineoberbefehlshaber Sir Henry Leach teilnahm. Der anläßlich einer Konferenz in Tel Aviv weilende Lord Carrington kehrte mit dem ersten Flugzeug nach London zurück. Insgesamt herrschte nach wie vor eine pessimistische Stimmung.

Am Donnerstag, dem 1. April verließ Maggie überstürzt

Schloß Windsor, wo sie bei der Königin zu Gast gewesen war, um in die *Downing Street 10* zu eilen und sich mit ihrem Kabinett zu beraten. *„There is no alternative"* (Es gibt keine Alternative), erklärte sie entschlossener denn je, was ihr den Spitznamen *TINA* eintrug. Die *Task Force* (Sondereinheit) mußte entsandt werden. Man gab ihr zu bedenken, daß man die beabsichtigte Operation wohl schwerlich noch im Lauf des Wochenendes auf die Beine stellen könne. Außerdem sei noch das Versorgungsproblem zu lösen und könne man noch gar nicht abschätzen, wie lange die Marineeinheiten unterwegs sein würden. Überdies sei der Winter im Südatlantik besonders hart.

Margaret Thatcher hingegen, die sich von Anfang an siegessicher gegeben hatte, verbreitete unerschütterlichen Optimismus. Sie bewies große Tapferkeit und schien ganz zielbewußt zu handeln. Den anderen, die gerne in ihre geheimen Pläne eingeweiht worden wären, blieb nichts übrig, als ihr zu folgen und dem neuerwachten Patriotismus und übertriebenen Nationalstolz zu huldigen, als ob Maggie sie mit den beschwörenden Worten: „Wach auf, John Bull!" in ihren Bann geschlagen hätte. Die vor Mut strotzende *Eiserne Lady* zitierte immer wieder den berühmten Ausspruch der Königin Viktoria: „Niederlage? Unmöglich!" Im Handumdrehen hatte sie sich in einen zu allem entschlossenen Krieger verwandelt, der – nachdem politische und diplomatische Lösungsversuche gescheitert waren – das Problem auf militärischem Wege zu lösen suchte und „den Krieg als die Fortsetzung der Politik mit anderen Mitteln" betrachtete. Es war das aufregendste Jahr in ihrem ganzen Leben. Vor diesem Hintergrund schätzte und achtete man sie um so mehr.

In der Nacht traf eine Botschaft Ronald Reagans an das britische Kabinett ein. Sein Versuch, durch Verhandlungen mit dem argentinischen Präsidenten General Galtieri eine friedliche Lösung des Konflikts herbeizuführen, war gescheitert. Argentinien rüstete ebenfalls zum Krieg. Am 2. April besetzten argentinische Truppen die gesamte Inselgruppe.

Während der außerordentlichen Parlamentssitzung – der ersten seit der Suezkrise – rief Maggie aus: „Es ist das erklärte Ziel der

Regierung, die Falklandinseln von den Besatzern zu befreien und so schnell wie möglich wieder der britischen Verwaltung zu unterstellen". In Margaret Thatchers Augen kam dieser Feldzug dem Kampf der zivilisierten Welt gegen den Totalitarismus, der *Pax Britannica** gegen die Barbarei gleich.

Es war ein sehr gewagtes Unterfangen.

In einer Anwandlung von patriotischer Begeisterung sprach sich das Unterhaus einstimmig dafür aus, die *Task Force* zu entsenden und notfalls durch weitere Marineeinheiten zu verstärken. Der argentinische Angriff löste eine Welle der Solidarität und des Patriotismus aus und führte dazu, daß sich beide, Regierung und Opposition, hinter die Premierministerin stellten. Plötzlich bewiesen die Briten wieder jenen Mut, durch den sie sich während des Zweiten Weltkriegs ausgezeichnet hatten. Selbst der *Labour*-Führer Michael Foot zollte der Premierministerin Respekt und billigte öffentlich die Regierungsbeschlüsse. Seiner Ansicht nach ging es nicht nur darum, die Malwinen zurückzuerobern, sondern gleichzeitig auch darum, ein Exempel zu statuieren.

Lediglich das *Foreign Office* zeigte sich nach wie vor zurückhaltend und wies zu Recht darauf hin, daß auch im Falle eines Sieges das Falklandproblem keineswegs aus der Welt sei, daß man vielmehr auf dem Verhandlungsweg nach einer Lösung suchen müsse.

In dieser Situation reichte Lord Carrington völlig überraschend seinen Rücktritt ein. Margaret Thatcher, die anfangs einmal aufgebraust und ihm vor dem versammelten Unterhaus mit den Worten: *„Shut up!"* über den Mund gefahren war, hatte sich mit der Zeit ganz gut mit ihm verstanden, war seinem Charme sogar erlegen. Sie bestimmte Francis Pym zu seinem Nachfolger.

In Whitehall hatte sich der Verteidigungsausschuß in ein Kriegskabinett verwandelt. Er befand sich Tag und Nacht in Alarmbereitschaft und war zu allem entschlossen. Die auf eine jahrhundertelange Tradition zurückblickende Admiralität stellte in einer Rekordzeit die erforderlichen Truppen und das Material für einen militärischen Einsatz in 12 000 Kilometer Entfernung vom Mutterland bereit. Sie entsandte 110 Schiffe, wovon 45 eigens zu diesem Zweck requirierte Zivilschiffe waren, Reparatur-schiffe, Tanker und Containerschiffe. Zu ihnen zählten unter anderem die berühmten Ozeandampfer *Queen Elizabeth II* und *Canberra*. Man hatte sie so hergerichtet, daß sie 9 000 Mann, 95 Flugzeuge, 10 000 Tonnen Material und 40 000 Tonnen Treibstoff an Bord nehmen konnten sowie die erforderlichen Vorrichtungen zur Installation von Kommunikationssatelliten, zum Umladen auf hoher See, zum Einsatz von Atom-U-Booten etc. Ferner wurden die beiden Flugzeugträger *Invincible* und *Hermes* entsandt. Schließlich nahm auch noch der Zerstörer *Sheffield* Kurs auf die Malwinen, der von einer Luft-See-Rakete vom Typ *Am-39 Exocet* französischer Fabrikation getroffen wurde.

Dieser absurde Krieg stellte ein höchst gefährliches Abenteuer dar, das man in ganz Europa und Amerika mit ungläubigem Staunen verfolgte und das insbesondere die Aufmerksamkeit der britischen, US-amerikanischen und sowjetischen Geheimdienste erregte. Moskau hatte sieben mit elektronischen Kameras ausgestattete Satelliten vom Typ *Cosmos* in Umlauf gebracht. Das über und über mit Radargeräten und anderen hochleistungsfähigen Abfangvorrichtungen bestückte russische Schiff *Primorye* folgte der britischen Flotte Knoten für Knoten, während ein Aufklärungsflugzeug des Typs *TU-142 Bear* bereits über dem künftigen Kriegsschauplatz kreiste. Die Amerikaner hatten ebenfalls Satelliten in Umlauf gebracht und waren dank des Flugzeugs *Blackbird SR-71* in der Lage, eine 180 000 Quadratmeter große Fläche zu fotografieren.

Alle Beobachter waren sich bewußt, daß der im Südatlantik bevorstehende Krieg wertvolle Informationen über die britische Marine sowie über die Treffsicherheit der Marschflugkörper liefern würde. Über all den elektronischen und atomaren Wunderwaffen geriet der Mensch in diesem Krieg ganz in Vergessenheit.

Unterdessen hatte der amerikanische Staatssekretär Alexander Haig zahlreiche diplomatische Schritte unternommen. Er hatte mehrfach den Unterhändler zwischen Argentinien und Großbritannien gespielt und mittels verschiedenster Vorschläge den drohenden Krieg in letzter Minute abzuwenden versucht, sofern dies überhaupt noch möglich war. In London fand er eine hartnäckig auf ihrer Position beharrende Margaret Thatcher vor. Was den britischen Hoheitsanspruch anging, zeigte sie sich unnachgiebig. Nie und nimmer würde sie einlenken. In Buenos Aires mußte er sich mit einer Junta auseinandersetzen, die gleichermaßen fest entschlossen war, sich diese verteufelten, seit jeher umstrittenen Inseln ein für allemal einzuverleiben.

Nachdem sich die *Eiserne Lady* per Brief an sämtliche Mitgliedstaaten der Europäischen Gemeinschaft sowie an König Hussein von Jordanien gewandt hatte, um sich ihre Unterstützung und ihre Stimme im UN-Weltsicherheitsrat zu sichern, forderte dieser Argentinien auf, die Inselgruppe zu räumen.

Haig reiste erneut nach London, um der britischen Regierung argentinische Vorschläge zu unterbreiten, die jedoch en bloc abgelehnt wurden. Angesichts des argentinischen Angriffs auf britisches Territorium war London zu keinen Verhandlungen mehr bereit. Großbritanniens Machtwille äußerte sich in grenzenlosem, nicht zu unterdrückenden und fanatischem Nationalismus. Sehnsüchtig erinnerte man sich an das *British Empire*. Es war als ob der Kolonialmythos neu erwachte, als ob man mit Hilfe der Regierung Thatcher das Rad der Geschichte noch einmal zurückdrehen könnte.

Ende April traf die langsam vorwärtskommende *Task Force* endlich am Bestimmungsort ein. Bei ihrem ersten Versuch, Süd-Georgien zurückzuerobern, wurde sie jedoch von den Argentiniern unter massivem Beschuß genommen und geriet um ein Haar in Seenot. Das Meer war vollkommen ruhig, und es herrschte starker Frost. Vom Flugzeugträger *Antrim* stiegen zwei Hubschrauber auf, die auf dem Gletscher landen sollten. Die Sichtverhältnisse waren äußerst schlecht, und es herrschte ein Wind, der eine Geschwindigkeit von bis zu 80 Knoten pro Stunde erreichte. Erst der zweite Landeversuch verlief erfolgreich. Der Patrouillenkommandant bat per Funk um Hilfe. Daraufhin wurden drei weitere Hubschrauber entsandt, die jeweils am eisigen Boden zerschellten. Erst einem vierten gelang es schließlich, die Männer wieder an Bord zu nehmen. Ein paar Minuten länger, und sie wären erfroren. Auch dieser vierte Hubschrauber zerschellte, aber zum Glück erst auf der Landefläche des Flugzeugträgers. Da begriff man in London und andernorts, daß die furchtbare Kälte der wahre Feind war.

Die britische Flotte hatte über die gesamte Inselgruppe eine Blockade verhängt und befand sich somit in der Defensive. Sie war den ständigen Angriffen der in Patagonien und Feuerland stationierten argentinischen Luftwaffe ausgesetzt. Diese fortwährende Bedrohung war um so besorgniserregender, als die feindliche Luftwaffe den britischen Truppen um das Zehnfache überlegen war. Neben ihren *Super-Etendards* und *Mirage 3* französischer Fabrikation und ihren amerikanischen *Skyhawks* verfügten die Argentinier über eine ganze Reihe kleinerer Flugzeuge, wie beispielsweise die italienischen *Aermacchi* oder die im eigenen Land gefertigten *Pucara*. Außerdem waren die argentinischen Piloten, die sogenannten *Condor de las Malvinas,* mit ziemlicher Sicherheit die geübtesten ganz Südamerikas: Sie hatten durchschnittlich 1 500 Flugstunden und eine vier- bis fünfjährige Ausbildung unter amerikanischer, argentinischer oder israelischer Anleitung absolviert.

Der einzige Vorteil, den die Briten den unkoordiniert vorgehenden Argentiniern entgegensetzen konnten, war ihre taktische Erfahrung. Sie machten sie sich gekonnt zunutze und eroberten gegen Abend des 25. April Süd-Georgien zurück. Als die Nachricht von der Rückeroberung in London eintraf, trat Margaret Thatcher vor die Tür der *Downing Street 10,* um das Kriegsbulletin zu verlesen. Nachdem sie dem Expeditionskorps und seinen *boys* gedankt hatte, rief sie mit gerührter Stimme: „*Rejoice! Rejoice!*" (Ich bin erfreut!) und verschwand wieder im Inneren des Hauses.

Am Sonntag, den 2. Mai trat das Kriegskabinett bereits wieder in Chequers, dem Landsitz des britischen Premierministers, zusammen. Margaret Thatcher hatte es sehr eilig, ihre Zustimmung zum Abschuß des argentinischen Kreuzers *General Belgrano* zu erteilen, der sich angeblich im absoluten Sperrgebiet der *Totally Excluded Zone* (*TEZ*) aufhielt. Niemand machte sich die Mühe, diesen Vorwurf zu überprüfen, und das Kabinett gab einstimmig grünes Licht. Einige Minuten später wurde der argentinische Kreuzer von dem britischen Atom-U-Boot *Conquerer* torpediert. Dabei kamen 368 Argentinier ums Leben.

Diese Episode des Falklandkriegs war äußerst umstritten. Das argentinische Schiff hatte die britische Flotte in keiner Weise bedroht, davon war man allgemein überzeugt.

Obwohl zwei Tage nach dem Untergang der *Belgrano* ein britisches Schiff, die *Sheffield,* im Nu in Flammen aufging, wurden als Reaktion auf die Torpedierung des argentinischen Kreuzers sämtliche feindliche Schiffe abgezogen. Die Argentinier hatten es mit der Angst zu tun bekommen, und das Kriegsglück wendete sich eindeutig zugunsten Großbritanniens.

Dieser spektakuläre Coup, den die Briten gelandet hatten, ohne sich allzu große Gedanken über seine Legitimität zu machen, hob die Stimmung des Kabinetts ganz beträchtlich. Es betonte unablässig, daß man sich nun einmal im Krieg befinde und daß jedes Schiff damit rechnen müsse, früher oder später versenkt zu werden.

Paul Johnson suchte in einem den „Versenkern der *Belgrano*" gewidmeten Artikel des *Spectator* die Tragweite der Aktion zu bagatellisieren. 1984, zwei Jahre später, stand sie jedoch erneut im Mittelpunkt des öffentlichen Interesses. Mit großer Hartnäckigkeit suchte man die Wahrheit zu erforschen, zumal die Regierung sich stets mit nur halb zufriedenstellenden Erklärungen begnügt hatte. Ein Mitarbeiter im Verteidigungsministerium namens Clive Ponting war von Michael Heseltine beauftragt worden, ein Ermittlungsverfahren einzuleiten, um die näheren Umstände aufzuklären, die zur Torpedierung der *Belgrano* geführt hatten. Dies geschah auf entsprechenden Druck des Unterhauses hin, den es auf den neuen Verteidigungsminister Heseltine ausgeübt hatte.

Die Angelegenheit war hochbrisant. Das Untersuchungsergebnis kam einer unwiderlegbaren Anklage gleich. Die Ermittlungen ergaben unter anderem, daß die *Belgrano,* die keinerlei Bedrohung für die *Task Force* dargestellt hatte, sich nachweislich in entgegengesetzter Richtung von dieser fortbewegte. Ponting legte seinen Bericht Heseltine vor, der auf der Stelle beschloß, diese Erkenntnisse dem Parlament vorzuenthalten.

Der zutiefst empörte Ponting beschloß, die belastenden Papiere heimlich dem Unterhaus zukommen zu lassen. Damit zog er sich den Zorn der Regierung zu. Als er zugab, die Papiere wissentlich weitergeleitet zu haben, wurde er des Verstoßes gegen den *National Secrets Act*★ bezichtigt und mußte sich vor Gericht verantworten. Der Richter warf Ponting bei der Verhandlung vor, sich gegenüber der Regierung nicht loyal verhalten zu haben. Der Angeklagte erwiderte, daß seiner Auffassung nach seine Verpflichtung gegenüber dem Vaterland schwerer gewogen habe als jene gegenüber der Regierungschefin Thatcher.

Die Geschworenen entschieden zugunsten Pontings. Das Verfahren gegen ihn endete mit einem Freispruch. Für Margaret Thatcher endete es mit einer demütigenden Niederlage.

Während des ganzen April und bis in den Monat Mai hinein war Maggies Beliebtheitsgrad von 60 auf 84 % gestiegen, ein Indiz dafür, daß Großbritannien in einer Anwandlung von Nationalismus größtenteils hinter der Premierministerin stand. Lediglich die britische Rundfunkanstalt BBC, deren Journalisten fast alle nach links tendieren, brachte zweideutige Kommentare und erlaubte sich eine tendenziöse Berichterstattung. Dies erregte Margaret Thatchers Mißfallen. Sie verlieh ihrem Unmut auf der Stelle Ausdruck. Die verantwortlichen Programmdirektoren des BBC entgegneten, daß sie nicht länger gewillt seien, diese „fortwährende Einschüchterungspolitik gegenüber einer freien Rundfunkanstalt" hinzunehmen. „Wir sind sehr stolz auf die Freiheit unserer Rundfunkanstalten", erwiderte Margaret Thatcher, „doch erwarten wir, daß das frei gewählte Thema von jenen vorgetragen wird, die dafür verantwortlich sind".

Während der Krieg noch weiter tobte, berief Margaret Thatcher Mitte Mai das gesamte Kabinett ein, das durch den jeweils eigens herbeizitierten britischen Botschafter in Washington und bei den Vereinten Nationen ergänzt wurde. Sie verlas ein als Antwort auf die Vorstöße der Vereinten Nationen und der Argentinier verfaßtes Kommuniqué. Anders als die vorhergehenden Kommuniqués zeichnete es sich durch einen auffallend versöhnlichen Ton aus. Die britische Premierministerin akzeptierte das Prinzip des beidseitigen Truppenabzugs sowie eines Referendums unter den Inselbewohnern, das über deren künftige Nationalität entscheiden sollte. Die Frage der Souveränitätsansprüche wurde geschickt übergangen. Die Falklandinseln sollten künftig nicht mehr einem britischen Gouverneur, sondern den Vereinten Nationen unterstellt sein. Das waren mehr als akzeptable Vorschläge. Die Argentinier lehnten sie jedoch rundweg ab.

Damit begingen sie einen riesigen Irrtum.

Kurz nach diesen in letzter Minute geführten Verhandlungen begann die *Task Force* mit Hilfe von Hubschraubern Truppen an Land zu bringen. Die britische Flotte, die furchterregenden Luftangriffen ausgesetzt war, leitete bei Port Stanley die viertägige Abschlußoffensive ein. Es kam zu einem furchtbaren Gemetzel: Die feindlichen Truppen gingen mit dem Bajonett aufeinander los und stürzten sich in blutige Nahkämpfe wie zu Zeiten des Ersten Weltkriegs. „Deswegen", betonten die Militärbeobachter, „ist es von großer Wichtigkeit, daß die Soldaten gut trainiert sind". Ein britischer Offizier gab den prosaischen Rat, „bei der Ausbildung der einfachen Soldaten die Technik gezielter Stöße nicht zu vernachlässigen".

In den letzten Stunden der Rückeroberung von Port Stanley ereignete sich eine tragische Episode. Die im Verlauf der zweiten Kriegsphase eingetroffenen *Welsh Guards* enttäuschten trotz ihres traditionsreichen Rufs. Die nur mittelmäßig trainierten Soldaten blieben im Morast stecken. Während britische Schiffe zu Hilfe eilten, wurden die *Welsh Guards* von argentinischen *Mirages* und *Skyhawks* bombardiert. In wenigen Sekunden kamen zweiunddreißig Menschen ums Leben. Nichtsdestotrotz deuteten die Nachrichten aus Port Stanley darauf hin, daß die Briten ihre Feinde überwältigt hatten. Von den Hausdächern wehten weiße Fahnen herab.

Die vor der *Downing Street 10* versammelte Menschenmenge spendete der britischen Premierministerin frenetischen Beifall und verglich sie mit dem berühmten Admiral Nelson. Zwischen den begeisterten Hochrufen war auch die patriotische Weise *Rule Britannia* zu vernehmen.

Nachdem sie zunächst die Position Großbritanniens unterstützt hatte, änderte Jane Kirkpatrick, die amerikanische Botschafterin bei den Vereinten Nationen, plötzlich ihre Meinung und erklärte, daß die Regierung der Vereinigten Staaten bei längerer Bedenkzeit wohl kaum zugunsten Großbritanniens gestimmt hätte. Die Vereinigten Staaten wollten es mit niemandem verderben. Gewiß verband sie mit Großbritannien ein „besonderes Verhältnis", doch hatten sie sich auch mit Lateinamerika verbündet. Diese Erklärung löste in diplomatischen Kreisen einen gewaltigen Schock aus. Als die *Eiserne Lady* anläßlich eines Gipfeltreffens in Versailles neben Präsident Reagan zu sitzen kam, sprach sie den ganzen Abend lang kein einziges Wort mit ihm.

Der Falklandkrieg machte Maggie berühmt. Man bewunderte ihre Entschlossenheit, ihre Kaltblütigkeit, ihre Art, die militärischen Operationen zu überwachen. „Es gibt keinen berühmten Staatsmann, der sich nicht durch seine Verteidigungspolitik ausgezeichnet hätte", hatte General de Gaulle festgestellt.

Die britische Premierministerin hatte sich um die Nation verdient gemacht. Sie erhielt einstimmigen Beifall und wurde als bedeutendster Premierminister seit dem Zweiten Weltkrieg gefeiert. Häufig wurde sie mit Churchill verglichen, der jedoch nur Undank geerntet hatte. In ganz Europa – stellten die Briten voller Stolz fest – gebe es keinen Regierungschef, der Margaret Thatcher das Wasser reichen könne. Wieder einmal bewahrheitete sich André Siegrieds Äußerung aus den dreißiger Jahren, wonach „England nicht zu jenen Staaten gehört . . ., die ungestraft von mittelmäßigen Politikern regiert werden können".

Vor der königlichen Familie und sämtlichen Mitgliedern der beiden Parlamentskammern zelebrierte der Erzbischof von Canterbury in der St. Paul's Cathedral ein *Te Deum*. Seine Ansprache erregte jedoch das Mißfallen der Premierministerin, die sie nicht feierlich genug fand und vor allem patriotische Töne vermißte. Der ebenfalls unzufriedene Edward Heath wandte sich sofort dem neben ihm sitzenden Michael Foot zu, um ihn zu fragen, ob die Rede des Erzbischofs etwa aus seiner Feder stamme . . .

Die Siegesfeiern wollten kein Ende nehmen. Im Oktober fand ein Umzug durch das Stadtzentrum von London statt, den Margaret Thatcher von der Terrasse des Unterhauses aus verfolgte. Im Januar 1983 bestieg sie unter größter Geheimhaltung samt ihrem Ehemann Denis eine Maschine der *Royal Air Force,* um nach einem dreiundzwanzig Stunden dauernden Flug auf den Malwinen zu landen. Bei ihrer Ankunft wirkte sie taufrisch und ihre Kleidung wies nicht die kleinste Knitterfalte auf. Sie wurde wie eine Königin gefeiert. Wie eine Königin verlieh sie Auszeichnungen und Medaillen, suchte das Grab des legendären Fallschirmspringers Colonel Jones auf, der bei der Rückeroberung von Goose Green ums Leben gekommen war.

Während ihres ganzen Besuches wurde Margaret Thatcher von Kameraleuten der BBC gefilmt. Dies war eine äußerst geschickte Propagandaaktion, denn die Briten − die laut Churchill ein schlechtes Gedächtnis besitzen − neigten bereits dazu, die vor einem knappen Jahr erfolgten Heldentaten zu vergessen. Die Briten dachten ausschließlich an die Steuern, welche dieser Krieg sie kosten würde. Sie kritisierten die beträchtlichen Kosten, welche die auf den Falklands stationierte Garnison verursachte, deren Mannschaftsstärke das Doppelte der Bevölkerungszahl betrug und für welche die britischen Steuerzahler aufkommen mußten.

Der Siegesrausch machte allmählich einer Welle der Ernüchterung Platz. Überdies bezweifelten die Briten, daß angesichts der zu keinem Zeitpunkt für ihr Land ernsthaft bedrohlichen Lage dieser enorme militärische Aufwand erforderlich gewesen sei.

Ein paar Monate nach Kriegsende wanderten anläßlich der zweimal pro Jahr in London stattfindenden *Britannia Medal Fair*

(Britische Medaillen-Ausstellung) Medaillen und Abzeichen aus dem Falklandkrieg von Hand zu Hand, bis sie von Liebhabern erworben wurden.

13. Infragestellung und Bestätigung

Kaum waren die Kampfhandlungen eingestellt, brachte Margaret Thatcher ganze Abende damit zu, Kondolenzschreiben an die Familien jener Soldaten abzufassen, die während des Falklandkrieges gefallen waren. In all ihren Briefen betonte sie, daß dieser hohe Preis für die Freiheit des Landes erforderlich gewesen sei, daß der Sieg eindeutig gezeigt habe, daß die Briten in brenzligen Situationen großartige Leistungen erbrächten und außergewöhnlich großen Mut und Entschlossenheit bewiesen.

Sie griff dieses Thema mehrfach auf und fragte sich, warum es dieses Kriegs bedurft habe, um die hervorragenden Eigenschaften der Briten zum Vorschein zu bringen. „Warum", regte sie an, „fangen wir nicht an zusammenzuarbeiten, wozu wir doch offensichtlich imstande sind, um gemeinsam Projekte zu verwirklichen, zu denen einzig und allein wir imstande sind … In einer nur wenig bekannten Rede Churchills habe ich eine Passage entdeckt, in welcher er sagte: *‚Wir müssen Mittel und Wege finden, um nicht nur in Zeiten des Krieges und der Todesangst, sondern auch in Friedenszeiten zusammenzuarbeiten‘.*" Margaret Thatcher erfaßte instinktiv, daß trotz der vielen Propagandamaßnahmen, welche die Erinnerung an den Sieg über die Argentinier wachhalten sollten, die Briten ganz andere Sorgen hatten, wie etwa die auf 3 Millionen angestiegene Arbeitslosenzahl.

Acht Monate nach Kriegsende schrieb Max Hastings im *Standard:* „Es hat den Anschein, als ob die Briten die Erinnerung an den Falklandkrieg in den hintersten Winkel ihres Gedächtnisses verbannen wollten, obwohl sie gleichzeitig stolz auf ihn sind. Niemand mag jedoch mehr darüber reden." Die Premierministerin hielt es daher für angebracht, vorgezogene Neuwahlen anzusetzen. Dies war ihre ureigene Entscheidung, sie hätte ohne weiteres ihre erst im Mai 1984 auslaufende Amtszeit beenden können. Sie hatte sich jedoch überlegt, daß bei längerem Zögern unvorhersehbare Ereignisse eintreten und womöglich ihre Wiederwahl gefährden konnten. Sie war sehr darauf bedacht, ihr eben erst begonnenes Programm zu Ende zu führen.

Im Frühjahr 1983 begannen politische Beobachter aus sämtlichen Lagern Hypothesen aufzustellen. Die Wahlen – spekulierten sie – würden im Frühjahr oder spätestens im Herbst stattfinden, da die Erfahrung gezeigt hatte, daß es nicht im Interesse der Regierung sein konnte, sie in den letzten Monaten der auslaufenden Legislaturperiode abzuhalten.

Auch Margaret Thatcher beteiligte sich an den Spekulationen und ersann das Wortspiel *Maggie may, Maggie may not*, wobei das Wort *may* einerseits die Bedeutung „vielleicht" haben und andererseits für den Monat Mai stehen konnte. Alan Watkins machte in einem humorvollen Artikel des *Observer* darauf aufmerksam, daß Juni nicht in Frage komme, da der prall gefüllte Terminkalender der Premierministerin dies nicht zulasse. Da sei zunächst Ende Mai der Wirtschaftsgipfel in Williamsburg, den Margaret Thatcher auf keinen Fall versäumen dürfe, da ihr Prestige auf dem Spiel stehe. Anfang Juni folge der EG-Gipfel in Stuttgart, bei dem die Premierministerin erneut beträchtliche Rabatte für ihr Land herauszuschlagen gedenke. Am 16. Juni finde das traditionelle Pferderennen in Ascot statt, bei dem die Queen und die Premierministerin sich unbedingt sehen lassen müßten. Schließlich die Krönung: das Tennisturnier von Wimbledon am 20. Juni, denn die „*Tory*-Damen", führte Watkins gegen Ende seines Beitrags aus, „sind glühende Tennisfans".

Da traditionsgemäß stets an einem Donnerstag gewählt wurde und genügend Zeit für einen ordentlichen Wahlkampf bleiben mußte, kam der Juni somit nicht mehr in Frage.

Während ihrer vierjährigen Amtszeit als Premierministerin hatte Margaret Thatcher sich trotz einer massiven Wirtschaftskrise, eines Krieges und einer Kabinettsumbildung erfolgreich zu behaupten gewußt. Vor allem durch die Kabinettsumbildung hatte sie sich heftige Kritik zugezogen. Ohne mit der Wimper zu zucken, hatte sie die *Tories* alter Schule entlassen, die ihr in schwierigen Momenten stets beigestanden hatten. Im Kabinett ihrer ersten Regierungsjahre hatten Politiker vom Schlag eines

Lord Carrington, Soames, Thorneycroft, Ian Gilmour, Francis Pym etc. dominiert, bei denen es sich allesamt um Etonabsolventen handelte, die aufgrund ihrer Mitgliedschaft im *White's Club,* einem auserlesenen Londoner Club, als *Magic Circle* bezeichnet wurden. Margaret Thatcher hatte sie durch nahezu unbekannte Persönlichkeiten wie Cecil Parkinson und Norman Tebbitt mit seinem *Cockney*-Akzent ersetzt. Sie vertraute ihnen wichtige Positionen an, und jedermann wußte, daß sie eifrig nach geeigneten Industriellen und Geschäftsleuten Ausschau hielt, um sie ohne Rücksicht auf ihre Herkunft in ihr Kabinett aufzunehmen.

Verfolgte sie denn überhaupt noch einen der konservativen Tradition entsprechenden politischen Kurs oder hatte sie sich Gladstones Beispiel folgend dem Liberalismus zugewandt? Um die *Labour Party* war es äußerst schlecht bestellt. „. . . Mit *Labour* ist mittlerweile so wenig los", schrieb Nancy Mitfords Schwester Jessica im *Observer,* „daß alle vernünftigen Leute zur Rechten abgewandert sind".

Der seit langem für die Ziele der Linken eintretende Michael Foot mit seiner großen, knochigen Gestalt brachte es nicht mehr fertig, für die Einheit seiner Partei zu sorgen und die Menge zu fesseln. Die unvollständigen Sätze, die er immer und immer wieder von sich gab, verfehlten zwangsläufig ihre Wirkung. Mit seiner schlackernden Kleidung, seiner übergroßen Brille und auf Schritt und Tritt von seinem Hund Dizzy begleitet entsprach er nicht dem Bild, das man sich von einem Parteiführer machte. „Er hat einen schmallippigen Mund", schrieb Norman Mailer, „dessen Lippen so trist und träge wirken wie zwei Fische auf dem Trockenen, die den Kampf aufgegeben haben und reglos aufeinander liegen." Für ihn sprachen seine Ehrlichkeit, seine entwaffnende und absolute Aufrichtigkeit. Seine Begeisterung für Literaturwissenschaft war allgemein bekannt, und er hatte wiederholt zu verstehen gegeben, daß sein Leben nicht nur der Politik gehöre, auch wenn diese derzeit eine große Rolle darin einnehme.

Als entschiedene Protektionisten lehnten die *Labour*-Politiker das europäische Einigungswerk ab. Aufgrund ihrer engen Zusammenarbeit mit den Gewerkschaften sprachen sie sich für die einseitige atomare Abrüstung aus. Vor allem wollten sie sich jetzt noch nicht in den Wahlkampf stürzen, sondern diesen lieber auf später verschieben. Parteiführer Michael Foot wurde durch Neil Kinnock abgelöst.

Neben den beiden großen Parteien, die jeweils um die Gunst der Wähler warben, kristallisierte sich allmählich eine dritte heraus und suchte die politische Landschaft umzugestalten: Die Sozialliberale Allianz, ein Bündnis aus Liberalen und Sozialdemokraten, zielte vor allem darauf ab, das Zweiparteiensystem zu durchbrechen. Die Liberalen wurden von David Steel angeführt, dem Shirley Williams zur Seite stand, die Sozialdemokraten von Roy Jenkins, dem damaligen Präsidenten der Europäischen Kommission in Brüssel. Im Falle eines – wenig wahrscheinlichen – Wahlsieges sollte Roy Jenkins Premierminister werden. Zusammen mit dem Sozialdemokraten David Owen bildeten die genannten Politiker die sogenannte „Viererbande".

Die Liberalen, deren Wurzeln bis ins 17. Jahrhundert zurückreichen, hatten in Großbritannien ursprünglich eine große Rolle gespielt. Als direkte Nachfolger der *Whigs* – der schottischen Rebellen aus der Zeit der Restauration – setzten sie sich ab 1680 für eine Beschränkung der königlichen Allmacht und die Einführung demokratischer Freiheiten ein. Die moderne Bezeichnung „Liberale" stammt aus dem Jahr 1847. Einer ihrer bedeutendsten Vertreter war William Gladstone, der nachdrücklich dafür eintrat, die Vorrechte des Parlamentes auszubauen, das er gleichzeitig schrittweise zu demokratisieren gedachte.

Die für soziale Reformen empfängliche liberale Partei hatte zu Beginn des zwanzigsten Jahrhunderts mit einer bestimmten Spielart des Sozialismus geliebäugelt. Zwischen 1960 und 1975 hatte die liberale Partei die Mittelschicht repräsentiert. Im übrigen hatte sie vergeblich gehofft, die britische Jugend für ihr Europaprogramm zu begeistern.

Der fünfundvierzig Jahre alte Pfarrerssohn David Steel, der sein Jurastudium an der Universität von Edinburgh mit dem Lizentiatengrad abgeschlossen hatte, wirkte ausgesprochen jugendlich. Inmitten großer Menschenmengen fühlte er sich unwohl, er bevorzugte kleinere Versammlungen. Im Parlament setzte er sich für die Rechte der Witwen und Waisen ein. Er war kreuz und quer durch Afrika gereist, hatte in Kenia gelebt und interessierte sich für die Probleme der Dritten Welt.

Der aufgeweckt dreinblickende und attraktive Arzt David Owen war unter Callaghan Außenminister gewesen. Die gut fünfzigjährige Shirley Williams hatte im oppositionellen Schattenkabinett den Posten des Innenministers bekleidet. Die brillante Rednerin hatte zahlreiche Vorträge in Großbritannien und in den Vereinigten Staaten gehalten.

Der Sozialliberalen Allianz fehlte jedoch die erforderliche Zahlenstärke und Organisation, um die *Labour Party* als wichtigste Oppositionskraft ablösen zu können. So schrieb etwa der *Economist* am Vorabend der Wahl: „Die Sozialliberale Allianz hat ebenso große Chancen, die nächste Regierung zu bilden, wie ein Shetlandpony, das Epson-Derby zu gewinnen."

Im übrigen hatte Margaret Thatcher zu verstehen gegeben, daß sie sich auf keine Koalitionsregierung einlassen und für den Fall, daß sie die Mehrheit verfehlen sollte, ihre Gegner zum Sturz ihrer Regierung zwingen wolle. Somit blieb der Allianz keine Möglichkeit, eine Koalition einzugehen. Dies schien eine Aussage Disraelis zu bestätigen, der bereits 1852 festgestellt hatte, daß „England keine Koalitionen mag".

Die Nachwahl vom 5. Mai 1983 führte zu recht unterschiedlichen Ergebnissen, obwohl die Konservativen insgesamt ganz ordentlich abschnitten. Vor allem in den *Midlands* mußten sie zahlreiche Stimmenverluste hinnehmen. Gestützt auf diese Ergebnisse versuchte man nun, Hochrechnungen für die Parlamentswahlen anzustellen, für die immer noch kein Datum feststand.

Margaret Thatcher fuhr fort, vor Versammlungen Industrieller und militanter Konservativer zu sprechen. Immer und immer wieder suchte sie dem Publikum ihre zentralen Gedanken einzuhämmern: daß Großbritannien wieder feinste Qualität produzieren, das Markenzeichen *Made in Britain* wieder zum Synonym für hochwertige Produkte werden müsse etc. Seltsamerweise trat sie im Rahmen ihrer Vorwahlkampftournee nicht ein einziges Mal in ihrer Geburtsstadt Grantham auf, in welcher ihr sicherlich ein triumphaler Empfang zuteil geworden wäre. Der elterliche Lebensmittelladen war mittlerweile zu einem Museum geworden, und eine Gedenktafel wies darauf hin, daß in diesem Gebäude der erste weibliche Premierminister Großbritanniens und Nordirlands das Licht der Welt erblickt hatte. Um das Maß vollzumachen, hatte auch noch ein Restaurant mit dem bezeichnenden Namen „The Premier" eröffnet.

Schließlich wurde der Wahltermin bekanntgegeben: der 9. Juni 1983.

Gleich am Morgen telefonierte Margaret Thatcher mit ihrer Tochter Carol, die im Auftrag des *Daily Telegraph* zu Reportagezwecken in Tasmanien weilte. „Warum jetzt?", fragte Carol. „Weil die ausländischen Investoren sich von Großbritannien abwenden könnten, solange die Frage der Wahlen nicht eindeutig gelöst ist", antwortete ihre Mutter.

Carol hatte sich eine Wohnung gekauft, die allerdings noch nicht fertiggestellt war. Sie wohnte daher vorübergehend in der *Flood Street*. „Ich hoffe nur, daß meine Wohnung fertig sein wird, falls Ihr wieder in die *Flood Street* zurückkehren solltet", meinte Carol voller Sorge. „Ich habe absolut nicht vor, in die *Flood Street* zurückzukehren!", gab Margaret Thatcher in ihrer trockenen Art zurück. Diese Antwort zeugte von ihrer Entschlossenheit, die bevorstehenden Wahlen haushoch zu gewinnen. Laut unlängst durchgeführter Meinungsumfragen lagen die *Tories* im übrigen mit 47 Prozent der Wählerstimmen vor der *Labour Party* mit 34 Prozent und der Allianz mit 18 Prozent in Führung.

Wieder wurde die Agentur Saatchi & Saatchi mit der Durchführung des Wahlkampfes betraut. Sie arbeiteten ein Manifest aus, das die Erfolge in den Vordergrund stellte, welche die Konservativen im Lauf der zurückliegenden vier Jahre errungen hatten. Sein Stil war schlicht, ohne jede rhetorische Floskel. Die Manifeste der *Labour Party* und der Allianz dagegen waren schlampig formuliert.

Der *Sunday Telegraph* veröffentlichte eine Schätzung der Wahlkampfkosten, derzufolge er vierzehn Millionen Pfund kosten sollte: der teuerste Wahlkampf der britischen Geschichte! Ohne einen genauen Betrag zu nennen, räumte die Konservative Partei ein, daß sie dreimal soviel ausgeben werde wie im Jahr 1979.

Bei der anstehenden Wahl handelte es sich nämlich um eine Präsidentschaftswahl, die bei den Briten verhaßt war. Im vorliegenden Fall waren sie Margaret Thatcher jedoch überwiegend gnädig gesinnt, zum einen wegen des siegreich beendeten Falklandkrieges, in dessen Verlauf sie zur Jeanne d'Arc von Port Stanley avanciert war, zum anderen wegen der Hartnäckigkeit, mit der sie die britischen Interessen innerhalb der Europäischen Gemeinschaft zu verfechten versprach. Auf wirtschaftlichem Gebiet hatte die währungspolitische Sanierung zu ersten Erfolgen geführt.

Labour versprach unter anderem im Wahlkampfmanifest, für eine einseitige atomare Abrüstung eintreten zu wollen, was viele Briten mit großer Sorge erfüllte. Diese Stellungnahme war der schwächste Punkt in Kinnocks Programm, die ihn um den Wahlerfolg zu bringen drohte. Sie entsprang seiner antiamerikanischen Haltung. Dem Journalisten David Frost hatte er anvertraut, daß im Falle einer Invasion der beste Schutz gegen eine atomare Bedrohung darin bestünde, „alles daranzusetzen, die Besetzung vollkommen sinnlos zu machen." Seiner Meinung nach würde der Verzicht auf Atomwaffen Großbritanniens Sicherheit erhöhen.

Margaret Thatcher hatte sich in London mit dem sowjetischen Dissidenten und Schriftsteller Alexander Solschenizyn getroffen, der kurz zuvor für seine Veröffentlichung *Fortschritt und Religion* mit dem Templeton Preis ausgezeichnet worden war. Im Gespräch mit ihm hatte sie ihrer Verwunderung über die Naivität der *Labour*-Politiker Ausdruck verliehen und behauptet, allein die Konservativen seien imstande, Großbritannien vor einem sowjetischen Angriff zu beschützen. Sie werde daher die Verteidigungspolitik zum zentralen Thema ihres Wahlkampfes machen.

Margaret Thatchers Fernsehauftritte kamen hervorragend an. Sie hatte sie äußerst gründlich vorbereitet und beantwortete die

Fragen der Journalisten mit wohlgezielten Attacken, mit denen sie die politischen Gegner vollkommen außer Gefecht setzte. Diese Strategie war der *Eisernen Lady* wie auf den Leib geschneidert: Stets zum Kampf bereit, drehte sie ihren Gegnern das Wort im Mund herum, um sie gehörig unter Beschuß zu nehmen, wobei sie sich eines auffallend kriegerischen Vokabulars bediente.

Sir Gordon Reece und die Werbeagentur stellten einen *battle-bus* bereit, einen Kleinbus, der Margaret Thatcher samt ihrem Wahlkampftroß kreuz und quer durch das Land zu ihren einzelnen Auftritten beförderte. Der Troß bestand aus einer ganzen Schar bei der Premierministerin akkreditierter Journalisten, von denen viele bereits über den Falklandkrieg berichtet hatten. Desweiteren umfaßte er einen Sekretär, eine Art wandelnde Enzyklopädie, der auf jede Frage Margaret Thatchers eine Antwort parat hatte. Seine Koffer waren mit einer Unmenge Bücher und Dokumente vollgestopft, und er legte großen Wert darauf, stets einen Computer in Reichweite zu haben, um im Handumdrehen Informationen und Statistiken abrufen zu können.

Carol Thatcher, die inzwischen aus Australien zurückgekehrt war, reiste ebenfalls mit. Sie sorgte dafür, daß stets ausreichend Getränke vorhanden waren. Mahlzeiten hatte sie hingegen keine zu organisieren. „Während des Wahlkampfs", hatte Margaret Thatcher gesagt, „bekommt man immer Unmengen an Essen vorgesetzt!" Carol kümmerte sich daneben auch um die Garderobe ihrer Mutter. Sie achtete darauf, daß diese, wenn sie lange stehen mußte, bequemes Schuhwerk trug, daß stets Kleider zum Wechseln zur Verfügung standen sowie die berühmten, heizbaren Lockenwickler, Haarspray und jede Menge Tücher. Diese durften jedoch auf keinen Fall rot sein – das war die Farbe der Sozialisten – und mußten das gut sichtbare Etikett *Made in Britain* tragen. Dieses Etikett wurde demonstrativ überall zur Schau gestellt, selbst auf den Reifen des Kleintransporters.

Denis, der stets voller Respekt drei Schritte hinter seiner Frau folgte, richtete sie immer wieder auf und achtete sehr darauf, daß sie ein Minimum an Ruhe hatte, damit sie sich nicht zu sehr überarbeitete. Er sorgte dafür, daß sich die nächtlichen Sitzungen nicht allzusehr in die Länge zogen. Ihr Ehemann war ihr glühendster Fan. Er war auf seine ganz eigene Art und überaus rührend bemüht, Margarets geistreiche Sätze mittels scherzhafter Bemerkungen in den Vordergrund zu stellen. Dies betrieb er derart eifrig, daß der besorgte Sir Gordon Reece schließlich eingriff und darauf hinwies, daß der „Prinzgemahl" wohl an der Seite seiner Frau zu sehen, aber auf gar keinen Fall zu hören sein dürfe.

Kaum hatte der Wahlkampf begonnen, wurden die Briten seiner bereits überdrüssig. Sie hatten keine Lust mehr, sich immer wieder die elegischen Schilderungen der jeweiligen Großtaten anzuhören. Evelyn Waughs Sohn Auberon stellte in seiner Wochenrubrik im *Sunday Telegraph* fest, daß „sich praktisch niemand in diesem Land ernsthaft für Politik interessiert. Die britische Nation hat eine denkbar schlechte Meinung von ihren Politikern und findet es viel amüsanter, zuzuschauen, wie sie sich lächerlich machen."

Aus diesem Grund befaßten sich die Briten viel lieber mit den Anekdoten, die man sich über Denis erzählte. Eine dieser Anekdoten berichtet, daß er seine Frau zu einer Fabrikbesichtigung nach Cornwall begleitete. Margaret und ihr Generalstab gerieten auf eine schlammige Straße und kamen mit völlig verschmutzten Schuhen an. Denis hingegen entdeckte eine Abkürzung, dank derer er die übrigen einholte und mit blitzsauberen Schuhen eintraf, woraufhin Margaret voller Bewunderung gesagt haben soll: „*Dear old Denis*..., wie er das nur wieder geschafft hat!"

Ein anderes Mal, als Margaret Thatcher, von ihren eigenen Worten berauscht, am Ende einer Rede verkündete: „In meinen Adern fließen wieder Unmengen Adrenalin, ich weiß nicht, was ich nächstens tun werde, aber ich bin mir ganz sicher, daß ich dem Land nicht schon wieder eine Wahl zumuten werde...", vernahm man die Stimme ihres Ehemanns, der vollkommen außer sich aufschrie: „Oh nein, bloß nicht!"

Als die Eheleute Thatcher während der letzten Wahlkampfwoche früh am Morgen ein Flugzeug bestiegen, fragte man sie, was sie zu trinken wünschten. Denis antwortete: „Einen Gin Tonic". Auf Margarets besorgte Frage, ob es dafür nicht noch etwas zu früh sei, erwiderte er in bestimmtem Ton: „Für einen Gin Tonic ist es nie zu früh!"

Ende Mai, als der Wahlkampf seinen Höhepunkt erreichte, kam es zu einem beunruhigenden Zwischenfall, den die Presse sofort ausschlachtete und der das Image der Konservativen vorübergehend schädigte. Die Agentur Saatchi & Saatchi war auf einen gewagten Werbespot verfallen: Sie hatte eine ganze Anzahl Kameraleute und als Ärzte, Pflegepersonal und Patienten verkleidete Schauspieler in ein ehemaliges Krankenhaus in Bethnal Green bestellt, um dort eine erbauliche Szene zu drehen. Als dies bekannt wurde, brach ein riesiger Skandal aus. Die Gewerkschaften drohten mit einem Generalstreik des Klinikpersonals, falls man an dieser Maskerade festhalten wolle. Die Kameraleute und Schauspieler wurden daraufhin angewiesen, umgehend ihre Arbeit einzustellen und den Ort zu verlassen. Das Projekt war vom Tisch.

Zum Glück erregte das gleichzeitig stattfindende Gipfeltreffen von Williamsburg das Interesse der Briten und lenkte es von dem Skandal ab. Margaret Thatcher weilte dort nur so lange, wie ihre Anwesenheit unbedingt erforderlich war. Sie flog Samstag ab und kehrte am darauffolgenden Montag nach London zurück. Gleich am Dienstag stürzte sie sich erneut in die Wahlkampfarena. „Sie haben vielleicht bemerkt, daß ich zwei Tage lang abwesend war", stellte sie in schmeichlerischem Ton fest. „Doch hat sich in dieser Zeit nichts verändert. Unsere politischen Gegner haben am vergangenen Wochenende eine Versammlung abgehalten, um über den zu verfolgenden Kurs oder ihre Anführer zu diskutieren – oder über beides . . . Die *Tories* hingegen halten dem einmal eingeschlagenen Kurs und, wie ich feststellen durfte, auch ihrem Anführer die Treue . . ."

Ein eigens angereister amerikanischer Berichterstatter schrieb: „Dieser Wahlkampf erinnert mich an die Zeit, da ich Senator Goldwater hinterherreiste und 365 Tage lang ein und dieselbe Rede zu hören bekam! Zum Glück dauert dieser Wahlkampf hier nur einen Monat."

In ihrem Wahlkreis Finchley kämpfte Margaret Thatcher um

jede einzelne Stimme und ließ sich Wahlversprechen geben. Die meisten Einwohner waren ihr treu ergeben und dankbar dafür, daß sie die Sozialwohnungen, in denen sie lebten, hatten käuflich erwerben können. Auch jene, die dies noch zu tun gedachten, würden für sie stimmen.

Im Laufschritt eilte sie von Tür zu Tür und besuchte rund eintausend Haushalte. Sie begab sich auch in einen Supermarkt und stellte sich geduldig den Fotografen. Ein Mann, der ihr die Hand schütteln durfte, erklärte danach: „Ich werde jetzt drei Wochen lang keine Hände mehr waschen . . .“ Ein anderer Bürger sprach sie mit *Ma'am* an, eine Anrede, die einzig und allein der Königin gebührt.

Die *royal nanny,* wie Norman Mailer sie zu nennen beliebte, schüttelte so unzählige Hände, gab so viele Autogramme und lächelte so oft in die Kameras, daß sie bisweilen müde wirkte und sich vor allem über die Journalisten erregte, die sie als „Reptilien“ bezeichnete. Gleichzeitig verfiel sie eine Art Machtrausch. Das wiederholte Bad in der Menge verlieh ihr neue Kräfte. Nichtsdestotrotz zehrte der Wahlkampf an ihren Nerven. Dies wurde gegen Ende vor allem bei ihren Fernsehauftritten offenkundig, bei denen sie sich trotz aller Selbstbeherrschung zwei oder drei Mal sehr autoritär und unnachgiebig gebärdete. In Bristol ließ sie eine Gesprächsteilnehmerin namens Diana Gould, die genauere Auskunft über die Torpedierung der *Belgrano* wünschte, grob abblitzen. Bislang hatte Margaret Thatcher das Thema Falklandkrieg ausschließlich dazu benutzt, den Briten in Erinnerung zu rufen, daß sie im Zeichen des *Union Jack* (britische Fahne) das Land dem Sieg entgegengeführt hatte. In der Tat hatte sie den Falklandkrieg für Wahlzwecke mißbraucht. Ihre Gesprächspartnerin, die sich völlige Klarheit zu verschaffen wünschte, bestürmte sie mit einer ganzen Reihe von Fragen. Margaret Thatcher zögerte, ja drehte und wand sich einen Augenblick lang wie ein Fisch auf dem Trockenen. Ihr Lächeln war erloschen. Ihrem Gegenüber einen düsteren Blick zuwerfend, griff sie zum einzigen Rettungsring, der ihr noch verblieb: zur Autorität. In sehr bestimmtem, keinerlei Widerspruch duldendem Ton erklärte sie: „Eines Tages werden sämtliche Einzelheiten bekanntgegeben werden", und suchte, die lästige Fragestellerin auf diese Weise loszuwerden. „Ja, in dreißig Jahren vielleicht!", erwiderte die streitbare Dame aus Bristol.

Als bei einer anderen Gelegenheit ein einfacher Pensionär eine Frage zum Rentenwesen stellte, leitete sie ihre Entgegnung mit den Worten: „Ich, die Regierung . . ." ein.

Als im Rahmen der Fernsehsendung *Weekend World* (Die Welt am Wochenende) Brian Walden verzweifelt ihren Redefluß zu unterbrechen suchte, weil die Sendezeit längst abgelaufen war, legte die *Eiserne Lady* die Stirn in Falten, machte eine unwillige Geste und sagte in gebieterischem Ton: „Nein, unterbrechen Sie mich nicht, ich bin noch lange nicht fertig . . ."

Derlei Verhaltensweisen verblüfften und irritierten die Beobachter. Auch einige Konservative kritisierten ihr Auftreten und wurden daraufhin von ihr als *„wets"*, als Waschlappen oder Angsthasen, bezeichnet. Zu ihnen zählte auch Francis Pym, den sie nicht gerade ins Herz geschlossen hatte. Als Pym mitten im Wahlkampf zu bemerken wagte, daß es für das Land nicht unbedingt von Vorteil sei, wenn die Konservativen eine überwältigende Mehrheit errängen, zog er sich damit den Zorn der erbosten Margaret Thatcher zu, die sich nichts so sehr wünschte, wie über eine möglichst große Mehrheit im Unterhaus verfügen zu können, welche ihr das Regieren und die Durchführung der für notwendig erachteten Reformen erleichtern würde. Barsch fuhr sie ihn an: „Ehemalige Fraktionsführer sind vollkommen überflüssige Leute!" Dies bedeutete das Aus für Pyms politische Karriere.

Sie wies jedoch nicht nur unbotmäßige Parteimitglieder in die Schranken, sondern sie erinnerte sich auch ihrer alten Freunde. Als sich der Todestag ihres Freundes und Beraters Airey Neave jährte, begab sie sich zum Bahnhof von Euston, um dort an einer neuen, nach dem im Auftrag der IRA ermordeten Parlamentarier benannten Lokomotive eine Gedenktafel zu enthüllen. Tief bewegt hielt sie eine kurze Ansprache. Dann kletterte sie in Gegenwart der Witwe auf den Führerstand, ließ sich auf dem Sitz des Lokomotivführers nieder und betätigte wie wild die Hupe.

In der Republik Irland verfolgte man den Wahlkampf mit großem Interesse. Man erhoffte sich von ihm eine solide Parlamentsmehrheit, welche endlich die Situation in Nordirland entschärfen
würde. Zumindest erhoffte man sich eine Verbesserung der
irisch-britischen Beziehungen, um die es seit dem Falklandkrieg
sehr schlecht bestellt war. Solange das britische Projekt einer re-
gionalen Autonomie auf den Widerstand der protestantischen
Mehrheit stieß, waren die Katholiken nicht in der Lage, den terroristischen Aktionen und dem Boykott ein Ende zu bereiten.
Mittels eines Vertrages über die Zusammenarbeit mit Ulster
suchte Dublin ein „neues Irland" vorzubereiten, das eine Konfö-
deration zweier unabhängiger Staaten darstellen sollte, die bestimmte Aufgaben wie etwa Sicherheitspolitik, Außenpolitik,
EG-Politik bis hin zur Währungspolitik gemeinsam in Angriff
nehmen würden. In Dublin war man jedoch realistisch genug,
um einzusehen, daß dieses „neue Irland" einen langwierigen
Lernprozeß voraussetzte, in dem Katholiken und Protestanten zu
einem friedlichen Miteinander und einer demokratischen Regie-
rungsweise erzogen werden mußten, ohne daß sie sich fortwährend auf ihre Religionszugehörigkeit beriefen.

Obwohl Margaret Thatcher gegenüber Journalisten Mißtrauen,
ja Abscheu empfand, war sie ununterbrochen darauf bedacht, ihnen zu schmeicheln – in ihrem eigenen Interesse. Einem Minister, der seinem Erstaunen darüber Ausdruck verliehen hatte, daß
die *Fleet Street* (die Presse) während des ganzen Wahlkampfs
Maggie eher wohlgesonnen war, hielt sie entgegen: „Ich bin
schließlich auch immer freundlich zu ihnen gewesen!" Das
stimmte. Schon zu Beginn ihrer politischen Karriere hatte sie erfaßt, wie wichtig es war, die Presse für sich einzunehmen. Immer
wieder lud sie berühmte Journalisten zu sich in die *Flood Street*
und später, als sie Premierministerin war, in die *Downing Street 10*
ein. Wenn sie einen Pressevertreter besonders auszeichnen wollte,
lud sie ihn für ein Wochenende auf ihren Landsitz Chequers
ein.
Sie dosierte ihre Gunstbezeigungen mit Bedacht und wußte

ganz genau, welche Zeitungsverlage besonders umworben werden wollten, wie etwa die *Murdock*-Gruppe oder die *Associated Newspapers* von Lord Rothermer. Als Premierministerin achtete sie sorgfältig darauf, daß bei den alljährlich verliehenen Auszeichnungen auch der Herausgeber einer Zeitung bedacht wurde. So erhob sie beispielsweise den Direktor der *Daily Mail* in den Adelsstand und machte ihn zu Sir David English oder beförderte Woodrow Wyatt, einen hervorragenden Journalisten, dessen Beiträge regelmäßig in der *Times,* den *News of the World,* im *Mirror* und vielen anderen Blättern veröffentlicht wurden, zu Lord Wyatt of Weeford. Der ebenfalls zum Sir erhobene Journalist Jonah Junor genoß schon seit 1970 Margaret Thatchers Vertrauen.

Der Herausgeber des *Daily Express,* Harry Lamb, der fortan auch den Titel Sir führte, zählte schon von Margarets Anfängen als Parteiführerin zu ihren engsten Freunden. Larry Lamb war damals Herausgeber des Boulevardblattes *Sun,* und es kam regelmäßig vor, daß Margaret Thatcher ihn abends in der Redaktion in der *Bowerie Street* aufsuchte, um – nachdem die erste Auflage in Druck gegangen war – mit ihm bei einem Glas Whisky die Neuigkeiten des Tages zu erörtern. Sie schmeichelte ihm ganz gezielt, indem sie ihm erklärte, daß es um die Presse mit Sicherheit anders bestellt wäre, wenn alle Journalisten sein Format besäßen . . .

Angesichts solcher Schmeicheleien ist es nicht zu verwundern, daß 1990 Margaret Thatchers Ausscheiden besonders von der Presse fast einhellig bedauert wurde.

Nachdem sie im Wahlbüro zu Westminster ihre Stimme abgegeben hatte, begab Margaret Thatcher sich in Begleitung ihres Ehemannes und ihrer Zwillinge in ihren Wahlkreis Finchley, um die Bekanntgabe der Wahlergebnisse abzuwarten. Die grellen Scheinwerfer und das Blitzlichtgewitter ließen ihr Gesicht noch angespannter wirken, als es ohnehin den ganzen Abend über war. Sobald einzelne Meldungen eintrafen, stellte sie mit einem Bleistift immer wieder handschriftliche Berechnungen an. Sobald sie von einem verlorenen Abgeordnetensitz erfuhr, hörte man sie sagen: „Das ist schlecht, sehr schlecht!"

Erst als sich gegen zwei Uhr morgens ein klarer Vorsprung der Konservativen abzuzeichnen begann, begann sich allmählich ihre Anspannung zu lösen. Die offizielle Nachricht, *„Margaret Hilda Roberts zieht erneut in die Downing Street 10 ein"* wurde mit massivem Beifall, gefolgt von Hochrufen und Gesängen, begrüßt. „Es ist wunderbar", bekannte Margaret Thatcher, „daß dieses große Land mir erneut sein Vertrauen ausgesprochen hat!" Ihre Freude war nur zu gut verständlich, denn es war das erste Mal seit Ende des Zweiten Weltkrieges, daß ein Premierminister direkt nacheinander zwei Mandate anvertraut bekam. Margaret Thatcher dankte all jenen, die zu ihrem Sieg beigetragen hatten. Als sie hinzufügte: „Und ich bedanke mich bei meinem Ehemann Denis", verdoppelte sich der Beifall.

Ihr sehnlicher Wunsch war in Erfüllung gegangen: Sie hatte die Wahl gewonnen und konnte ihre zweite Amtszeit als Premierministerin antreten.

In ihre Wohnung zurückgekehrt, schaltete sie sofort das Radio an. „Ich will wissen", erklärte sie gegenüber ihrer Tochter, „was es in der Welt Neues gibt". „Du bist die Neuigkeit!", erwiderte Carol.

14. Die mächtigste Frau der Welt

Kurze Zeit nachdem sie den Falklandkrieg siegreich beenden konnte, triumphierte Margaret Thatcher bei den Parlamentswahlen von 1983. Knappe achtundvierzig Stunden später nahm sie eine Kabinettsumbildung vor, die ein wenig den Charakter einer Strafaktion hatte. Hatte sie denn nicht, Churchill zitierend, versprochen, im Fall eines Wahlsieges Milde walten zu lassen? Was wäre passiert, wenn sie statt dessen ein drohendes *vae victis!* (Wehe den Besiegten!) geäußert hätte?

Mit einem massiven Kahlschlag suchte Margaret Thatcher sich des *Establishments* zu entledigen. „Ich bin kein Fleischer", suchte die Krämerstochter aus Grantham jene zu beruhigen, die ihre Säuberungsaktion voller Sorge verfolgten, „aber ich habe gelernt, mit einem Fleischermesser umzugehen". Sie trennte sich unter anderem von ihrem bisherigen Außenminister Francis Pym und dem Innenminister William Whitelaw. Francis Pym war bei der Premierministerin in Ungnade gefallen, weil er inmitten des Wahlkampfes erklärt hatte, „daß es für die *Tories* besser sei, wenn Margaret Thatcher keine überwältigende Mehrheit erziele".

William Whitelaw, der als Fraktionsführer ins Oberhaus wechselte, wurde mit einem stattlichen Trostpreis abgefunden. Nicht genug damit, daß erstmals seit Wilson wieder ein erblicher Titel verliehen wurde, erhielt Whitelaw bei seiner Erhebung in den Adelsstand den Titel eines *viscount,* der ein höheres Ansehen genoß als der normalerweise bei derlei Anlässen verliehene Titel *baronet.* Damit war ihm ein Sitz im Oberhaus sicher. Die Ironie des Schicksals wollte, daß Whitelaw seinen neuerworbenen Titel nicht weitervererben kann: Der frischgebackene Lord ist ohne männlichen Nachkommen. Er hat lediglich vier Töchter und eine Übertragung in weiblicher Linie ist in Großbritannien nur in ganz wenigen Ausnahmefällen üblich.

Dachte Margaret Thatcher bei der Verleihung von Adelstiteln nie an ihre eigene Person? . . . Jeder Premierminister erhält, wenn er aus dem Amt ausscheidet, den Titel eines *Peer* (Angehöriger des hohen englischen Adels, Mitglied des Oberhauses). Churchill und Macmillan hatten ihn ausgeschlagen, wobei letzterer in der Folgezeit seine Meinung änderte und den Titel eines Lord Stockton annahm.

In Margarets neuem Kabinett war nur ein einziger *Eton*-Absolvent, der fünfundsiebzigjährige Lord Hailsham, vertreten. Maggie, die selbst eine *grammar school* (Oberschule) besucht hatte, brachte den ehemaligen Schülern von Eton, der renommiertesten *public school* (Adels-, Standesschule) nicht die geringste Sympathie entgegen. Dies wollte sie nach ihrem erneuten Sieg klar zum Ausdruck bringen. Eine ganze Schar ehrgeiziger junger Männer, darunter drei Juden, zog nun ins Kabinett ein. Sie wollten hoch hinaus. Ihre monetaristische und poujadistische Philosophie unterschied sich deutlich vom traditionellen Pragmatismus der Konservativen, die Gegensätze auszugleichen und Kompromisse auszuhandeln wußten. Durch ihre Hinwendung zu neuen Ideen verfechtenden, jüngeren Nachwuchspolitikern führte die Premierministerin eine grundlegende, in diesem Umfang noch nie dagewesene Kabinettsumbildung herbei. Die Politologen, denen die Bedeutung dieser erneuten Amtszeit angesichts des europäischen Kontexts durchaus bewußt war, spekulierten darüber, was die kommenden fünf Jahre bringen würden.

Margaret Thatcher war zur mächtigsten Frau der Welt und zur einflußreichsten in der britischen Geschichte aufgestiegen. Sie war so mächtig wie Königin Elisabeth I., die viele Jahre lang gegen verschiedene aufrührerische Gruppierungen ankämpfen und ständig mit einer spanischen Invasion rechnen mußte. Ihr Einfluß war so groß wie derjenige von Königin Viktoria, ein Vergleich, der Margaret Thatcher mit besonderer Genugtuung erfüllte.

Dank der zahllosen Gipfeltreffen, an denen sie teilweise schon während ihrer ersten Amtszeit teilgenommen hatte, war sie inzwischen in der internationalen Politik zuhause. Sie hatte sich angewöhnt, notfalls mit dem Fuß zu stampfen oder mit der Faust auf den Tisch zu schlagen, um sich Gehör zu verschaffen. Sobald es um die Interessen ihres Landes ging, brach ihr aufbrausender

Charakter und ihre eiserne Entschlossenheit hervor. Sie genoß große Achtung und wurde allgemein respektiert. Neben dem Papst war sie die einflußreichste Persönlichkeit der westlichen Welt. Laut Ronald Reagan „ist Margaret Thatcher die mächtigste Person im Vereinigten Königreich".

Zwei Tage nach Margaret Thatchers Wiederwahl wurde sie anläßlich des *Trooping of the Colour,* bei dem normalerweise die Queen im Mittelpunkt steht, mit begeisterten Hochrufen empfangen, als ob sie die *First Lady* sei. Sobald sie sich auf der Tribüne zeigte, brachen ohrenbetäubende Beifallsstürme los. Nicht einmal die Prinzessin von Wales hatte je solch unbeschreiblichen Beifall entfesselt. Am darauffolgenden Tag berichteten die Zeitungen: *She has stolen the show* (Sie hat der *Queen* die Show gestohlen).

Derlei Reaktionen besagten jedoch nicht viel. Bereits wenige Monate nach Ablauf der üblichen Schonfrist wurde ihre Popularitätskurve nämlich von jenem chronischen Auf und Ab erfaßt, das ihre gesamte zweite Amtszeit kennzeichnete. Dies belegten die verschiedenen, vom wetterwendischen Charakter der Briten zeugenden Meinungsumfragen. Während ein und derselben Woche wurde Margaret Thatcher als die beliebteste und als die verhaßteste Persönlichkeit Großbritanniens bezeichnet. Würde man die Popularität, welche die Premierministerin während ihrer zweiten Amtszeit genoß und die bis zu den Neuwahlen von 1987 dauerte, graphisch darstellen, so ergäben sich für den Winter 1984 und für das Jahr 1985 massive Einbrüche, als ob ihre Landsleute aus einem bösen Alptraum erwacht wären.

Selbst in den Reihen der eigenen Partei stieß die Premierministerin bei so manchem aus heiterem Himmel auf feindselige Ablehnung. Das erklärt sich daher, daß sich besonders erfolgreiche Menschen in Großbritannien keiner großen Beliebtheit erfreuen. Die Engländer solidarisieren sich eher mit jenen, die kein Glück haben, mit den *underdogs,* die auf der Schattenseite des Lebens stehen. Margaret Thatchers anhaltender Erfolg und ihre magnetische Anziehungskraft begann, sie zu beunruhigen. Auch der sogenannte *thatcherism* (einer der wenigen auf -ism endenden Begriffe im Englischen, der direkt vom Familiennamen der Premierministerin abgeleitet ist) erfüllte sie mit Sorge. Dies erklärt, weshalb die Briten im Lauf der Geschichte so häufig jene entthronten, die sie kurz zuvor zutiefst verehrten und zu deren Aufstieg und Ruhm sie maßgeblich beigetragen hatten. Churchill war es nach dem Sieg über die Deutschen nicht anders ergangen.

Angesichts der neoliberalen Thesen, welche die *Eiserne Lady* ihnen ständig einzupeitschen suchte, fragten sie sich besorgt, ob sie wohl jemals die Umsetzung all dieser Theorien erleben würden, ob die Premierministerin endlich die im Wahlprogramm enthaltenen Versprechen einlösen würde. Wo blieb der mehrfach angekündigte Kurswechsel, der den Abstieg Großbritanniens aufhalten und sein internationales Ansehen, das seit dem Zweiten Weltkrieg stark gelitten hatte, wieder aufbessern sollte?

Man fragte sich, ob Margaret Thatchers Politik überhaupt ein umfassendes Gesamtkonzept zugrundelag. Und wenn sie noch so oft den Kanon ihrer wirtschaftlichen Maßnahmen herunterbetete, die sich doch durchaus bewährt hatten und mit deren Hilfe sie die angestrebte postindustrielle Revolution zu Ende zu führen gedachte. Die Briten wurden plötzlich von Skepsis befallen. Die chronischen Probleme, unter denen Großbritannien litt, waren bei weitem nicht gelöst und sorgten für eine pessimistische Stimmung im Lande. Margaret Thatcher war mehr denn je von den Vorzügen des freien Unternehmertums überzeugt, das sich nicht ohne weiteres in die EG-Politik einbinden ließ. Sie trat nach wie vor für das Wettbewerbsprinzip ein, für die Überführung staatlicher Betriebe in Privateigentum und für eine möglichst geringe Einmischung von Staat und Gewerkschaften. Sie glaubte weiterhin an die Vorteile des Privateigentums, an die geschickte Nutzung der Talente, an Erfindergeist auf allen Gebieten, an den persönlichen Einsatz – kurz an all das, was in der Vergangenheit zwei Jahrhunderte lang die weltweite Vorrangstellung Großbritanniens begründet hatte.

Dieses umfassende Programm unterschied sich von der typi-

schen Grundhaltung der Briten seit dem Zweiten Weltkrieg, die
– nicht gerade von übermäßigem Arbeitseifer und persönlichem
Einsatz geprägt – Großbritanniens Abstieg ausgelöst hatte.

Monica Charlot schreibt am Ende ihres Werkes „L'Ang-
leterre": „Die größte und am schwierigsten zu bekämpfende Ka-
pitalsünde der siebziger Jahre war die Arbeit". Dies traf auch auf
die achtziger Jahre zu.

Auch wenn die britische Industrie in den achtziger Jahren einen
gewissen Aufschwung nahm, so darf man nicht vergessen, daß
man im Vereinigten Königreich, das sich sehr viel auf seinen Lebensstandard *(standard of living)* zugutehielt, laut André Siegfried
„noch glaubte, . . . daß man stets ohne den Wettbewerb zwischen
durchaus schwer arbeitenden Menschen auskommen werde.
Nichts ist der britischen Mentalität heutzutage fremder als der
unbestreitbare Zusammenhang von Mühe und Ergebnis. Man
will ernten, ohne gesät zu haben, Geld verdienen, ohne dafür
schwer arbeiten zu müssen . . . kurz, man will etwas umsonst haben *(get something for nothing)*. Frühere Generationen kannten und
beherzigten jedoch die strenge und gesunde Moralvorstellung des
Verdienstes . . .". Diese Einstellung konnte die Krämerstochter
aus Grantham nie und nimmer akzeptieren. Sie zog ins Feld, um
schlummernde Energien zu wecken und unermüdlich mittels ihrer einfachen aber überaus wirkungsvollen Rhetorik zu ihren
Landsleuten, zu jenen einfachen Kreisen zu sprechen, denen sie
selbst entstammte. Ihre ersten beiden Amtszeiten hatte sie darauf
verwendet, die Politik ihrer Vorgänger rückgängig zu machen.
Mit der ihr eigenen Konsequenz und Härte verordnete sie ihrem
Land eine Roßkur, die nicht nur geduldig hingenommen, sondern sogar Anklang fand, wie ihr phänomenaler Erfolg bei den
Wahlen von 1983 bewies. Margaret Thatcher riß ihr Land aus der
Apathie, in die es seit längerem gefallen war, und bewahrte es vor
einem weiteren Abstieg. Die Einnahmen aus den Nordseeölfel-
dern kamen der Staatskasse zugute und schufen die erforderliche
Voraussetzung für eine Minderung des Steuerdrucks. Industrie
und Gewerbe starteten einige neue Initiativen, die den Übergang
zu einer liberalen Marktwirtschaft begünstigten.

Die in Margaret Thatchers Manifest angekündigte, rund fünfzehn Großbetriebe betreffende Privatisierungswelle war ein wesentlicher Bestandteil des ihre zweite Amtszeit kennzeichnenden sogenannten *popular capitalism*. Die Privatisierungen stießen teilweise auf heftige Kritik: „Jetzt verkauft sie das Familiensilber!", ereiferte sich Macmillan kurz vor seinem Tod. Andererseits war praktisch über Nacht jeder fünfte Wähler zum Aktionär geworden. Diese unerhört hohe Zahl brachte einen grundlegenden Gesinnungswandel zum Ausdruck: Großbritannien zählte nun mehr Aktionäre als Gewerkschaftsmitglieder.

Alle schienen dabei auf ihre Kosten zu kommen. Zum einen die fortan straffer geführten, besser organisierten Unternehmen, die aus eigener Kraft erfolgreich die britische Wirtschaft ankurbelten, wenn auch große Betriebe eher aus der Privatisierung Kapital zu schlagen vermochten als kleine. Zum anderen aber auch die Privatpersonen, die sich neuerdings nicht nur an die Börse wagten, sondern dank der erzielten Gewinne endlich ihre zuvor gemieteten Sozialwohnungen zu einem vernünftigen Preis erwerben konnten. Dies war der originellste Bestandteil von Margaret Thatchers Privatisierungsprogramm.

Die Überführung so zahlreicher staatlicher Betriebe in Privateigentum stellte einen gewaltigen Einschnitt von revolutionärer Tragweite und einen der glänzendsten Erfolge in der Wirtschaftsgeschichte des Thatcherismus dar. Gemeinsam mit ihrem Schatzkanzler Lawson leitete Margaret Thatcher die Privatisierung von rund zwanzig Betrieben in die Wege. Dies entsprach etwa 60 000 Arbeitsplätzen und 45 Prozent des staatlichen Sektors. 22 Milliarden Pfund Sterling flossen in die britische Staatskasse. Zu den bedeutendsten privatisierten Unternehmen zählten *British Petroleum* und *British Gas* (die jeweils fünf Milliarden Pfund erzielten), *British Telecom*, *British Airport Authorities*, *Rolls Royce*, *British Airways* und *Jaguar*. Margaret Thatcher wollte sich keineswegs mit halben Sachen zufrieden geben. Sie gedachte dieses Privatisierungsprogramm fortzusetzen und vor allem auf die Wasser- und Stromversorgung etc. auszudehnen. „Alle Unternehmen, deren Firmenname mit *British* beginnt, werden in Privathand zurückkehren", lautete das von ihrem Finanzminister treffend formulierte Ziel.

Vor den Gefängnissen machte die Privatisierungswut der Regierung Thatcher allerdings Halt. Ein parlamentarischer Untersuchungsausschuß sollte sich zunächst mit den Vorteilen und Risiken eines privatisierten Strafvollzugs befassen. Im Fall einer Befürwortung sollten die Privatisierungsmaßnahmen auf die Untersuchungshaft beschränkt bleiben. Dieses Projekt entsprang dem Vorhaben der *Eisernen Lady,* vor dem Hintergrund der zwischen 1979 und 1985 stetig zunehmenden Kriminalität für mehr Ordnung und Sicherheit in den Gefängnissen zu sorgen. Die chronische Überbelegung, die äußerst beengten Verhältnisse, der miserable Gebäudezustand sowie die spürbare Verschlechterung der Haftbedingungen insgesamt mündeten 1986 in einen Aufstand der Gefängniswärter, die in den Bummelstreik traten. Unter den Häftlingen brach eine Welle der Gewalt aus, die offene Meuterei und Geiselnahmen zur Folge hatte. Nach der erfolgreichen Niederschlagung der Revolte versprach das britische Innenministerium *(Home Office),* ein umfassendes Neubauprogramm zu starten, dank dessen gegen Ende des folgenden Jahrzehnts rund 20 vorbildlich eingerichtete Strafanstalten zur Verfügung stehen sollten.

Diese populistische Politik der Premierministerin war Gegenstand zahlreicher Analysen. Stellvertretend sei diejenige Monica Charlots genannt, die sich fragte, ob „der Thatcherismus populistisch sei".

Die Betonung eines alles beherrschenden, starken und mächtigen Staates, der sich außen- und innenpolitisch stets durchzusetzen wußte, die angestrebte Ordnung und Sicherheit, die entsetzliche Angst, das Land könnte in völliger Dekadenz versinken, die Beschwörung des heldenhaften Kriegerideals, die entschiedene Ablehnung, mit der man staatlichen Eingriffen, der sozialistischen Lehre und den Gewerkschaften begegnete, die Ausländerfeindlichkeit, die Diskriminierung der Einwanderer aus Commonwealth-Staaten, die gezielte Förderung der auf Eigentumserwerb bedachten Mittelschicht und ehrgeiziger junger Menschen, das fortwährende Unterstreichen, wie wichtig ein möglichst guter höherer Schulabschluß für das persönliche Fortkommen sei – all dies waren ausgesprochen populistische Themen.

Bis zur Verwirklichung dieses ehrgeizigen Programms mußten allerdings noch ganze Bevölkerungsschichten ohne jegliche Schulbildung in hygienisch untragbaren Lebensverhältnissen, mit *fish and chips* als einziger Nahrung mehr schlecht als recht vor sich hinvegetieren, um die sich dank der allgemein verbreiteten Moral des „jeder für sich" kein Mensch kümmerte.

Glücklicherweise war der erste Haushalt von März 1984 dazu angetan, die Unternehmer zu beruhigen. Schatzkanzler Nigel Lawson hatte sich für einen neutralen Kurs eingesetzt, der anders als die vorhergehenden Budgets keine tiefgreifenden Veränderungen vorsah. Die Unternehmen und die kleinen Steuerzahler kamen in den Genuß einer Steuersenkung, während die indirekten Steuern angehoben wurden. Großbritannien verfügte damit über die niedrigsten direkten Steuersätze in ganz Europa. Das Steuersystem war extrem vereinfacht worden und hatte viel an Überschaubarkeit gewonnen.

Die britische Regierung löste die Versprechen ein, die Margaret Thatcher seit ihrem ersten Amtsantritt gemacht hatte. Man hoffte, auf diese Weise den bereits einsetzenden wirtschaftlichen Aufschwung nachhaltig zu fördern. Während die *Tory*-Abgeordneten die Regierung Thatcher zu diesem Haushalt beglückwünschten, bemängelte die Opposition, daß „dieses Budget eher auf die Londoner City zugeschnitten sei als auf die Gesamtheit des britischen Volkes".

In ihrem Kampf gegen die Arbeitslosigkeit gelang es der Regierung Thatcher, die Banken dazu zu überreden, jenen, die den Schritt in die Selbständigkeit wagten, mit günstigen Krediten unter die Arme zu greifen. Es entstand eine Vielzahl kleiner und kleinster Betriebe, deren Inhaber für ihren Wagemut belohnt wurden.

Dank Margaret Thatchers unnachgiebiger Währungspolitik

ließ die Inflation im Lauf der Monate spürbar nach. Dieser Erfolg war jedoch teuer erkauft: Der künstlich überhöhte Pfundkurs führte zu einem drastischen Produktionsrückgang, der für einige Betriebe das Aus und den Verlust zahlreicher Arbeitsplätze bedeutete. Die Ausfuhr kam ebenfalls zum Erliegen, da angesichts des überhöhten Pfundkurses die ausländische Konkurrenz ein leichtes Spiel hatte.

Anfang des Jahres 1985 galt die allgemeine Wirtschaftslage als äußerst kritisch. Von allen Seiten wurden Proteste laut. Die *Eiserne Lady* suchte sich weder vor ihrer Verantwortung zu drücken, noch sich zu rechtfertigen. Unbeirrbar hielt sie an ihrer Politik fest. Entgegen allen Voraussagen hatte sie schließlich Erfolg, den sie ihrer festen, fast aggressiven Entschlossenheit verdankte und der felsenfesten Überzeugung, daß der eingeschlagene Weg der richtige war. Außerdem stand wieder einmal das Glück auf ihrer Seite: Die angenehm stabilen Preise, welche für das Nordseeöl erzielt wurden, kamen der allgemeinen Wirtschaftslage zugute.

Margaret Thatcher konnte einen weiteren beachtlichen Erfolg verbuchen: ihren Sieg über die Gewerkschaften, die der Entschlossenheit der Premierministerin, auf gar keinen Fall dem allmächtigen Gewerkschaftsbund TUC nachzugeben, nichts mehr entgegenzusetzen hatten. Die Premierministerin ließ sich nicht von den sozialen und von den Gewerkschaften geschürten Spannungen beeindrucken, die – wie beispielsweise im Frühjahr 1984 – das ganze Land heimsuchten und deren Intensität durchaus an jene erinnerte, die zehn Jahre zuvor zum Sturz der Regierung Heath geführt hatten. Margaret Thatcher blieb eisern. Anläßlich des Bergarbeiterstreiks von 1985 wirkte diese Entschlossenheit Wunder. Nichts – weder Gewaltakte noch die Lahmlegung eines Teils der privaten Kohlenindustrie, noch die zu beklagenden Toten – vermochte die Premierministerin in die Knie zu zwingen. Die Gewerkschaften mußten sich geschlagen geben. Arthur Scargill, der sich für so allmächtig gehalten hatte, daß er sich zum erbitterten Kontrahenten der vorhergehenden Premierminister aufzuspielen wagte, mußte vor Margaret Thatcher kapitulieren. Nach einer mehr als einjährigen Kraftprobe wurde das gewerkschaftliche Einstellungsmonopol aufgehoben und gleichzeitig verbindlich vorgeschrieben, daß jedem Streik eine geheime Abstimmung an der Basis vorauszugehen hatte. Drei Millionen Arbeitnehmer (ein Viertel der Mitgliederzahl) traten daraufhin aus der Gewerkschaft aus.

Die mächtigen Gewerkschaften der zurückliegenden Jahrzehnte waren massiv zurechtgestutzt worden. Die Unternehmen waren ihnen nicht länger restlos ausgeliefert und konnten nun wieder auf das freie Spiel der wirtschaftlichen Kräfte vertrauen. Sie wurden wieder konkurrenzfähig und konnten durchschnittliche Gewinne von 20 Prozent, in der chemischen, der Automobil- und der Bankbranche sogar noch mehr, verbuchen.

Nach einer langen Durststrecke ging es mit der *Imperial Chemical Industry,* dem Prunkstück der britischen Industrie und Barometer des englischen Wirtschaftsklimas, unter der Führung von Sir John Harvey Jones wieder aufwärts, ein positiver Trend, der auch andere Unternehmen wie *Courtault, British Steel* sowie vor allem *Jaguar* erfaßte. *Jaguar* galt bis dahin als klassisches Symbol für die schlechte Qualität britischer Erzeugnisse: „Wer einen Jaguar fahren will", so hieß es, „muß sich gleich zwei kaufen, denn einer ist ständig reparaturbedürftig". Eine ganze Reihe weiterer aufsehenerregender Erfolge stellte sich ein.

Das Auftauchen junger, nach amerikanischem Vorbild geschulter Manager, der *yuppies,* in der Londoner City, denen die besondere Bewunderung der Premierministerin galt, stand in direktem Zusammenhang mit dem erneuten Aufschwung (dem sogenannten *Big Bang*) des *Stock Exchange* (Effektenbörse) und der führenden britischen Unternehmen, die sich nun wieder besser gegen die ausländische Konkurrenz zu behaupten vermochten. Die große Neuigkeit bestand gerade darin, daß Amerikaner und Japaner nunmehr freien Zugang zur Londoner Börse hatten.

In der internationalen Politik setzte Margaret Thatcher ungeniert ihre Macht und ihr Ansehen ein. Im Frühjahr 1984 kam es anläßlich des Europa-Gipfels in Brüssel zu zähen, eine ganze Woche andauernden Verhandlungen, in denen die Europäische Gemeinschaft in Frage gestellt wurde. Die Briten blockierten unfairerweise die Ausgänge, störten die Debatten und suchten um jeden Preis eine Änderung der Statuten zu erreichen.

Beim vorhergehenden Gipfeltreffen in Stuttgart hatte Margaret Thatcher auf unerträgliche Art und Weise gegen die EG-Politik gewettert und war daraufhin von François Mitterand heftig zurechtgewiesen worden. „Sie müssen wissen", sagte er, „daß wir weder britische *Labour*-Politiker noch Argentinier sind!" Normalerweise war er von Margaret Thatcher durchaus angetan, deren große Augen ihn faszinierten und deren Mund ihn an Marilyn Monroe erinnerte. In seiner Eigenschaft als Präsident der Europäischen Kommission wollte François Mitterrand nichts überstürzen. Seinem besonnenen Eingreifen war es zu verdanken, daß die Europäische Gemeinschaft nicht auseinanderbrach, und die Verhandlungen ein klein wenig vorankamen.

In Brüssel zeigte Margaret Thatcher erneut ihre Krallen und ließ die Arbeitssitzungen zu einem unerbittlichen Grabenkrieg entarten. Sie drohte fortwährend mit der Einstellung der britischen Beitragszahlungen. Angeblich wollte sie sich lediglich Klarheit verschaffen, in Wirklichkeit verlegte sie sich jedoch auf eine zermürbende Verzögerungstaktik, um die Preise in die Höhe zu treiben und aus einer günstigeren Ausgangslage heraus über die britischen Beiträge zur Europäischen Gemeinschaft zu verhandeln. Im wesentlichen verfolgte sie nach wie vor dieselbe Politik, die sie anläßlich ihrer Ablehnung der französischen Schlußvorlage auf dem Athener Gipfeltreffen präsentiert hatte. Der von Großbritannien alljährlich zu erbringende Nettobeitrag sollte sich auf maximal 500 Millionen ECU belaufen. Dies bedeutete, daß die von den beteiligten Staaten zu leistenden Ausgleichszahlungen doppelt so hoch ausfallen sollten wie ursprünglich vorgesehen.

Diese Kluft schien auf den ersten Blick unüberbrückbar zu sein. Während zunächst alle beteiligten Staaten in Brüssel unbedingt eine Einigung erzielen wollten, rief die starrköpfige, unnachgiebige Haltung Margaret Thatchers, die selbst das Auseinanderbrechen der Europäischen Gemeinschaft in Kauf nehmen wollte, die Erinnerung an das Jahr 1954 wach. Damals war das Projekt der West europäischen Verteidigungsgemeinschaft an der zu geringen, nur auf dem Papier bestehenden Solidarität der einzelnen Staaten gescheitert.

Der nationale Egoismus hatte ein weiteres Mal gesiegt, und es würden sich erneut jene durchsetzen, die ihre Forderungen am lautesten geltend machten. Gemeinsam mit den Bonner Diplomaten bemühte man sich in Paris erfolgreich darum, das Schlimmste abzuwenden. Die französische Delegation bereitete einen neuen Entwurf vor, der sämtliche Forderungen beherzigte: die irischen Milch-, die deutschen Agrarforderungen und das britische Verlangen nach einer modifizierten Beitragsberechnung.

Damit war man einen Schritt weitergekommen. Maggie jedoch war mit dem Erreichten keineswegs zufrieden, sondern schmollte. Die Krämerstochter aus Grantham forderte trotzig ihr Geld zurück: „I want my money back!" Sie war gar nicht ernsthaft an einer Einigung interessiert, sondern wollte die Angelegenheit auf das nächste Gipfeltreffen im Juni vertagen, das unter noch größerem Zeitdruck und folglich unter erschwerten Bedingungen stattfinden würde.

Nach London zurückgekehrt, vertrat Margaret Thatcher im Unterhaus die Auffassung, daß sie sich angesichts der komplizierten Probleme durchaus berechtigt fühlte, den Einigungsprozeß aufzuhalten und massiven Druck auf die anderen Mitgliedsstaaten auszuüben. Sie erntete einhellige Zustimmung.

War dies nicht ein Indiz für eine neu erwachte, entschiedene Ablehnung der europäischen Idee? Für ein tiefverwurzeltes Mißtrauen gegenüber der Europäischen Gemeinschaft? Laut einer Meinungsumfrage der BBC bevorzugten 80 Prozent der Briten unabhängig von ihrer sonstigen politischen Einstellung die traditionell von Großbritannien propagierte *splendid isolation* (Politik der selbstgewählten Isolierung). Margaret Thatchers Europapolitik rief nur ganz vereinzelte Proteste hervor. Lediglich Heath und die Anführer der Sozialdemokraten und der Liberalen kritisierten ihr Verhalten. Was die zu leistenden Beiträge anging, waren *Labour Party* und *Tories* nämlich ausnahmsweise ein und derselben Meinung. Dies veranlaßte André Fontaine, in *Le Monde* festzustellen: „In Großbritannien gibt es nur einen einzigen Europäer, nämlich Edward Heath!"

Dennoch beteuerte die Premierministerin, daß sie keineswegs gegen ein vereintes Europa sei. Schließlich hatte sie doch das Projekt eines Tunnels unter dem Ärmelkanal und somit eine stärkere Anbindung an das europäische Festland gefördert, dessen Sprachen sie im übrigen nicht verstand. Die Europäische Gemeinschaft hätte sie jedoch am liebsten nach ihrem Gutdünken manipuliert.

Das *Foreign Office* spielte während der Brüsseler Auseinandersetzungen eine entscheidende Rolle. Es war ununterbrochen darauf bedacht, die Stellungnahmen der Premierministerin zu entschärfen, um unter allen Umständen einen offenen Bruch zu vermeiden, der vermutlich das Ende der europäischen Idee bedeutet hätte. Margaret Thatcher setzte sich schließlich durch.

Im Winter 1984 begab sich Margaret Thatcher erstmals in einen Ostblockstaat. Sie reiste nach Budapest, denn – so stellte sie fest – „die Zeit ist reif für einen Abbau der zwischen Ost und West herrschenden Spannungen". Dank dieses geschickten taktischen Manövers gelang es ihr, die Presse und die öffentliche Meinung von den innenpolitischen Problemen abzulenken.

Kaum war sie von dieser ersten, erfolgreichen Reise zurückgekehrt, plante sie bereits die nächste. Kremlchef Juri Andropow war soeben verstorben, und Margaret Thatcher gedachte an seinem Begräbnis teilzunehmen. Der *Observer* schrieb daraufhin empört: „Daß die Premierministerin es derart eilig hat, der Beerdigung jenes Menschen beizuwohnen, den sie bei jeder Gelegenheit angegriffen hat, verstößt gegen Sitte und Anstand". Die Zeitung irrte sich jedoch. Der Entschluß, nach Moskau zu reisen (Margaret Thatcher hatte bereits im Rahmen ihrer Chinareise eine Zwischenlandung zu einem Blitzbesuch genutzt), um die Beziehungen zwischen Großbritannien und der Sowjetunion zu verbessern, entsprang einer beachtlichen Wende in der antikommunistischen Haltung der Briten und zeugte vom untrüglichen politischen Instinkt der *Eisernen Lady*. Sie schuf die Voraussetzungen für einen tiefgreifenden Wandel der Ost-West-Beziehungen. Hatte sie zunächst blindlings den Standpunkt des gegen das *Reich des Teufels* wetternden Reagan übernommen, so schlug sie ab 1983 allmählich einen Kurs ein, der später die sowjetische Öffnung *(Glasnost)* unter Präsident Gorbatschow erleichtern sollte. Der amerikanische Präsident Reagan war ganz und gar durch seinen Wahlkampf in Anspruch genommen und schwenkte erst nach seiner Wiederwahl auf den von Margaret Thatcher vorgezeichneten Weg eines Dialogs ein.

Diese erste Moskaureise war jedoch nur ein Vorspiel, da Andropows Nachfolge noch nicht geklärt war. Margaret Thatcher war fest entschlossen, zur Fortsetzung ihrer *Ostpolitik* baldmöglichst erneut in die Sowjetunion zu reisen.

Mit Ausnahme von Heath, dem sämtliche Initiativen Margaret Thatchers nach wie vor nur mürrische Kommentare entlockten, stieß ihr Vorgehen bei der Regierung und bei der gesamten Opposition auf einstimmige Billigung.

In der Nacht des 11. Oktober 1984 ereignete sich ein schreckliches Drama. Irische Terroristen verübten einen Bombenanschlag auf das Grand Hotel von Brighton, in dem anläßlich des alljährlich stattfindenden Parteitags der *Tories* die Premierministerin samt ihrer Regierung abgestiegen war. Das Attentat hatte ganz offensichtlich Margaret Thatcher gegolten. Wie durch ein Wunder kam sie mit heiler Haut davon: Sie verließ ihr Badezimmer wenige Minuten, bevor es durch die Explosion zu Schutt und Asche wurde. Voll angekleidet und ordentlich frisiert stürzte sie, gefolgt von Denis, auf den Flur, wo sie inmitten des Chaos auf John Gummer, den Generalsekretär der Konservativen Partei stieß, der sich einen Weg durch die Trümmer zu bahnen suchte, nur mit einem Schlafanzug bekleidet. „Kann ich Ihnen irgendwie behilflich sein?", fragte sie den sichtlich unter Schockwirkung stehenden, hilflos herumeilenden Mann.

Fünf Personen, darunter zwei Minister, fanden den Tod. Dreißig Menschen, unter anderem Norman Tebbit, dessen Frau und John Wakeman, wurden verletzt. Dieses grausame Attentat erinnerte an jenes, das 1979 Lord Mountbatten das Leben gekostet hatte. Die IRA gab nicht auf.

Was die Fernsehzuschauer am darauffolgenden Tag zu sehen bekamen, ließ sie vor Entsetzen erschauern. Aus den Trümmern wurden ständig weitere Opfer geborgen, während Margaret Thatcher mit aufgelöster Miene überall umhereilte, um alle Kräfte zu mobilisieren und mit bewundernswerter Kaltblütigkeit das Drama zu kommentieren. Die für den Vormittag vorgesehene Sitzung ließ die Premierministerin nicht vertagen, sondern bestand auf *business as usual* (den üblichen Ablauf). Gleichzeitig hob sie hervor, daß diese kriminelle Tat offensichtlich darauf abziele, den Ablauf des geplanten Parteitages zu erschweren und „die demokratisch gewählte Regierung Ihrer Majestät lahmzulegen".

Mit ihrer betont zur Schau gestellten Selbstbeherrschung wollte die Premierministerin verhindern, daß eine allgemeine Panik ausbrach. Von ihr nahestehenden Personen war später zu erfahren, daß dieses Attentat sie in Wahrheit zutiefst erschüttert hatte. Sie hatte stundenlang geweint, und als sie an einem strahlenden Herbstwochenende auf ihren Landsitz Chequers zurückkehrte, waren ihre Augen immer noch stark gerötet, und sie sagte immer wieder: „Diesen Tag möchte ich am liebsten aus meinem Leben streichen."

Anfang 1985 widersetzten sich die Oxforder Professoren, die sogenannten *dons,* und Assistenten der traditionellen Verleihung einer Ehrendoktorwürde an die britische Premierministerin. Seit Kriegsende waren sämtliche Regierungschefs, die in Oxford studiert hatten, mit diesem Titel ausgezeichnet worden, ganz gleich, ob sie der Konservativen Partei oder der *Labour Party* angehörten. Der einzige *Oxford*-Absolvent, dem der Ehrentitel verwehrt wurde, war der pakistanische Präsident Ali Bhutto, den man später zum Tod am Strang verurteilte.

Für Margaret Thatcher bedeutete dies eine tiefe Demütigung, die teilweise mit großer Empörung aufgenommen wurde. Die Professoren begründeten ihr Veto mit den „Schäden, welche die Regierung dem gesamten Unterrichtswesen und insbesondere der wissenschaftlichen Forschung zufügte". Sie betonten, daß ihr Einspruch als Protest gegen die Politik der Premierministerin und nicht etwa als persönliche Beleidigung zu verstehen sei. Ein paar Wochen zuvor hatte die Regierung in der Tat die Mittel des Ministeriums für Erziehung und Wissenschaft für das Jahr 1985/86 um fünf Prozent gekürzt. Bei der Universitätsleitung ging daraufhin eine von über 5 000 Studenten unterzeichnete Petition ein, welcher nach zweistündiger Debatte stattgegeben wurde.

Die eisige Antwort aus der *Downing Street* ließ nicht lange auf sich warten: „Wenn die Universität Frau Thatcher nicht mit dieser Auszeichnung bedenken möchte, verzichtet die Premierministerin ihrerseits gerne darauf." Margaret Thatcher hatte durchaus etwas für Forschung übrig, „. . . vorausgesetzt, sie verfolgt praktische Zwecke". Diese pragmatische Haltung äußerte sie anläßlich des von französischer Seite angeregten Projekts *Eureka,* mit dessen Hilfe der amerikanische und japanische Vorsprung auf dem Gebiet der Informatik und der Spitzentechnologie wettgemacht werden sollte. Großbritannien fand sich sofort bereit, bei diesem ehrgeizigen Programm mitzumachen. Daß Großbritannien gleichzeitig die amerikanische *Strategic Defense Initiative* (Reagans Lieblingsprojekt „Krieg der Sterne") unterstützte, erregte allerdings das Mißtrauen seiner europäischen Partner.

Blieb noch das Finanzierungsproblem, das Margaret Thatcher in der für sie typischen Weise zu lösen gedachte, indem sie vor allem private Kapitalgeber für das Projekt begeistern wollte, um die Staatskasse so wenig wie möglich zu belasten. Die britischen Unternehmer schienen sich jedoch nicht allzu sehr für das Projekt *Eureka* zu interessieren, das in ihren Augen zu stark französischen und europäischen Charakter hatte. Das amerikanische *SDI*-Vorhaben, das mehr oder weniger mit *Eureka* konkurrierte, schien sie dagegen mehr zu reizen. Es bot ihnen die willkommene Gelegenheit zu einer vorteilhaften britisch-amerikanischen Zusammenarbeit, von der sie sich langfristig reichen Geldsegen und gleichzeitig ein angenehmes Exil versprachen.

Nach endlosen Verhandlungen unterzeichneten Margaret Thatcher und der irische Premierminister Garret Fitzgerald Ende 1985 das *Anglo-Irische Abkommen von 1985*. Die Regierung der Republik Irland erhielt ein gewisses Mitspracherecht bezüglich der Verwaltung des zu Großbritannien gehörenden Nordirland. Dieses Abkommen war von großer Bedeutung. Auch wenn man nicht mit einer sofortigen Aussöhnung der in den sechs nordirischen, der englischen Krone unterstehenden Grafschaften lebenden Katholiken und Protestanten rechnen durfte, stellte es doch einen vielversprechenden Anfang dar.

Während das Abkommen im restlichen Europa begeistert begrüßt wurde, stieß es bei den nach wie vor englandtreuen militanten Unionisten auf erbitterte Ablehnung. Sie betrachteten es als eine Provokation und fühlten sich vom Vereinigten Königreich im Stich gelassen. In dem rund zwanzig Kilometer von Belfast entfernt gelegenen Hillsborough, einer traditionellen Hochburg der Protestanten und Unionisten, versammelten sich die Gemeinderäte vor dem Schloß, um demonstrativ die irische Fahne zu verbrennen und durch den *Union Jack* zu ersetzen. Allenthalben verkündeten Transparente *Ulster is British* und warnte man Margaret Thatcher, daß man einen Kampf bis aufs Messer liefern und erforderlichenfalls gar sämtliche Mitglieder des im Abkommen vorgesehenen, mit Vertretern beider Länder besetzten Koordinationsausschusses töten werde.

Nach der Ratifizierung durch die Parlamente sollten zur Terrorismusbekämpfung und zur Klärung des Verhältnisses zwischen der katholischen Minderheit einerseits sowie Ordnungskräften und Justiz andererseits regelmäßige Treffen zwischen den Mitgliedern beider Regierungen stattfinden. Bestimmte Verbrechen sollten von paritätisch besetzten Gerichten geahndet werden. Ferner legten die beiden Regierungen fest, daß der verfassungsrechtliche Status Nordirlands nur dann geändert werden durfte, wenn die protestantische Mehrheit sich damit einverstanden erklärte, wozu sie im Augenblick unter gar keinen Umständen bereit war.

Etwaige Friedensverhandlungen waren noch nicht in Sicht. Sie waren erst denkbar, wenn sich der alte Haß gelegt oder die Katholiken angesichts der ständigen Gewaltakte kapituliert haben würden. Die IRA teilte unterdessen mit, daß sie sich in keiner Weise an dieses Abkommen gebunden fühle und ihre terroristischen Anschläge weiterhin fortzusetzen gedenke.

Die Situation war nach wie vor äußerst schwierig. Begonnen hatte das ganze Problem, als der damalige Innenminister James Callaghan die ersten britischen Einheiten nach Nordirland entsandte. Den Ernst der Lage erahnend hatte er festgestellt: „Es bereitet nicht die geringste Schwierigkeit, unsere *boys* dorthin zu entsenden. Sie gesund und unversehrt zurückzuholen, wird dagegen ein hartes Stück Arbeit sein!"

Die Entscheidung, was aus der Hubschrauberfabrik Westland werden sollte, sorgte im Januar 1986 landesweit für Aufsehen. Warum ließ die britische Regierung zu, daß der amerikanische Unternehmer Sikorsky den Betrieb übernahm? Warum hatte sie sich nicht zugunsten eines europäischen Konsortiums entschieden, welches das marode Unternehmen aufkaufen und die amerikanische Gesellschaft vom europäischen Markt fernhalten wollte? Seltsamerweise zogen sowohl die Geschäftsleitung von Westland als auch Industrie- und Handelsminister Leon Brittan einen Verkauf an Sikorsky vor. Sie vertraten die Ansicht, daß die amerikanische Firma bessere Sicherheiten biete. Margaret Thatcher teilte ihre Meinung und wollte vor allem Rücksicht auf ihre amerikanischen Freunde nehmen.

Verteidigungsminister Michael Heseltine hatte alle Hebel zugunsten einer europäischen Lösung in Bewegung gesetzt. Als er feststellen mußte, daß all seine Bemühungen umsonst waren, trat er wütend von seinem Amt zurück. Während die Schlacht um Westland noch in vollem Gange war, tauchte plötzlich ein Schreiben auf, das Leon Brittan schwer belastete, so daß auch der Industrie- und Handelsminister – gezwungenermaßen – aus dem Amt schied.

Diese absurde Auseinandersetzung um eine kleine Hubschrauberfabrik löste eine Unterhausdebatte aus, in deren Verlauf Margaret Thatcher in große Verlegenheit geriet und mit knapper Not einem Mißtrauensvotum entging, das einzig und allein am Zusammenhalt der konservativen Abgeordneten scheiterte. Nichtsdestotrotz ging sie aus dieser Krise geschwächt hervor. Eine Untersuchung des *Observer* ergab, daß 43 Prozent der Befragten für den Rücktritt der Premierministerin waren, obwohl es ein offenes Geheimnis war, daß sie ein drittes Mal kandidieren wollte.

Leon Brittan wurde von Paul Channon abgelöst, der einen gemäßigten Kurs verfolgte und keineswegs den währungspolitischen Standpunkt der Regierungschefin teilte.

Michael Heseltine kehrte unter die *backbenchers* zurück und spielte den Einzelgänger. Für alle stand jedoch fest, daß er bei der erstbesten Gelegenheit harte Kritik an der Regierung üben würde.

Der hochgewachsene, elegante Staatsmann hatte, bevor er sich in die Politik begab, im Immobilienhandel und im Verlagswesen ein beachtliches Vermögen erwirtschaftet. Er war eine der herausragendsten Persönlichkeiten im Kabinett Thatcher und hatte das Auftreten eines Chefs. Nach seiner Ernennung zum Verteidigungsminister im Jahr 1983 trug ihm sein massives Eintreten für die atomare Abrüstung die Bezeichnung *nuclear enragé* ein. Seinen zweiten, weitaus geläufigeren Spitznamen *Tarzan* verdankte er seinem exzentrischen Auftreten im Unterhaus. Eines Tages hatte er in seiner Erregung den stets als Symbol des Königtums inmitten des Unterhauses thronenden, ungeheuer schweren Streitkolben hochgehoben, als ob es sich um einen Strohhalm handle, und ihn zum allgemeinen Erstaunen über seinem Kopf geschwungen.

Als treuer Anhänger Heaths kam er nicht besonders gut mit Margaret Thatcher aus, die ihn nicht als einen der Ihren, als *one of us,* betrachtete. Mehrmals war es zu einer offenen Konfrontation gekommen, namentlich als er sich in seiner Eigenschaft als Staatssekretär im Umweltministerium gegen die beabsichtigte Abschaffung des *Greater London Council*★ und gegen die Gemeindesteuer eingesetzt hatte, die Margaret Thatcher beide sehr am Herzen lagen.

Im Unterhaus lösten die Auftritte des brillanten Redners fast ebensoviel Bewunderung aus wie jene der Premierministerin.

Die Westlandaffäre war noch nicht recht beendet, da wandte sich die Presse einem anderen Skandal zu, der sie drei Jahre lang, von 1985 bis 1988, immer wieder beschäftigen sollte. Ausgelöst wurde er durch das Buch *Spycatcher* (Spionenhäscher) des ehemaligen Geheimdienstoffiziers Peter Wright. Er behauptet darin unter anderem, der Leiter des britischen Geheimdienstes MI5 nach dem Zweiten Weltkrieg, Sir Roger Hollis, habe im Auftrag Moskaus Spionage betrieben. Bereits Anfang 1981 hatte der ausgewiesene Spezialist Chapman Pincher einen entsprechenden Verdacht geäußert. Margaret Thatcher wollte nicht zulassen, daß derart unerfreuliche Geschichten leichtfertig veröffentlicht wurden und strengte gegen den Autor einen langwierigen Prozeß an, von dem sie sich ein Verbot des Buches erhoffte. Laut Margaret Thatcher war ein Spion zu ewigem Schweigen verpflichtet. Und schreiben durfte er schon gar nicht.

Wright war inzwischen nach Australien ausgewandert. Die australischen Behörden weigerten sich, die ihrer Meinung nach alberne und lächerliche Angelegenheit in britischem Auftrag weiterzuverfolgen, zumal weltweit bereits eine Million Exemplare verkauft worden waren.

Margaret Thatcher, die unbeabsichtigt die Werbetrommel für Wrights Buch gerührt hatte, verlor ihren mit großer Energie geführten Prozeß, mit dem sie die absolute Geheimhaltung sämtlicher Geheimdienstangelegenheiten durchsetzen wollte.

Gegen Ende des Frühjahres 1985 erreichte Margaret Thatchers Popularität wieder einmal die Talsohle. In Westminster kam es zu einer Verschwörung. Die konservativen Abgeordneten wollten sich von der lästig gewordenen Premierministerin trennen. Der Rädelsführer der Verschwörung war Margaret Thatchers ehemaliger Außenminister Francis Pym, der kurz zuvor in einem Pamphlet die Regierung äußerst heftig kritisiert hatte. Maggie setzte sich sofort zur Wehr und bewies ein weiteres Mal, daß sie das Herz auf dem rechten Fleck hatte. Sie bekräftigte ihre politischen Zielsetzungen, die sie mit noch größerem Nachdruck verfolgen wollte, und beteuerte, daß sie die denkbar geeignetste Regierungschefin sei. Beiläufig bemerkte sie, daß bei der nächstbesten Gelegenheit die Köpfe der aufmüpfigen Kabinettsmitglieder rollen könnten . . . und zwar im Herbst.

Um auf andere Gedanken zu kommen, trat sie anschließend in Begleitung ihres Ehemannes eine Südostasienreise an. Innerhalb von elf Tagen besuchte sie sieben verschiedene Länder, darunter Indien und Indonesien. Sie war ständig unterwegs. Der Frachtraum des Flugzeugs enthielt zweiundfünfzig Kleider sowie rund zwanzig passende Hüte. Diese Reise sollte dazu dienen, erstmals oder erneut Kontakt zu den Ländern dieses Erdteils aufzunehmen sowie Handelsbeziehungen zu ihnen aufzubauen.

Der fast ein Jahr während, zermürbende Abnützungskrieg gegen die streikenden Bergarbeiter war seit kurzem beendet, und diese Reise stellte einen wohlberechneten Werbefeldzug dar.

Margaret trat in einige Fettnäpfchen. Die schlimmste Panne unterlief ihr in Jakarta. Als sie zu einem offiziellen Essen infolge der tropischen Regenfälle schließlich mit zwanzigminütiger Verspätung erschien – ihr Auto war unterwegs im Schlamm steckengeblieben –, versicherte sie ihren erstaunten Gastgebern, daß sie sehr gerne nach Malaysia gekommen sei. „Indonesien“, flüsterte Denis ihr rasch ins Ohr. Margaret erstarrte vor Schreck und bedankte sich stammelnd bei ihrem Mann.

Die Reise brachte nicht den erhofften Erfolg und wirkte sich nicht besonders günstig auf Margaret Thatchers Image aus. Man verübelte ihr die allzu deutlichen Äußerungen über den Bergarbeiterstreik und daß sie sich öffentlich rühmte, die Streikenden und dadurch auch die Gewerkschaften in die Schranken verwiesen zu haben. Ein Politiker in ihrer Stellung sollte sich doch etwas diskreter verhalten. Ihre triumphierende Haltung stieß auf allgemeine Ablehnung.

Außerdem war sie die ganze Zeit über krampfhaft bemüht, ständig die allgemeine Aufmerksamkeit auf sich zu lenken. Dies geschah in der Absicht, die ihr seit fast anderthalb Jahren nicht sonderlich wohlgesonnene öffentliche Meinung zu ihren Gunsten zu beeinflussen. Sie erzielte jedoch genau das Gegenteil der beabsichtigten Wirkung.

Anläßlich des Parteitags von Blackpool hatte Margaret Thatcher 1985 Jeffrey Archer aufgefordert, als Stellvertreter des Generalsekretärs Norman Tebbit wieder zur Partei zu stoßen. Seine Aufgabe sollte angesichts des künftigen Wahlkampfs darin bestehen, der Organisation wieder „Stil und Schwung" zu verleihen. Der Erfolgsautor, dessen Bücher millionenstarke Auflagen erreichten, hatte 1974 infolge eines Finanzskandals sein Abgeordnetenmandat niederlegen müssen (er war damals der jüngste Abgeordnete Großbritanniens). Bis zum Hals in Schulden steckend, meldete er sich arbeitslos und erstand eine Schreibmaschine. Binnen drei Monaten schrieb er ein Buch, das ihn mit einem Schlag vermögend und berühmt machte. Der Titel des Buches lautete bezeichnenderweise: *No Penny More, No Penny less* (Kein Penny zu viel, kein Penny zu wenig).

Der frischgebackene Millionär hatte inzwischen seine Schulden abbezahlt und wollte sich als ein glühender Bewunderer Margaret Thatchers erneut in der Konservativen Partei engagieren. In der Parteizentrale glaubte man nicht, daß er der Sache der Partei irgendwie dienlich sein könne. „Was hat Jeffrey hier zu suchen?", fragten sich seine Parteifreunde. „Er hat den Mund zu halten", lautete die lakonische Antwort. Das hätte er in der Tat besser getan. Bei seinen ersten Fernsehauftritten wandte er sich an die jungen Arbeitslosen und versuchte ihnen Mut zuzusprechen: „Ich weiß, was es heißt, arbeitslos zu sein. Ich selbst war ebenfalls arbeitslos und hatte überdies auch noch Schulden in Höhe von 400 000 Pfund . . ." Momentan ging es ihm jedoch blendend. Er signierte seine Romane, und es schien ihm großen Spaß zu machen, für seine eigenen Bücher zu werben.

Zwei Jahre später war er erneut in einen Skandal verwickelt, der diesmal das endgültige Aus für seine politische Karriere bedeutete. Eine Prostituierte versuchte ihn zu erpressen, und am Ende eines langwierigen, lächerlichen Prozesses, den die Engländer wie einen spannenden Fortsetzungsroman verfolgten, wurde er vom Vorwurf des Ehebruchs freigesprochen. Als Ausgleich für den ihm angeblich zugefügten Schaden erhielt er die höchste zur damaligen Zeit übliche Entschädigung. So mancher zweifelte allerdings nach wie vor an Archers mutmaßlicher Schuldlosigkeit.

Mit ihrer Reise an den persischen Golf zog Margaret Thatcher sich heftige Kritik zu. Die britische Presse bezichtigte sie der Vetternwirtschaft. Sie hatte vor Ort einen Milliardenvertrag für eine britische Firma ausgehandelt. Ihr Sohn Mark, der rein zufällig für dieses Unternehmen als Berater tätig war, kassierte daraufhin eine stattliche Provision. Die Gerüchteküche brodelte, und die Regierung geriet ins Wanken, zumal bekannt wurde, daß auch Ehemann Denis auf irgendeine Weise in die Familienklüngelei verwickelt war.

Die *Eiserne Lady* mußte sich vor dem Unterhaus verantworten. Voller Empörung protestierte sie und trug eine beleidigte Miene zur Schau, welche, anstatt die Gerüchte im Keim zu ersticken, die *Labour Party* noch mehr auf ein Ermittlungsverfahren beharren ließ. Daß sie die ganze Angelegenheit ungeschoren überstand und die Affäre nicht politisch ausgeschlachtet wurde, sondern rasch beigelegt werden konnte, verdankte Margaret Thatcher ausschließlich einem geschickten Ablenkungsmanöver sowie der Tatsache, daß ihre grundlegende Rechtschaffenheit nicht in Zweifel gezogen wurde. Ihr Sprößling verließ das Vereinigte Königreich, ehelichte eine vermögende Texanerin und ließ sich in Amerika nieder, wo er rasch Aufnahme in die *High Society* fand und es raffiniert auszunutzen verstand, daß seine Mutter zu den einflußreichsten Frauen der Welt gehörte.

Auf einem anderen Gebiet hielt die *Eiserne Lady* treu an ihrer innersten Überzeugung von der Notwendigkeit eines Sitten- und Mentalitätswandels fest. Die Rückbesinnung auf die viktorianischen Wertvorstellungen zu propagieren, mochte als aussichtsloses Unterfangen, als ein frommer Wunsch erscheinen. Margaret Thatcher ging es jedoch ganz im Gegenteil um eine grundlegende Reform. Vor dem Hintergrund der AIDS-Epidemie begann die britische Gesellschaft – und nicht nur sie –, ihr Sexualverhalten neu zu überdenken. Mit den Exzessen der sechziger Jahre war es aus und vorbei. Es verging keine Woche, in der Presse und Rundfunk nicht die Vorteile anpriesen, die mit einer allgemeinen und vor allem mit einer sexuellen Mäßigung verbunden seien. Diese riesige, von der Regierung angeordnete Informationskampagne lief unter dem Motto: „Nicht aus Unwissenheit sterben". Sie suchte die Briten haarklein über sämtliche Ansteckungsmöglichkeiten zu unterrichten und die viktorianischen Moralvorstellungen von einst wieder einzuführen.

Drei Faktoren ließen die Popularität der Premierministerin unweigerlich schwinden: ihre Entschlossenheit, den Verteidigungshaushalt zu erhöhen, ihr Eintreten für die Beibehaltung der Atomstreitkräfte und das schleppende Tempo, mit dem sie die Reform des Gesundheits- und des Schulwesens in Angriff nahm. Man warf ihr vor, sie gehe zu behutsam zu Werk und greife nicht radikal genug durch, dabei war in Großbritannien in Wirklichkeit seit Clement Attlee keine Regierung mehr derart konsequent vorgegangen wie diejenige Margaret Thatchers. Angesichts der ins Haus stehenden Wahlen setzte sich die Premierministerin jedoch nicht wie sonst lässig über die Kritik hinweg, sondern sah sich bisweilen gezwungen zu lavieren.

Warum nur bereitete der *National Health Service,* das unentgeltliche britische Gesundheitswesen der Regierung, solches Kopfzerbrechen? Das völlig verbürokratisierte, schlecht geführte Gesundheitswesen mit seinen rückständigen Krankenhäusern und seinen langen Wartelisten verursachte immense Kosten, war aber gleichzeitig nicht imstande, sich aus eigener Kraft zu modernisieren und die moderne Technik zu übernehmen. Die unterbezahlten Ärzte und Krankenschwestern beziehungsweise Pfleger wanderten scharenweise ins Ausland ab. In den Vereinigten Staaten, in Kanada und in Australien waren die Verdienstmöglichkeiten weitaus besser.

„Eine Reform des Gesundheitswesens läßt sich nicht improvisieren, sie braucht einfach eine gewisse Zeit", verkündete Margaret Thatcher, der es in Wahrheit um die Abschaffung der Unentgeltlichkeit ging. Ausgerechnet an diesem heutzutage in Großbritannien gültigen Prinzip dürfte sich die *Labour Party* jedoch kaum gestört haben, da sie es einst selbst eingeführt hatte. Die von Margaret Thatcher angestrebte Reform glich folglich einer Quadratur des Kreises, weshalb die Regierung es vorzog, lieber gar nichts zu unternehmen.

Das britische Schulsystem, um das es ebenfalls schlecht bestellt war, wurde in keiner Weise den Anforderungen eines hochentwickelten Industriestaates gerecht. Während die Unternehmen ständig darüber klagten, mangels qualifizierten Personals und Fachkräften nicht genügend expandieren zu können, erfüllten die Schulen die ihnen zugewiesene Rolle nicht mehr in befriedigender Weise. Die Lehrergewerkschaften wollten keine Konkurrenz zwischen den einzelnen Schulen aufkommen lassen und achteten daher darauf, daß das Niveau überall gleich niedrig war.

Diese reformbedürftigen Mißstände machten deutlich, daß der Regierung besorgniserregende Versäumnisse unterlaufen waren.

Im übrigen vertiefte sich zusehends die Kluft zwischen arm und reich. Zum einen schwankten die Gehälter ganz enorm, je nachdem, ob sie im Süden oder im Norden Großbritanniens bezogen wurden. Das Land zerfiel fortan in zwei ungleiche Teile: in den Norden mit seinen tristen, heruntergekommenen und deprimierenden Großstädten, seiner teils weißen, teils farbigen, in Gewalttätigkeit und Drogenkonsum absinkenden Bevölkerung und in den wohlhabenden Süden, in dem sich die neugegründeten Unternehmen ansiedelten, in welchem die Finanzwelt, die High-Tech-Firmen zuhause waren und in dem der Tourismus blühte. Die Reichen wurden immer reicher und die Armen immer ärmer.

Obgleich die soeben geschilderte wirtschaftliche Lage Ende 1986 und zu Anfang des darauffolgenden Jahres durchaus Anlaß zur Sorge gab, belegten die Meinungsumfragen wie in einer Art Jo-Jo-Spiel einen plötzlichen Umschwung. Offensichtlich vertrauten die Briten trotz allem auf die Konservative Partei und auf den Thatcherismus. Sie sagten sich, daß es nicht *fair* sei, Margaret Thatcher nicht die Möglichkeit zu geben, in einer weiteren Amtszeit ihr politisches und wirtschaftliches Programm zu Ende zu führen. Das sich allmählich wieder einstellende Wirtschaftswachstum, der langsam aber sicher wieder steigende Export, die Zunahme der Investitionen sowie vor allem der spürbare Rückgang der Arbeitslosigkeit bewogen die Briten, ein weiteres Mal für Margaret Thatcher zu stimmen. Die innerlich zerstrittene *Labour Party* und die in mehrere Gruppierungen zerfallende Sozialliberale Allianz stellten zudem keine echte Alternative dar.

Alles in allem befanden sich die *Tories* auf dem richtigen Weg.

15. Der Sprung nach vorne

Im April 1987 flog die stets unternehmungslustige Margaret Thatcher nach Moskau. Diese Reise diente weniger konkreten Verhandlungen als der Imagepflege – schließlich gedachte sie bald Neuwahlen anzusetzen – und der Aufrechterhaltung eines herzlichen Kontaktes zur Sowjetunion. Niemand war die Faszination entgangen, welche die beiden Spitzenpolitiker aufeinander ausübten, und Maggies Umgebung wußte, daß ihr besonderes Interesse an Gorbatschows Politik unter anderem daher rührte, daß sie sich an ihre eigenen Anfänge erinnert fühlte. Sie hegte Verständnis und Sympathie für die von Gorbatschow propagierte „Perestroika" und „Glasnost". War die von ihm angestrebte Revolution – wenn auch auf einer anderen Ebene – denn nicht jener vergleichbar, die sie soeben in Großbritannien bewerkstelligte? „Jede Reform ist ein Fortschritt", begrüßte sie das Vorhaben des sowjetischen Regierungschefs. Vieles verband sie, auch wenn Gorbatschow sie darauf hingewiesen hatte, daß die von ihm eingeleiteten Reformen keineswegs die sofortige Einführung des Kapitalismus bedeuteten.

Im übrigen hatte sie bereits bei Gorbatschows erstem Besuch in Chequers 1985 in ihrer pragmatischen und positiven Art beschlossen, daß sie mit ihm ins Geschäft kommen könne. Ihre Eingebung hatte sie nicht getäuscht, sie hatte Recht gehabt, und nun war es vielleicht soweit.

Bei ihren Treffen im Bolschoi-Theater ging ihnen nie der Gesprächsstoff aus, und die Arbeitssitzungen dauerten stets wesentlich länger als ursprünglich geplant. Während ihre Außenminister damit beschäftigt waren, Seite für Seite ihre Abschlußkommuniqués zu paraphieren, plauderten Margaret Thatcher und Michail Gorbatschow angeregt weiter. Maggie genoß es sichtlich, ihre Gedanken ungeniert äußern zu können, während ihr in Großbritannien die eigene Partei häufig zu größerer Zurückhaltung riet.

Diese Moskaureise stellte den absoluten Höhepunkt ihrer Außenpolitik dar und bestätigte sie in ihrem anfänglichen Eindruck, daß sich im Osten etwas gänzlich Neues anbahne, das es mit großer Aufmerksamkeit zu verfolgen gelte. Trotz aller Meinungsverschiedenheiten kam man miteinander ins Gespräch und konnte langfristig vielleicht sogar das Abrüstungsproblem lösen.

Andere hätten es als große Belastung empfunden, an der Spitze der Regierung zu stehen. Nicht so Margaret Thatcher. Für sie war es von lebensnotwendiger Bedeutung, sie fühlte sich vom Schicksal dazu bestimmt. Selbst nach sieben Amtsjahren arbeitete die *Eiserne Lady* noch wie besessen an ihren Akten, die in den berühmten *red boxes* aufbewahrt wurden. Nur notorische Nörgler fanden daran etwas auszusetzen, indem sie Hartnäckigkeit mit Monotonie verwechselten. Margaret Thatcher war der Ansicht, daß sie noch viel zu tun hatte. Und die ihr verbleibende Zeitspanne wurde zusehends kürzer. Hin und wieder stellte sie mathematische Berechnungen an: Im Falle einer Wiederwahl würde sie Churchill und sogar den im vergangenen Jahrhundert regierenden Gladstone an politischer Langlebigkeit übertreffen. An deren Amtsdauer gemessen, erreichte sie ein schwindelerregend hohes Ergebnis! Das erfüllte sie mit Stolz.

Margaret Thatcher war in der Tat fest entschlossen fertigzubringen, was Churchill und Macmillan mißlungen war. Sie beabsichtigte, weiterhin die von den Sozialisten eingeführten staatlichen Eingriffe in das Wirtschaftsleben rückgängig zu machen und auf diese Weise ihrem Land zu einer neuen Blüte zu verhelfen, was einen vollkommenen Bruch mit der jüngsten Vergangenheit bedeutete. Bei Margaret Thatchers Amtsantritt litt Großbritannien unter völlig veralteten, erstarrten Wirtschaftsstrukturen, unter massiven gesellschaftlichen Problemen und war auf internationaler Ebene absolut ins Hintertreffen geraten. Unter der neuen Premierministerin nahm es einen spektakulären Aufschwung. *Britain is back!* (Großbritannien ist wieder aufgelebt!) war bald allenthalben zu vernehmen. Alle krempelten die Ärmel hoch und machten sich wieder an die Arbeit. Die positive Bilanz wurde auch durch die Statistiken bestätigt, die eine tiefgreifende Wende belegten. Das war die Renaissance, die Margaret Thatcher anstrebte.

Im Frühjahr 1987 beschloß daher die Vollblutpolitikerin, die sich durch kein Hindernis bremsen ließ, daß die Zeit für ein weiteres Rennen gekommen sei. Obwohl sie mehrfach versichert hatte, daß zwei Amtszeiten zur Durchführung ihres Programmes genügen würden, trat sie ein drittes Mal an. Sie beraumte Neuwahlen an. Dieses dritte Mandat wollte Margaret Thatcher um jeden Preis erringen, um Großbritannien endgültig wieder flottzumachen.

Am Vorabend der Wahlen von Juni 1987 zweifelte niemand mehr an Margaret Thatchers Intelligenz, ihrem politischen Instinkt oder ihrer anerkannten staatsmännischen Begabung. Doch fragten sich die Briten verblüfft, ob diese Frau mit ihrem porzellanähnlichen Teint und ihren stahlblauen Augen, die nun bereits seit sieben Jahren in der *Downing Street 10* residierte, dort in der Tat noch länger verweilen wollte, um ihren neoliberalen „New-Deal" fortzusetzen. War sie wirklich jene von Allen J. Mayer beschriebene Frau der Renaissance? Und wollte man sie wirklich als Regierungschefin? Und wie lange noch? Bis zum Jahr 2000?

Der Wahlkampf erweckte erneut den Eindruck, als gelte es, einen Präsidenten zu wählen. Er wurde äußerst rauh geführt, und beide Seiten brachten schwere Anschuldigungen vor. Man kämpfte mit harten Bandagen, denn nun, da der Falklandkrieg beendet war, scheute die *Labour Party* nicht mehr länger vor Schlägen unter die Gürtellinie zurück. Dies war in Großbritannien gang und gäbe, schließlich galt es in erster Linie, die allgemeine Aufmerksamkeit auf sich zu lenken. Brian Walden wies in der *Sunday Times* zu Recht darauf hin, wie wichtig es war, daß sich der jeweilige Kandidat bei seinen Fernsehauftritten möglichst fotogen in Szene setzte. Seinem Auftreten und seiner äußeren Erscheinung wurde mehr Bedeutung beigemessen als dem Inhalt seiner Reden.

Nachdem die Parteien in ihren Manifesten ihr jeweiliges Programm dargelegt hatten, traten drei Wochen lang die Kandidaten gegeneinander an, um möglichst viele Wähler von der Richtigkeit des eigenen und der Unzulänglichkeit der übrigen Programme zu überzeugen. Die *Labour Party,* die ihren inneren Zwist anläßlich des Wahlkampfs begraben hatte, trat als seriöser Gegenspieler der Konservativen auf.

Der sympathische, warmherzige und bereits wahlkampferfahrene Neil Kinnock schlug sich tapfer. Seine Reden kamen deutlich besser an als die seiner ganzen Rivalen. Er sprach gewandt, lächelte häufig in die Kameras, besichtigte Schulen und Krankenhäuser und schien überall zugleich zu sein. Er hatte sich zu einem äußerst geschickten Wahlkampftaktiker entwickelt.

Sein teilweise erweitertes und überarbeitetes Programm war auffallend kurz und bündig. In der Finanzpolitik verfolgte Neil Kinnock einen deutlich anderen Kurs als die Konservativen und setzte sich namentlich für die Wiedereinführung der Vermögenssteuer ein. Er regte die Gründung einer „internationalen Bank für Industrieinvestitionen" zur Erhöhung der Regierungsanleihen an und trat für eine „Anhebung der Leistungen aus der Sozialversicherung sowie für die Bereitstellung höherer Kredite für das Gesundheits- und das Schulwesen" ein. Sein Programm zielte vor allem darauf ab, dank einer Investition von rund zehn Milliarden Pfund binnen zwei Jahren rund eine Million Arbeitsplätze zu schaffen.

Mit ihrer Verteidigungspolitik stieß die *Labour Party* auf erbitterte Kritik, die durchaus vorhersehbar und auch zu verhindern gewesen wäre. Großbritanniens NATO-Zugehörigkeit wurde allerdings nicht in Frage gestellt.

Die von David Steel und David Owen angeführte, aus dem Zusammenschluß der Liberalen und den Sozialdemokraten, der *Social Democratic Party* (SDP), hervorgegangene Sozialliberale Allianz vermied jede eindeutige Festlegung und war weder Fisch noch Fleisch. Sie verstand sich als eine Partei der Mäßigung, die sich gegebenenfalls an einer Koalition beteiligen würde. Daß ihre beiden Anführer sich offensichtlich nicht miteinander abgestimmt hatten und bezüglich einer Regierungsbeteiligung nicht immer dieselbe Auffassung vertraten, trug zusätzlich zur Verunsicherung der potentiellen Wähler bei. Fest steht jedenfalls, daß es der Allianz weniger darum ging, die Wahlen zu gewinnen, als vielmehr Margaret Thatcher eine vernichtende Niederlage beizubringen und die seit vielen Jahren regierenden Konservativen wieder in die Opposition zu verbannen.

Margaret Thatcher lief zu einer für ihre einundsechzig Jahre höchst ungewöhnlichen Hochform auf. Ihr Regierungsprogramm enthielt keine großartigen Neuerungen. Unter dem Motto „Der Sprung nach vorne" propagierte es haargenau jene Ziele, für die sie bereits während der vergangenen acht Jahre eingetreten war. Margaret Thatcher hatte jedoch größere Sorgfalt auf die Präsentation und die Formulierung der angestrebten Ziele verwendet. Die Premierministerin versprach, sich voll und ganz für die Lösung der anstehenden Probleme einzusetzen, ganz gleich, ob es sich um die Reform des Gesundheitswesens oder irgendein anderes Reformwerk handele. Sie gelobte, den Lebensstandard ihrer Landsleute steigern zu wollen, ohne jedoch „mehr Geld auszugeben als wir in der Kasse haben. Niemand hätte sich", argumentierte sie, „an den barmherzigen Samariter erinnert, wenn dieser nichts als gute Absichten besessen hätte. Er hatte aber auch Geld".

Der von Margaret Thatcher propagierte *Sprung nach vorne* bestand in einer beschleunigten Privatisierung staatseigener Betriebe wie beispielsweise der Flughäfen, der Wasser- und Stromversorgungsunternehmen und der Sozialwohnungen. Letztere, die sogenannten *council houses,* wurden nach wie vor von den Gemeinden verwaltet.

Ihr Eintreten für die Errichtung des „größten Einkaufszentrums Europas" bei Newcastle trug ihr den bissigen Kommentar ein, die Engländer bräuchten erst einmal Arbeit. Die Macht der Gewerkschaften sollte erneut durch ein Gesetz beschnitten werden. Künftig sollte die Basis ihre Anführer alle fünf Jahre in geheimer Wahl bestimmen.

Was das Schulwesen anging, sollten die Direktoren der weiterführenden Schulen fortan frei über ihr Budget verfügen und gegebenenfalls selbst entscheiden, welcher Aufsichtsbehörde sie sich unterstellen wollten.

Junge Arbeitslose, die sich nach ihrem Studium lieber arbeitslos meldeten, als eine praktische Berufsausbildung zu absolvieren, sollten fortan keine Arbeitslosenunterstützung mehr erhalten.

Margaret Thatchers Hauptaugenmerk galt der Sicherheitspolitik in den Großstädten. Sie gedachte jene deutlich ansteigende Welle von Verbrechen und Gewalttaten jeglicher Art zu bekämpfen, unter der die Großstädte seit einiger Zeit litten, ohne daß sich die Regierung bislang darum gekümmert hätte. Die Personalstärke der Ordnungskräfte sollte spürbar angehoben werden. Die Abwanderung aus den heruntergekommenen Stadtkernen und der oft erschreckend schlechte Gebäudezustand bereitete den Konservativen ebenfalls Kopfzerbrechen. Sie erstellten einen Sanierungs- und Erneuerungsplan. Außerdem sollte den Mietern von *council houses* per Gesetz die Möglichkeit eingeräumt werden, ihre bisher von den Gemeinden verwalteten Häuser künftig in eigener Regie zu führen.

Was die Reform der lokalen Steuern betraf, stellte die Premierministerin eine Senkung des Einkommensteuersatzes von 27 auf 25 % in Aussicht.

Ein – mit gutem Grund – noch nicht verabschiedetes Vorhaben kam erneut ins Gespräch. Es handelte sich um die Einführung einer lokalen Kopfsteuer, der sogenannten *poll tax*. Bislang hatten sämtliche Haushalte dieselbe Steuersumme zu entrichten, ganz gleich, ob es sich dabei um eine ledige Person oder um eine kinderreiche Familie handelte. Man kann sich unschwer die Verbitterung ausmalen, welche dieses Projekt vor allem bei der Arbeiterschicht und bei den Einwanderern aus dem *Commonwealth* auslöste.

Insgesamt betrachtet, enthielt das Manifest der Konservativen weniger Versprechen als jenes von 1983. Es stellte vielmehr das bislang Erreichte in den Vordergrund, das es zu erhalten galte. Neu war dagegen die von Margaret Thatcher angedeutete Absicht, sich 1991 oder 1992 um eine vierte Amtszeit zu bewerben. „Dies werden wir zum gegebenen Zeitpunkt entscheiden", befand sie.

Bisweilen erweckte sie den Eindruck, als erhoffe sie sich von der bevorstehenden Wahl weniger die erforderliche Zustimmung zur Fortsetzung ihres Programms als eine Anerkennung für das bislang Erreichte. Beides ließ sich nur schwer voneinander trennen, und so stimmten die unberechenbaren Durchschnittswähler, die sich nicht ausführlich mit dem Wahlprogramm befaßten, schließlich für die Konservativen – selbst jene, die Margaret Thatcher nicht ausstehen konnten. Sie war ein Mal mehr die meistgeliebte und bestgehaßte Frau Großbritanniens.

Mitten im Wahlkampf brach in der Parteizentrale der *Tories* am Saint John's Smith Square plötzlich Panik aus. Die Wahlkampforganisatoren trafen sich mit den Beratern der Premierministerin zu geheimen Gesprächen. Aus unerklärlichen Gründen – unter anderem wurden rasende Zahnschmerzen angeführt, die Margaret Thatcher furchtbare Qualen bereiteten – kam die Premierministerin mit ihrer Botschaft nicht an, sie verkaufte sich schlecht und trat in ein Fettnäpfchen nach dem anderen. Es galt daher schnellstens einzugreifen, um den Wahlsieg nicht zu gefährden. Carol Thatcher machte ihrer Mutter klar, daß sie unbedingt ihr Verhalten ändern müsse, da andernfalls ihre Wiederwahl mehr als fraglich sei. Die Premierministerin machte die Agentur Saatchi & Saatchi für ihren mangelnden Erfolg verantwortlich und besann sich wenige Tage vor dem Wahltermin um. Anstelle des iranischen Brüderpaares, das ihre bisherigen Wahlkämpfe organisiert hatte, engagierte sie den völligen Neuling Tim Bell, dem sie ihr ganzes Vertrauen schenkte. Die Plakate wurden geändert, die Reden überarbeitet – alles erhielt eine griffige, pragmatische Form. Endlich erkannte Maggie sich in der dargestellten Persönlichkeit wieder und konnte befriedigt feststellen: *„The same old girl . . .“* (Das gleiche alte Mädchen). Wie zur Bestätigung brach sie, die sich 1983 mitten im Wahlkampf zu einem Blitzbesuch des Gipfels der Industriestaaten nach Williamsburg abgesetzt hatte, vier Jahre später zu einem anderen Gipfeltreffen nach Venedig auf. Neben der kurz vorher erfolgten, sensationellen Moskaureise diente dieser Venedigaufenthalt dazu, das internationale Ansehen der britischen Premierministerin zu festigen und Großbritanniens Position zu stärken.

Die empörten Oppositionsführer warfen Margaret Thatcher vor, die Situation schamlos für ihre Wahlkampfzwecke auszunutzen. „Eine Gondelfahrt auf dem *Canale Grande* und ein Ständchen bei Präsident Reagan sind bei weitem keine ausreichenden Beweise für Führungsqualitäten", spottete David Owen, während Neil Kinnock sie davor warnte, „mit Hilfe der venezianischen Stores die bittere Realität des Wahlkampfes zu verschleiern".

Der äußerst erfolgreiche Kandidat Neil Kinnock, dessen spritzige Reden bei den britischen Wählern eindeutig am besten ankamen, beraubte sich selbst dank einer unglücklichen Äußerung aller Hoffnungen auf einen Sieg. Nichts vermochte die verhängnisvolle, ganze vierundzwanzig Worte umfassende Verlautbarung wieder wettzumachen, weder seine glänzenden Auftritte an der Seite seiner hübschen Ehefrau Glenys, noch seine wilden, siegessicheren Verrenkungen zu der Marschmelodie *„We will win!"* (Wir werden siegen!). Er hatte seine sämtlichen Erfolgsaussichten verspielt. Neil Kinnock hatte den elementaren Fehler begangen zu verkünden, daß die Briten im Falle einer feindlichen Invasion mit konventionellen Waffen kämpfen und sich als *Guerilleros* betätigen sollten. „Alle atomaren Waffen werden vernichtet", hieß es in seinem Programm. Hingegen sollten die „konventionellen Waffen beibehalten und weiter ausgebaut werden".

Den patriotisch gesinnten Briten erstarrte das Blut in den Adern. Die Vorstellung, man könne mangels gleichwertiger Waffen dem Feind unterliegen, löste solches Entsetzen aus, daß die Wähler der *Labour Party* ihre Stimme vorenthielten. Es war, als ob man sie im Zweiten Weltkrieg gezwungen hätte, auf ihre *Spitfires* zu verzichten.

Trotz der gemeinsamen Bemühungen der *Labour Party* und der Sozialliberalen, Margaret Thatcher – die sich ihrer Ansicht nach nicht im geringsten um die wahren Bedürfnisse des Landes kümmerte, für die Zukurzgekommenen und Arbeitslosen nur Verachtung übrig hatte oder sie gar selbst für ihre schlechte Lage verantwortlich machte und des Müßiggangs bezichtigte – zu stürzen, gewann diese zum dritten Mal hintereinander die Wahl mit einem beträchtlichen Vorsprung vor der *Labour Party*. Seit dem Zweiten Weltkrieg war dies noch niemand vor ihr gelungen. In den Zeitungen wurde sie daraufhin mit Churchill verglichen . . .

In ihrem Wahlkampf hatten die Konservativen äußerst geschickt jedes unter den Kabinettsmitgliedern umstrittene Thema vermieden. Allen vorhandenen Meinungsverschiedenheiten zum Trotz traten die *Tories* in einer einheitlich geschlossenen Front an, während die beiden anderen Parteien offenkundig unter inneren Streitigkeiten litten. Meinungsumfragen belegten, daß vor allem die vielversprechenden jungen Nachwuchskräfte aus der Londoner City, die sogenannten *yuppies,* die frischgebackenen Eigentümer der Sozialwohnungen und die Masse der Aktionäre, von *British Telecom* sowie *British Gas,* für die *Tories* gestimmt hatten.

Die Freudenkundgebung, mit der die *Eiserne Lady* ihre Wiederwahl begrüßte, erinnerte sehr stark an die vorangegangenen Siegesfeiern. Ehemann, Kinder, Mitarbeiter – alle feierten lautstark mit und umringten eine Margaret Thatcher, die strahlender und zuversichtlicher schien als je zuvor. Auf dem Gipfel des Ruhms angelangt, bedankte sie sich bei allen, die gekommen waren, um ihr zu gratulieren. Man konnte an ihrem Gesicht ablesen, wie sehr sie sich über ihren Sieg freute und wie sehr sie – um mit ihren eigenen Worten zu sprechen – ihren „phantastischen Triumph" genoß.

Der Komponist der Musicals *Hair, Evita* und *The Phantom of the Opera* hatte seiner glühenden Bewunderung für Margaret Thatcher in Form einer musikalischen Romanze mit dem Titel *Thatcherita Superstar* Ausdruck verliehen. Das Stück gelangte allerdings nicht zur Aufführung, da die Premierministerin, die für derart leichtfertige Vergnügungen nichts übrighatte, dem Komponisten mitteilen ließ, daß sie Wichtigeres zu tun habe, als sich ein zu ihren Ehren verfaßtes musikalisches Rührstück anzuhören.

Am Tag nach der Wahl begab sie sich wieder wie gewohnt an die Arbeit und hielt die anderen dazu an, es ihr gleichzutun. Es galt, keine Zeit zu verlieren. Die Amtsgeschäfte duldeten keine Unterbrechung und ließen keinen Raum für Euphorie.

Wenige Stunden nach Margaret Thatchers Wiederwahl knallten in der Londoner City, dem Symbol Großbritanniens, überall Sektkorken. Die führenden Finanz- und Wirtschaftskreise feierten. In den während „Maggies Nacht" ausnahmsweise geöffneten Büros der Geschäftsleute und Börsenmakler klingelten ununterbrochen die Telefone. Laufend erhielten sie per Telefon und Telefax Order, besonders begehrte Aktien – vor allem der erst kürzlich privatisierten Unternehmen – zu erwerben, deren Kurse sprunghaft in die Höhe schnellten. Die große Furcht, die *Labour Party,* welche unter anderem mit der erneuten Verstaatlichung der privatisierten Betriebe gedroht hatte, könnte an die Regierung zurückkehren, war zerstreut.

Die Londoner City, und mit ihr das ganze Land, blickte wieder vertrauensvoll in die Zukunft.

Die Analyse der Wahlergebnisse ergab, daß die Konservativen in Schottland und Wales erstaunlicherweise spürbare Verluste erlitten hatten. Das Ergebnis von Liverpool war verheerend. Dort hatte die regierende Partei keine einzige Stimme erhalten. Dieser Umstand war darauf zurückzuführen, daß eben in diesen Regionen infolge des Thatcherismus zahlreiche Betriebe stillstanden und immer weniger Arbeitsplätze zur Verfügung standen.

Die sogenannte *devolution* („Übertragung"), mit deren Hilfe Schottland und Wales eine echte Autonomie eingeräumt werden sollte, schlug zwar im Jahr 1979 fehl, ohne jedoch endgültig vom Tisch zu sein. Seit einiger Zeit war sie erneut im Gespräch. Die Schotten beklagten sich unter anderem, daß die Zentralregierung sie nicht an dem reichen Geldsegen aus der Ölförderung in der Nordsee beteilige.

Insgesamt gesehen konnten die *Tories* jedoch mit dem, wenn auch nicht überwältigenden, so doch ordentlichen Wahlergebnis zufrieden sein.

Die *Labour Party* konnte mit 32 % der abgegebenen Stimmen, vier Prozent mehr als bei den Wahlen von 1983, einen eindeutigen Zugewinn verbuchen. Sie hatten den Konservativen einige Stimmen abgejagt und ohne die mit ihnen rivalisierende Sozialliberale Allianz wären es womöglich noch mehr geworden. Neil Kinnock rühmte sich zu Recht damit, einen persönlichen Sieg errungen zu haben. Seine leidenschaftlichen Auftritte, die bisweilen in Hetztiraden gipfelten, und seine stichhaltige Kritik an den Konservativen hatten überzeugt. Ferner konnte sich die *Labour Party* damit brüsten, erstmals in der Geschichte des britischen Parlaments vier farbige Abgeordnete, darunter eine Frau, Diana Abbot, zu stellen.

Margaret Thatcher war bereit, eine neue Regierung zu bilden. Whitelaw blieb Fraktionschef im Oberhaus, Außenminister Geoffrey Howe und Innenminister Douglas Hurd wurden jeweils im Amt bestätigt, der Schatzkanzler hieß nach wie vor Nigel Lawson. Cecil Parkinson wurde zum Energieminister ernannt.

Letzterer tauchte, nachdem er infolge eines Ehebruchskandals ein vierjähriges Fegefeuer verbüßt hatte, erneut aus der Versenkung auf. Der frühere Industrie- und Handelsminister und *chairman of the party* (Parteivorsitzender) hatte sich mit seiner Sekretärin eingelassen, die ihm ein Kind gebar und ihn nicht mehr freigab. Er wurde daraufhin gehörig abgekanzelt und trat zurück. In letzter Zeit hatte er mehrmals bei Frau Thatcher vorgesprochen, die ihn offensichtlich ins Kabinett zurückzuholen wünschte.

Die restlichen wichtigen Regierungsposten blieben in den Händen der bisherigen Amtsinhaber.

Der Fraktionschef der Konservativen, Norman Tebbit, der den soeben beendeten Wahlkampf meisterhaft organisierte, hatte zu verstehen gegeben, daß er nach dem Wahltermin nicht mehr zur Verfügung stehen werde, da er sich mehr um seine Frau kümmern wollte, die bei dem Bombenattentat von Brighton schwere Verletzungen davongetragen hatte und lebenslänglich an den Rollstuhl gefesselt war. Er schied aus dem Kabinett aus, behielt jedoch die Fraktionsführung.

Auch Enoch Powell, der sich durch flüssig formulierte und

aufsehenerregende Reden hervorgetan hatte, zog nach siebenunddreißig Jahren einen Schlußstrich unter seine brillante Abgeordnetenkarriere. In den sechziger Jahren hatte er derart eindringlich vor einer Flut von Einwanderern aus den ehemaligen Kolonien gewarnt, daß er gelegentlich des Rassismus bezichtigt wurde. Großbritanniens Beitritt zur Europäischen Gemeinschaft hatte er mit allen Mitteln zu hintertreiben gesucht.

Bereits am darauffolgenden Montag legte Maggie letzte Hand an die Gesetzesentwürfe, die sie dem neu gewählten Parlament während ihrer dritten Amtszeit zur Verabschiedung vorzulegen beabsichtigte. „Je größer das Vertrauen, desto größer die Pflicht", rief sie salbungsvoll in Erinnerung.

Angesichts der fünf vor ihr liegenden Amtsjahre und der deutlichen Mehrheit, welche die Konservativen im Unterhaus stellten, auch wenn diese geringer ausfiel als 1983, konnte die Premierministerin das begonnene Programm wie geplant fortsetzen und ungehindert regieren.

Was hatte Margaret Thatcher nicht alles erreicht, seit sie 1979 ganz gezielt die Gelegenheit ergriff, die sie schließlich auf den Gipfel der Macht führte! Sie hatte diese Chance verdient und sie hervorragend zu nutzen verstanden! Nun, da sie zum dritten Mal hintereinander als Premierministerin an der Spitze eines treu ergebenen, für ihre Zwecke maßgeschneiderten Kabinetts stand (die Aufmüpfigen hatte sie geschickt daraus entfernt), galt es, die Entscheidung der Wähler zu rechtfertigen, die laut Feststellung des *New Statesman* zig Gründe gehabt hatten, für die *Tories* zu stimmen, und ebensoviele, sich gegen sie zu entscheiden. Margaret Thatcher wollte beweisen, daß die Briten die richtige Wahl getroffen hatten und England unter ihrer Führung wieder zu neuem Ansehen gelangen würde.

Zunächst wollte sie sich um die gesellschaftlichen Probleme kümmern, mit denen sie sich bislang noch nicht befaßt hatte. Sie plante eine Sanierung der großstädtischen Armenviertel, jener offenen Wunden, welche die kostspieligen, von der Linken dominierten lokalen Behörden einfach ihrem Schicksal überlassen hatten. Dazu war eine radikale Reform erforderlich. Margaret Thatcher wollte mit der gesamten Bürokratie ein für allemal aufräumen. Sie hegte eine derartige Aversion gegen zentralistische Einrichtungen, daß Julian Critchley, der mit die spitzeste Feder innerhalb der Konservativen Partei führte, schrieb: „Beim Anblick jeglicher Institution ist sie sogleich versucht, mit ihrer Handtasche in blinder Wut auf sie einzuschlagen".

Mehr denn je hatte sie sich geschworen, den sogenannten Konsens – jenes verhaßte Synonym für das Fehlen von Überzeugungen, Prinzipien und politischer Entscheidungen – mit Stumpf und Stiel auszurotten. Allein das Wort *consensus* ließ sie aufbrausen. „Sobald sie dieses Wort vernimmt, zückt sie das Schwert", spottete der *Economist*. Dieser fade, ewige Kompromiß hatte zu nichts geführt und drohte Großbritanniens endgültigen Abstieg zu besiegeln.

16. *There is no alternative*

Kaum war die Regierungsbildung abgeschlossen, brach Margaret Thatcher zu ihrer nächsten Auslandsreise in die Vereinigten Staaten auf. Die letzte hatte sie Anfang Frühjahr in die Sowjetunion unternommen. Sie legte großen Wert darauf, zu den Staatsoberhäuptern der beiden Supermächte einen guten Kontakt zu halten, und betrachtete diese Reisen als wichtige Werbefeldzüge. Sie wollte England und der ganzen Welt beweisen, welch tiefe Freundschaft und gegenseitiges Verständnis sie mit den beiden Staatschefs verband. Hatte Großbritannien denn nicht wieder den ihm angestammten Platz unter den Großmächten eingenommen?

Zwischen Ronnie und Maggie herrschte ganz offensichtlich ein herzliches Einverständnis. Sie waren die besten Freunde der Welt. Der amerikanische Präsident bewunderte Maggie grenzenlos ob ihrer Kaltblütigkeit und ihrer zahlreichen Initiativen. Als Margaret Thatcher bei einem Auftritt im amerikanischen Fernsehen das hohe Lob auf Ronald Reagan anstimmte, zeigte man sich in der unmittelbaren Umgebung des amerikanischen Präsidenten darüber nicht sonderlich begeistert. Man befürchtete, neben der scharfsinnigen, vor Unternehmungslust sprühenden britischen Premierministerin könne der weitaus weniger agile amerikanische Präsident ein klägliches Bild abgeben. Man schlug ihm daher vor, die britische Premierministerin nicht so oft oder überhaupt nicht mehr zu empfangen. Am Vorabend des bevorstehenden Regierungswechsels hielten die amerikanischen Beobachter noch weniger von einem Besuch Margaret Thatchers. Würde Reagans Nachfolger das „besondere Verhältnis" zu England fortsetzen? Prompt begab sich der frischgewählte Präsident George Bush bei seiner ersten Europareise nicht zuerst nach London, sondern vielmehr nach Bonn, um Bundeskanzler Kohl zu besuchen.

Auch in Großbritannien stießen Maggies Auslandsreisen keineswegs auf einhellige Zustimmung. Gewiß sicherte sie sich damit weltweite Anerkennung, doch welche konkreten Vorteile zog England aus diesen Reisen? Der Durchschnittsbrite hatte denkbar wenig übrig für die politischen Initiativen Amerikas, etwa die Invasion in Grenada oder den *Krieg der Sterne*. Und als Maggie 1986 Reagan gestattete, Libyen von in Großbritannien gelegenen Luftwaffenstützpunkten aus bombardieren zu lassen, löste sie eine Welle allgemeiner Empörung aus. Das Parlament legte geschlossen bei der Premierministerin Protest ein.

Im übrigen beraubte Großbritannien sich durch seine Haltung gegenüber der EG fortwährend selbst sämtlicher Möglichkeiten internationaler Einflußnahme. Sein Alleingang machte es zu einem Außenseiter in Europa, dessen Geschicke zunehmend von Frankreich und Deutschland bestimmt wurden.

Im Oktober 1987 wurde Großbritannien mehrere Stunden lang von einem unerhört kräftigen Orkan heimgesucht, der zahlreiche Menschenleben forderte und immensen Sachschaden anrichtete. Drei Tage später brach ein anderes Unwetter über das Land herein: der Börsenkrach in der Londoner City, dem die *yuppies* zum Opfer fielen.

Einige Jahre zuvor hatten diese erfolgversprechenden jungen Männer die ehrwürdige *Square Mile* erobert und in der traditionellen Finanzhochburg dem neuen, vom Thatcherismus geprägten Geschäftsgebaren zum Durchbruch verholfen, das darauf abzielte, „Geld zu machen", koste es, was es wolle. Von Anfang an war ihnen das Glück hold gewesen: Die Preise für das Nordseeöl erwiesen sich als stabil, die Privatisierungen ließen die Aktienkurse in die Höhe klettern. Dem weltweiten Börsenkrach vermochte jedoch auch die Londoner City nicht zu entgehen, und der *Guardian* warf sofort die Frage auf, welchen Ausgang die Parlamentswahlen wohl genommen hätten, wenn sie erst gegen Ende des Jahres, nach dem Börsenkrach, stattgefunden hätten . . .

Die junge Generation der Investoren und Spekulanten traf diese Entwicklung besonders schwer. Sie hatten nach besten Kräften die nach der Regierungsübernahme der Konservativen aufkommende günstige Konjunktur genutzt. Dank ihrer kurzfristigen Investitionen hatten sie massive Gewinne erzielt und in Saus und Braus gelebt: Champagner, Luxusautos, teure Reisen, der Erwerb von Landsitzen oder Schlössern in Frankreich waren für sie zu einer Selbstverständlichkeit geworden. Nun war der magische Zauber plötzlich gebrochen und machte der tragischen Realität in Form von Konkursen, blanker Verzweiflung und einer Welle von Selbstmorden Platz. Paradoxerweise hatten sich unter der Regierung Margaret Thatchers, die doch stets für die Arbeit und deren gerechte Entlohnung eingetreten war, vor allem die Spekulanten bereichert.

Schatzkanzler Nigel Lawson beschloß, Ballast abzuwerfen: Er senkte die Kreditzinsen. Als daraufhin die Inflationsrate stieg, erhöhte er sie sofort wieder. Doch es half nichts, mit dem Wirtschaftswunder der Thatcherregierung schien es aus und vorbei.

Die in England ebenso wie in den übrigen Ländern einsetzende Rezession verhalf unbewußt wieder jenen althergebrachten Arbeitsmethoden zur Rückkehr, die einst den Ruhm der englischen Finanzwelt begründet hatten. Außerdem machte man die skrupellosen schwarzen Schafe ausfindig und stellte sie vor Gericht. Es kam zu aufsehenerregenden Verfahren wie beispielsweise dem *Guinness*-Prozeß, in welchem sich die Justiz betont unerbittlich zeigte, indem sie eben an jenen Geschäftsführern ein Exempel statuierte, die noch kurz zuvor gehofft hatten, durch die Maschen des Gesetzes schlüpfen zu können.

Eine Woche nachdem die Regierung voller Stolz auf ihre für das zwanzigste Jahrhundert einzigartige Langlebigkeit zurückgeblickt hatte, reichte William Whitelaw, der Fraktionschef der Konservativen im Oberhaus, aus Gesundheitsgründen bei der Premierministerin seinen Rücktritt ein. Er hinterließ eine deutliche Lücke in den Regierungsreihen. Alle hatten ihn wegen seiner Gutmütigkeit geschätzt und er galt als eine Art Großwesir. Sein Rücktritt zeugte aber auch von dem wachsenden Unmut, der sich im Unterhaus breitmachte. Er kündigte einen überaus heftigen Konflikt an.

Der im Frühjahr von Schatzkanzler Lawson vorgelegte Haushaltsplan enthielt, von einer leichten Steuerermäßigung abgesehen, keine Neuerungen. Bei den Konservativen stieß er bis auf zwei Ausnahmen auf einhelliges Entzücken. Lediglich John Biffen und Sir Ian Gilmour brachten mit ihrer Kritik einige Mißtöne in die einstimmige Lobeshymne. Sie stießen Unkenrufe aus und warnten ihre Parteifreunde davor, daß die Lage keineswegs so rosig sei, wie sie glaubten, daß der Boom der britischen Wirtschaft nur ein Bluff und der angebliche Wohlstand Illusion sei. In der Tat wies die Zahlungsbilanz seit Jahresbeginn ein besorgniserregendes Defizit auf. Nigel Lawson hielt unerschütterlich an seiner Politik der kleinen Schritte fest, mit der er den Konsumrausch der Briten zu zügeln suchte. Im Lauf des Jahres 1988 hob er die Kreditzinsen sechsmal an, bis sie schließlich 12 % erreichten. Man rechnete bereits damit, daß sie demnächst auf 15 % ansteigen könnten.

Auf außenpolitischem Gebiet hatte Margaret Thatcher ihre Position in keiner Weise geändert. Die Vorstellung, Großbritannien solle seine währungspolitische Autonomie an eine europäische Zentralbank abtreten, lehnte sie ganz entschieden ab.

Gleichzeitig bildete sie zum zehnten Mal seit ihrem Regierungsantritt ihr Kabinett um, in dem mittlerweile nur noch drei Minister aus der ersten Regierungsmannschaft vertreten waren. Kenneth Clarke wurde Gesundheitsminister. Er war eines der beiden Kabinettsmitglieder, die Margaret Thatcher Widerstand zu leisten und schlagfertige Entgegnungen zu bieten wagten. Das andere Kabinettsmitglied war Schatzkanzler Nigel Lawson, der sie einst ein mit einem bestimmten *„Would you please shut up!"* (Würden Sie bitte still sein!) zurechtgewiesen hatte, woraufhin Maggie mit zornesgeröteter Miene sechzehn Minuten lang keinen Ton mehr verlauten ließ!

Ferner berief Margaret Thatcher Lord Cockfield, den britischen Vertreter in der Europäischen Kommission zu Brüssel zurück, den sie später durch Leon Brittan ersetzte.

Im Oktober 1988 legte sie in Brügge anläßlich der Einweihung des Europa-Kollegs in einer berühmten Rede in aller Deutlichkeit die Gründe dar, die sie davon abhielten, den Vorschlägen der Europäischen Gemeinschaft blindlings zuzustimmen. Sie berief sich auf de Gaulle und wiederholte, daß Großbritannien sich nie und nimmer bereit finden werde, seine politischen und wirtschaftlichen Entscheidungsbefugnisse ohne jede Möglichkeit der Kontrolle an die Gemeinschaft abzutreten.

Margaret Thatcher propagierte, um einen Ausdruck zu zitieren, den John Palmer im *Guardian* gebrauchte, einen *britischen Gaullismus,* der dem Ideal der Vereinigten Staaten von Europa widersprach. Wie einst der General, so wünschte auch sie sich sehnlichst ein „Europa der Vaterländer", welches auf „einer aktiven und freiwilligen Zusammenarbeit zwischen souveränen und unabhängigen Staaten" basieren sollte. Sie wollte folglich kein supranationales, von einer in Brüssel ansässigen, nicht gewählten und allmächtigen Bürokratie gelenktes Staatengebilde. Vielmehr träumte sie von einem liberalen Europa – liberal im wirtschaftlichen Sinne –, das eher auf die Bedürfnisse der Unternehmen und der Finanzwelt Rücksicht nehmen sollte als auf jene der Gewerkschaften.

Im gleichen Atemzug verwarf sie das Modell der Vereinigten Staaten von Amerika, das eifrige Befürworter der Europäischen Einigung zum Vorbild nehmen wollten.

In ihrer berühmten Rede von Brügge scheute sie sich nicht, Jacques Delors, den Präsidenten der Europäischen Kommission, aufs Korn zu nehmen, weil er zu behaupten wagte, daß bald 80 Prozent der die zwölf Mitgliedstaaten betreffenden Gesetze in Brüssel erlassen würden und auf diese Weise das Fundament zu einer künftigen europäischen Regierung gelegt werde. „Es ist doch seltsam", setzte Maggie ihre geharnischte Rede fort, „daß just in dem Moment, da ein Land wie die Sowjetunion realisiert, daß nicht etwa der Zentralismus, sondern vielmehr der Abbau zentralistischer Strukturen einen reibungslosen Verwaltungsablauf ermöglicht, gewisse Mitglieder der Europäischen Gemeinschaft das genaue Gegenteil vertreten". Sie hielt derlei Vorstellungen für Hirngespinste und reagierte auf sämtliche Vorstöße und Anregungen der EG mit abgrundtiefer Verachtung.

Ebensowenig war sie bereit, sämtliche Grenzkontrollen abzuschaffen, auch wenn diese einen großen bürokratischen und finanziellen Aufwand erforderten. „Diese Kontrollen sind notwendig", erklärte sie, „um den Schutz unserer Bürger zu gewährleisten, die Einfuhr von Drogen sowie das Eindringen von Terroristen und illegalen Einwanderern zu unterbinden. Die britische Regierung möchte durchaus, daß Europa gemeinsame Ziele verfolgt, doch sollen dabei den unterschiedlichen Traditionen, den Befugnissen der Parlamente und dem Nationalstolz Rechnung getragen werden. Dies sind seit jeher die Grundlagen der Vitalität Europas".

Was die Verteidigungspolitik betraf, erklärte sie sich stets mit der Beibehaltung der atomaren und der konventionellen Waffen einverstanden. „Es ist eine Frage der Entschlossenheit und des politischen Mutes", erklärte Margaret Thatcher, „sich nicht in dauerhafte Abhängigkeit von anderen begeben zu wollen. Jedes NATO-Mitglied hat sich selbst um seine Verteidigung zu kümmern". Dies stellte gleichzeitig eine Absage an latent vorhandene isolationistische Tendenzen dar.

Nachdem Margaret Thatcher mit ihrer Rede für Aufruhr gesorgt hatte, standen nicht nur die Konservativen, sondern sämtliche Staaten ratlos da und waren vollkommen verunsichert. Die Daseinsberechtigung der Europäischen Gemeinschaft war in Zweifel gezogen. Die britische Premierministerin hatte nicht bedacht, welche Auswirkungen ihre antieuropäische Haltung möglicherweise auf die Londoner City haben würde, deren Schicksal fortan besiegelt schien, während andere Finanzplätze – Frankfurt oder Paris – nur darauf warteten, in die sich öffnende Bresche springen zu können.

Lord Soames, ein ehemaliges Mitglied der Europäischen Kommission, behauptete, es gebe innerhalb der Konservativen Partei dreierlei Europapolitiker: echte Devote wie Edward Heath und er selbst; Atheisten wie Jonathan Aitken und Teddy Taylor; die dritte und letzte zahlenmäßig bedeutende Gruppe spontaner Europagegner, zu denen er auch Margaret Thatcher zählte. Er bezeichnete sie als „Agnostikerin, die weiterhin die Messe besuche". Sie würde auch später noch in die Kirche gehen, aber nur, um sie in Brand zu stecken und die Betstühle umzustoßen.

Der Skandal um die Hubschrauberfabrik Westland hatte bereits bewiesen, daß die Premierministerin der von Heseltine propagierten „europäischen Lösung" eine außereuropäische vorzog. „Was kann man denn", fragte sich die Presse, „von einer engstirnigen Vertreterin des britischen Kleinbürgertums schon anderes erwarten?" Optimistischere Beobachter, die nicht an die offensichtliche Europhobie Margaret Thatchers glauben wollten, hielten ihre nationalistischen Äußerungen für machiavellistische Manöver, um den äußersten rechten Flügel der *Tories* zu beschwichtigen. Im gegebenen Moment, so dachten sie, würde Margaret Thatcher politische Schritte unternehmen, die ihre eigenen Worte Lügen strafen würden. Sie waren überzeugt, daß die Premierministerin letztendlich die Briten nicht vollkommen vom europäischen Festland abkoppeln würde, zumal ihre Landsleute nun viel häufiger den Ärmelkanal überquerten als früher und ihre Demokratie, ihr Sozialversicherungssystem oder ihre Banken keineswegs mehr für die besten der Welt hielten. Was sie im Ausland zu sehen bekamen, hatte ihren Stolz enorm schwinden lassen.

Ein paar Wochen später spielte Margaret Thatcher auf dem Parteitag in Brighton erneut auf die Rede von Brügge an. „Sie hat Aufruhr gestiftet", stellte sie mit einem Anflug von Selbstzufriedenheit fest. „Die Reaktionen waren derart heftig, als hätte ich eine Neuauflage des Hundertjährigen Krieges angezettelt." Sie betonte erneut, daß ihr nicht an der Gründung eines europäischen Bundesstaates gelegen war.

Auf diesem Parteitag befaßte sie sich angelegentlich mit einem vollkommen neuen Thema, dem Umweltschutz, für den sie sich neuerdings sehr zu engagieren schien. „Keine Generation hat das Recht, die Erde als ihr Eigentum zu betrachten", warnte sie eindringlich, „wir sind nichts als Mieter, welche ihre Wohnung beim Auszug stets in einwandfreiem Zustand zu hinterlassen haben". Dieses neuerwachte Interesse für Umweltschutz war ein weiterer Beweis für ihren feinen politischen Spürsinn. Nachdem sie ihr politisches Programm verwirklicht hatte, suchte sie nach neuen Zielen. Was bot sich mehr an, als sich leidenschaftlich für ein brandaktuelles Thema zu engagieren, das bereits den erklärten Naturfreund Prinz Charles sowie die meisten Regierungen in Europa beschäftigte?

Der Parteitag ging mit den üblichen Ovationen zu Ende, während derer das Publikum aus Leibeskräften „Noch zehn Jahre!" skandierte. Da Maggie durchaus gewillt schien, für weitere zehn Jahre das Amt des Parteiführers auszuüben, beriet man hinter den Kulissen offen über ihre Nachfolge. Am eifrigsten tat dies James Prior. Er wies darauf hin, daß die Briten ihrer Premierministerin allmählich überdrüssig wurden und die *Tories* daher Gefahr liefen, mit Margaret Thatcher an der Spitze die nächsten Unterhauswahlen zu verlieren.

Aus dem Südatlantik trafen dagegen gute Nachrichten für die *Eiserne Lady* ein. Nachdem Argentinien und Großbritannien fünf Jahre zuvor sämtliche diplomatische Beziehungen abgebrochen hatten, schien Argentinien gewillt, jene ausweglose Situation zu überwinden, in die sich die beiden Regierungen hineinmanövriert hatten, indem sie die Wiederaufnahme der diplomatischen Beziehungen jeweils von der Anerkennung ihrer Souveränität über ein paar öde, im Meer verlorene Felsen abhängig machten. Argentinien hatte sein Handelsembargo zurückgenommen und erwartete, daß Großbritannien im Gegenzug die in einem Umkreis von 200 km verhängte Sperrzone aufhob. Der Wiederaufnahme der diplomatischen Beziehungen sollte jene der Handelsbeziehungen zwischen den sogenannten *Kelpers,* den Bewohnern der Falklandinseln, und den Argentiniern folgen.

In Großbritannien wurde die Neuigkeit begeistert aufgenommen. Die „Festung Falkland" verursachte enorme Kosten, und viele erhofften sich eine vernünftigere Lösung. Die Liste der Vorschläge reichte von Pachtverträgen nach dem Muster Hongkongs über eine Reihe weiterer großzügiger Kompromißlösungen bis hin zur sofortigen und völligen Abtretung des umstrittenen Territoriums an Argentinien. Eines stand jedenfalls fest: Die militärische Präsenz auf der Inselgruppe mußte umgehend reduziert werden.

Im Herbst drangen aus heiterem Himmel drei fanatische Lesbierinnen ins Parlamentsgebäude ein, um gegen die Klausel 28 zu protestieren. Es handelte sich dabei um eine Gesetzesvorlage, welche den Gemeinderäten die öffentliche Förderung der Homosexualität untersagte. Diese Vorlage war sehr umstritten, weil sie gegen die Erklärung der Grund- und Menschenrechte verstieß. Offensichtlich war diese Initiative von Margaret Thatcher persönlich angeregt worden. Sie mischte sich hiermit in die Haushaltspolitik der Gemeinden ein, die – das war allgemein bekannt – beachtliche Summen für Unterhaltungsveranstaltungen für Homosexuelle bereitstellten. Margaret Thatcher hielt dies für vollkommen überflüssig. Die drei Frauen wurden festgenommen und die strittige Gesetzesvorlage verabschiedet.

Von anderer Seite erhob sich ebenfalls Protest: In Schottland stieß die Einführung der *poll tax* auf erbitterten Widerstand. Die äußerst unbeliebte Kopfsteuer drohte auch in England eingeführt zu werden, das sich ebenfalls zu ihrem Boykott rüstete.

Innerhalb der Sozialliberalen Allianz kämpfte unterdessen die Sozialdemokratische Partei ums Überleben. So sehr Parteiführer David Owen, der allgemein als fähiger Politiker galt, auch beteuern mochte, daß die „Partei viel zu jung sei, um zu sterben", prophezeiten ihr viele doch ihren unvermeidlichen Untergang, da die Sozialdemokraten politischen Schiffbruch erlitten hatten.

Die klare Verhältnisse schätzenden Briten reagierten mit Verwirrung auf das Auseinanderbrechen der Sozialliberalen Allianz in die (die überwiegende Zahl der Mitglieder der sozialdemokratischen Partei SDP und einige verlorene Schafe der Liberalen Partei umfassenden) SLD, die *Social Liberal Democrats,* einerseits und die (1981 von der *Labour Party* abgespaltene) SDP. Ihrer Ansicht nach hatte eine Partei ohne Anführer (die SLD) und ein Anführer ohne Partei (die SDP) in der politischen Landschaft Großbritanniens nichts zu suchen. Sie sollten sich vielmehr, der britischen Tradition gemäß, ernsthaft um eine Fusion und ein gemeinsames Parteiprogramm bemühen. Die Briten wählen schließlich *ein* Programm und *einen* Premierminister und nicht etwa *zwei*.

Anfang 1989 wurde Margaret Thatcher Großmutter. Dieses freudige Ereignis brachte sie derart aus dem seelischen Gleichgewicht, daß sie bei der Vorstellung des neuen Erdenbürgers vor lauter Rührung den Pluralis Majestatis verwendete, um voller Stolz zu verkünden: „Wir sind Großmutter geworden". Dieser Versprecher trug ihr manche spöttische Bemerkung ein.

Es war der einzige Lichtblick in diesem Jahr, in dem anschließend eine schlechte Nachricht die andere ablöste und sich über Großbritannien dunkle Gewitterwolken zusammenzogen, die der Premierministerin große Sorgen bereiteten.

Während der Haushalt des Schatzkanzlers auf allgemeine Zustimmung stieß und die britische Wirtschaft – nachdem Italien dank eines unerhörten Aufschwungs an ihr vorbeigezogen war – endlich die französische und die deutsche einholte, brachte die Niederlage der Konservativen bei den Wahlen zum Europäischen Parlament erneut die Europadebatte in Gang. Margaret Thatcher führte das schlechte Abschneiden ihrer Partei auf deren mangelhafte Organisation zurück. Die fünfunddreißig Abgeordnete zählende konservative Fraktion dagegen machte die europafeindliche Haltung der britischen Premierministerin dafür verantwortlich. Fraktionsmitglied Michael Heseltine, der diesen Mißerfolg als eine der europäischen Sache abträgliche Verstärkung der *splendid isolation*★ interpretierte, bemühte sich um eine konziliantere Position Großbritanniens. Doch die *Eiserne Lady* ließ sich nicht erweichen.

Hinter den Kulissen entfesselte sich unterdessen ein Machtkampf zwischen Schatzkanzler Nigel Lawson und Sir Alan Walters, einem Wirtschaftsexperten und Freund Margaret Thatchers, der sie einst ausführlich in Wirtschaftsfragen beraten hatte. Obwohl Margaret Thatcher den Schatzkanzler vor dem versammelten Unterhaus ihrer „größtmöglichen loyalen und liberalen Unterstützung" versicherte, spitzte sich das gespannte Verhältnis der beiden Männer gefährlich zu. Schließlich stellte der Schatzkanzler Margaret Thatcher ein offenes Ultimatum, indem er erklärte: „Entweder er oder ich". Er verlangte eine eindeutige Stellungnahme. Da Margaret Thatcher keine klare Position bezog, reichte der Schatzkanzler zum allgemeinen Erstaunen seinen Rücktritt ein. Mit diesem Ausgang hatte niemand gerechnet. Einige Stunden später legte Sir Alan Walters ebenfalls seinen Posten als Berater der Premierministerin nieder.

Es bedurfte keiner großen Weitsicht, um zu erkennen, daß diese Episode für die Regierung Thatcher den Anfang vom Ende bedeutete, das etwa ein Jahr später eintrat.

In Wahrheit hatte die Konferenz von Madrid das Zerwürfnis ausgelöst, auf welcher Schatzkanzler Nigel Lawson die bevorstehende Einbeziehung des Pfund Sterling in das Europäische Währungssystem EWS angekündigt hatte. Während des Gipfeltreffens von Rom kam es deswegen erneut zu einer heftigen Meinungsverschiedenheit. Die EG-Partner mußten sich der schmerzlichen Erkenntnis fügen, daß Großbritannien diesen wichtigen Schritt noch nicht so bald vollziehen würde. Die Ursache hierfür war Margaret Thatchers erbitterter Widerstand, die den Zeitpunkt noch nicht für gekommen hielt.

Während des Gipfeltreffens herrschte eine ausgesprochen schlechte Stimmung. Nigel Lawson mochte sich noch so sehr bemühen, die Premierministerin zum Einlenken zu bewegen – es war verlorene Liebesmühe. Unter dem Einfluß Alan Walters, der mit größter Entschiedenheit für einen floatenden Pfundkurs eintrat, schwenkte die stets europafeindliche Margaret Thatcher um und desavouierte ihren Schatzkanzler in aller Öffentlichkeit. Dies konnte und wollte Nigel Lawson nicht hinnehmen. Drei Jahre heimlicher Machtproben gingen zu Ende, die das Verhältnis zwischen Schatzkanzler und Premierministerin vollkommen vergiftet hatten.

Von der unerwarteten Wendung überrascht, die in der Presse ausführlich kommentiert und als gefährliche Bresche im Kabinett kritisiert wurde, stürzte sich Margaret Thatcher Hals über Kopf in die dringlichsten Probleme. Zuallererst galt es, einen neuen Schatzkanzler zu ernennen. Wie schrieb doch gleich Paul Johnson? „Wenn eine Regierung zu lange an der Macht ist, vernachlässigt sie über Verwaltungsfragen die Politik."

Margaret Thatchers Entscheidung zugunsten John Majors, hinter dessen runden Brillengläsern sich traurig dreinblickende Kinderaugen verbargen, löste Überraschung aus. John Major gehörte zu jener Kategorie der *self-made men,* die Maggie so sehr schätzte. Schritt für Schritt hatte er sich aus eigener Kraft emporgearbeitet, bis er schließlich das angesehene Amt des Außenministers und nun das des Schatzkanzlers übertragen bekam. Der Sohn eines Gauklers und einer Variétésängerin hatte sich in allen möglichen Berufen versucht und sich sogar eine Zeit lang arbeitslos gemeldet. Dann hatte er plötzlich die Politik entdeckt und war in die Konservative Partei eingetreten. Angesichts seines gewöhnlichen Aussehens fragte man sich, welche Qualitäten Margaret Thatcher wohl zu seiner Wahl bewogen hatten. Die von Natur aus nachsichtigen Briten warteten gespannt, bis er mit seinem ersten Haushaltsentwurf den einzig meßbaren Beweis seines Könnens erbringen würde.

Gegen Ende des Jahres 1989 mehrten sich die untrüglichen Anzeichen einer eindeutigen Rezession. Die Kassen waren leer. Man hatte zu rasch expandiert. Die Zahlungsbilanz wies ein Defizit von 19 Milliarden Pfund auf. Großbritannien wurde erneut von einer galoppierenden Inflation heimgesucht. Die Lebenshaltungskosten schnellten in die Höhe, während die Immobilienpreise dramatische Einbrüche verzeichneten. Es gab 1,6 Millionen Arbeitslose. Die britische Wirtschaft lag am Boden.

Die Einführung der umstrittenen *poll tax* entfachte einen Sturm der Entrüstung. Landesweit kam es zu erbitterten Protestkundgebungen. Die Demonstranten plünderten Geschäfte, demolierten Autos und steckten kurzerhand alles in Brand. In diesen Demonstrationen entlud sich nicht nur der angestaute Volkszorn, an ihnen war gleichzeitig eine gewalttätige Meute sogenannter *hooligans* beteiligt, jenes trunksüchtigen Gesindels, das aufgrund seines brutalen Auftretens in Fußballstadien in England und dem restlichen Europa eine traurige Berühmtheit erworben hatte.

Margaret Thatcher war darüber zutiefst betroffen und sorgte mittels energischer Vorkehrungen für eine schärfere Einlaßkontrolle in den Fußballstadien.

Diese *hooligans* trieb nicht etwa der Protest gegen die verhaßte *poll tax* auf die Straße. Sie sahen darin nur eine willkommene Gelegenheit, um ihre kriminelle Veranlagung auszutoben. Die Gewalttätigkeit ließ ganz England erschauern – bis auf Maggie. Auch als die Protestwelle in einer riesigen Demonstration auf dem Trafalgar Square gipfelte, ließ sich die *Eiserne Lady* nicht beirren. Ein paar Monate später wurde die verhaßte Steuer eingeführt.

Ihre Landsleute fühlten sich hereingelegt und gingen erneut auf die Barrikaden. Dank der Zinsverdoppelung sahen sie sich außerstande, die auf ihren Häusern lastenden Hypotheken abzuzahlen. Die ungerechte, kinderreiche und mittellose Familien besonders hart treffende *poll tax* brachte sie endgültig an den Rand des Bankrotts. Nun wurden nicht nur die Reichen zur Ader gelassen, sondern auch die Armen, die gar nicht wußten, wovon sie die Steuer entrichten sollten. Einige Menschen sahen sich derart in die Enge getrieben, daß sie angesichts ihrer vollkommen ausweglosen Situation Selbstmord begingen.

Margaret Thatcher konnte nicht begreifen, warum diese Steuer auf so heftige Ablehnung stieß, und versicherte immer wieder, daß sie sich mit der Zeit weniger ungerecht auswirken würde, als dies zunächst den Anschein hatte. Sie war überzeugt, die erregten Gemüter mit schönen Worten besänftigen zu können. Es war die dritte Krise in ihrer elfjährigen Regierungszeit. Die erste Krise hatte die schwere Rezession von 1981 ausgelöst, die plötzlich über das Land hereingebrochen war. Die zweite entzündete sich an der Westland-Affäre, in der sich Margaret Thatcher gegen ihre Minister gestellt und sie anschließend aus dem Kabinett entfernt hatte. Diese dritte, durch die *poll tax* verursachte Krise war zweifellos der berühmte Tropfen, der das Faß zum Überlaufen bringen und Margaret Thatchers Sturz beschleunigen würde.

Das EG-Problem beschäftigte, so wichtig und umstritten es auch war, die Briten lange nicht so sehr wie diese Lokalsteuer. Es ging um ihr Geld, um ihren Lohn und um ihre Ersparnisse. Im ganzen Land hatte sich quer durch sämtliche Gesellschaftsschichten ein dumpfer Haß auf Margaret Thatcher breitgemacht. Man begann überall, lauthals ihren Rücktritt zu verlangen – eine Forderung, die sich auch sämtliche Zeitungen zu eigen machten. Man fand, es sei höchste Zeit, daß die *Eiserne Lady* in den wohlverdienten Ruhestand trete und sich mehr um ihren Mann kümmere. Man riet ihr, sich in ihr gleich neben einem Golfplatz gelegenes trautes Heim in Dulwich zurückzuziehen, das sie erst vor kurzem erworben hatte. Sie solle sich endlich einmal ein wenig auf ihre Rolle als Ehefrau besinnen! Oder eine Weltreise antreten. Jedenfalls solle sie fortan jemand anders mit ihren sadistischen Einfällen beglücken und ihre Landsleute in Ruhe lassen. Falls ihr Leben ohne Politik zu eintönig verlaufe, solle sie doch ihre Memoiren schreiben und auf diese Weise eine Langeweile mit der anderen verjagen!

Ihre einsame Regierungstätigkeit hatte sie zusehends isoliert, und nun erfüllte sich die Prophezeiung Edward Heaths, der einmal gesagt hatte, daß der Tag, da Margaret Thatcher von ihrer Umgebung abgeschnitten werde, ihr Ende bedeute.

Unterdessen fiel die Berliner Mauer, ein Schauspiel, das Margaret Thatcher mit ungläubigem Staunen verfolgte. Hatte die Europäische Gemeinschaft, so fragte sie sich, denn überhaupt noch einen Sinn? Was würde aus der NATO und aus dem Warschauer Pakt? Und wer würde künftig in Europa den Ton angeben? Da sie angesichts des schwindelerregenden Tempos beim besten Willen nicht die weitere Entwicklung vorhersehen konnte, suchte Maggie die Wiedervereinigung der beiden deutschen Staaten, deren Konsequenzen ebenfalls ungewiß waren, mit allen Mitteln zu bremsen. „Das erfordert Zeit“, argumentierte sie und weigerte sich, der Wahrheit ins Gesicht zu schauen. Sie vertrat die Auffassung, daß die Frage der Wiedervereinigung nicht nur die Deutschen, sondern auch die übrigen europäischen Länder betraf, insbesondere die vier Besatzungsmächte. Letztere sowie sämtliche Staaten, die die Schlußakte von Helsinki von 1975 unterzeichnet hatten, mahnte sie zu mehr Vorsicht. Es bestehe keinerlei Anlaß zu überstürztem Handeln. Was sollte außerdem aus den 70 000 britischen Soldaten werden, die in der Bundesrepublik stationiert waren? Hatte sich darüber schon jemand Gedanken gemacht?

Außerdem sollten die beiden deutschen Staaten nach dem Willen Margaret Thatchers zuerst einen Friedensvertrag mit Polen abschließen, welcher die Einhaltung und die Unverletzlichkeit der polnischen Westgrenze garantierte.

Sie wollte nicht dulden, daß die Sanierung der ostdeutschen Wirtschaft zu Lasten der EG gehe. Vielmehr gedachte sie, erneut in zähem Ringen eine Senkung der britischen Beiträge zum EG-Haushalt durchzusetzen ...

Diese verteufelte Frau hatte sich nicht im geringsten verändert. Maggie war wieder einmal ganz die alte.

Am 13. November 1990 hielt Geoffrey Howe, der freundlichste und langweiligste Mann Europas mit dem bezeichnenden Spitznamen *the dead sheep* (das tote Schaf) eine gefährliche, geradezu vernichtende Rede, die etwa drei Wochen später zum Sturz der Regierung Thatcher führte. Auffallend bedächtig und mit bisweilen vor weiß Gott wie lang unterdrückter Wut bebender Stimme, legte er in einem neunzehnminütigen, bündigen Bericht die Gründe dar, die ihn zehn Tage zuvor, am 2. November, bewogen hatten, von seinem Posten als Vizepremierminister zurückzutreten und die Einheit der Konservativen Partei aufs Spiel zu setzen. Als überzeugter Europäer sah er sich außerstande, weiterhin Ansichten zu vertreten, die er nicht teilte.

„Der Loyalitätskonflikt", erklärte er im Unterhaus, „der Konflikt zwischen jener Loyalität, die ich der Premierministerin schulde, mit der ich zwei Jahrzehnte lang zusammengearbeitet habe und mit der mich immer noch eine instinktive Loyalität verbindet, und jener Loyalität, die ich jenen Zielen schulde, die meines Erachtens den wahren Interessen der Nation entsprechen, dieser Loyalitätskonflikt ist untragbar geworden. Ihn innerhalb dieser Regierung zu lösen, erscheint mir unmöglich."

Seit den Gipfeltreffen von Madrid und Rom hatte er sich in einer Zwickmühle befunden. Er hatte gründlich nachgedacht und beschlossen, seinen Hut zu nehmen.

Sein massiver Angriff gab genau das wieder, was viele seiner Kabinettskollegen empfanden. Damit hatte niemand gerechnet!

Margaret Thatcher hörte mit ungläubigem Staunen und wachsender Anspannung zu, wie ihr ehemals treuester Mitarbeiter, der als ihr erster Schatzkanzler maßgeblich an der Ausarbeitung des Thatcherismus beteiligt gewesen war, ihr einstiger Außenminister, den sie allerdings im vergangenen Jahr kaltblütig seines Postens enthoben hatte, ihre zehnjährige Regierungszeit in einer förmlichen Anklagerede auf das heftigste kritisierte. Wie tief mußte sie ihn getroffen haben, daß er sich zu diesem Schritt entschloß! Dabei hatte Margaret Thatcher sich stets in dem Glauben gewogen, das gesamte Kabinett sei ihr treu ergeben, da sie sämtliche Mitglieder, die nicht ihrer Ansicht waren, nach und nach daraus entfernt hatte. Sie hatte sich geirrt. Nun mußte sie erkennen, daß im Hintergrund unter den *backbenchers* der zielstrebige Michael Heseltine bereits die Messer wetzte und auf die erstbeste Gelegenheit wartete, um den langerhofften Sprung nach vorne zu wagen, der ihn an die Macht bringen würde.

Die perfekt ausgetüftelte Verschwörung hatte ihr Ziel erreicht. Brutus hatte soeben Cäsar erdolcht.

Der Zauber war ein für allemal gebrochen. Dies war das bittere Ende einer elfeinhalbjährigen Regierungszeit, welche die in sie gesetzten Erwartungen enttäuscht hatte. Die wachsende Unbeliebtheit der Premierministerin hatte ebenfalls zu Geoffrey Howes Entschluß beigetragen.

Angesichts ihres unglaublich schlechten Abschneidens in den Meinungsumfragen wurde angeordnet, daß Margaret Thatcher sich einer Stichwahl zu stellen habe. Michael Heseltine meldete umgehend seine Kandidatur für das Amt des Parteiführers an. Er versicherte, daß er die in letzter Zeit sehr ins Wanken geratene Einheit innerhalb der Partei wieder festigen und eine zufriedenstellende Lösung für das Problem der *poll tax* finden werde. Ferner verkündete er, daß die Partei unter seiner Führung weitaus größere Chancen habe, die nächsten Unterhauswahlen zu gewinnen. Letzteres bestätigte eine gleich am darauffolgenden Tag durchgeführte Meinungsumfrage. In einer überraschenden Kehrtwendung erklärten die meisten Briten, daß sie im Falle einer

Ablösung Margaret Thatchers durch Michael Heseltine die Konservative Partei und nicht etwa die *Labour Party* wählen würden.

Maggie mobilisierte unverzüglich ihre Getreuen, darunter Norman Tebbit, um die nötigen Stimmen für ein Vertrauensvotum zusammenzubekommen, das sie in ihrem Amt als Premierministerin bestätigen würde.

Bereits im vergangenen Jahr hatte sie sich und ihre Politik verteidigen müssen, als Anthony Meyer, der Vizepräsident des Europa-Ausschusses, eine vorgezogene Neuwahl gefordert hatte. Diesen Warnschuß hatte Margaret Thatcher damals nicht weiter beachtet, da sie überzeugt war, die Situation fest im Griff zu haben. Sie mußte damals nicht ihre Getreuen mobilisieren. Sie konnte sich zu Recht auf ihre Loyalität und auf ihr eigenes Glück verlassen. Nun versuchte man, ihr das Wasser unter den Füßen abzugraben. Und dazu noch in einem äußerst ungünstigen Augenblick. In Paris tagte die Konferenz für Sicherheit und Zusammenarbeit in Europa, zu der selbstverständlich auch Margaret Thatcher erwartet wurde. Bei ihrer Abreise ahnte sie noch nicht, daß dies ihre letzte Teilnahme an einem internationalen Treffen sein würde.

Am 20. November, während Margaret Thatcher im Faubourg Saint-Honoré beim britischen Botschafter weilte, schritt man in Großbritannien *(back home)* zur Abstimmung. Unmittelbar bevor sie sich zu einem Galaabend nach Versailles begab, erfuhr Margaret Thatcher von ihrer Niederlage. Bei sechzehn Enthaltungen hatte sie 204 und Heseltine 152 Stimmen erzielt. Gemäß des eigenartigen Wahlverfahrens der *Tories* hatte sie den Sieg – zu dem sie die Mehrheit plus fünfzehn Prozent der Stimmen der 327 *Tory*-Abgeordneten benötigte – genau um vier Stimmen verfehlt.

Ihrer ersten Eingebung folgend, setzte sie sich optimistisch wie immer über sämtliche Sicherheitsvorschriften hinweg und begab sich in den Hof der Botschaft, um sich den scharenweise herbeigeeilten Journalisten zu stellen. Sie hatte sich bereits wieder gefaßt und verkündete selbstbewußt, daß sie aus der für die darauffolgende Woche anberaumten Stichwahl als Siegerin hervorgehen werde. Daß sie zum Kampf entschlossen sei ... Im einsetzenden Blitzlichtgewitter verabschiedete sie sich, um nach Versailles zu eilen, als ob nichts geschehen wäre. Sie wußte, daß ihre Lage äußerst ernst war.

Bei ihrer Rückkehr nach London ließ sie sämtliche Kabinettsmitglieder nacheinander in ihr Unterhausbüro kommen. Margaret Thatcher erfaßte die grausame Wahrheit: Ihr Schicksal war besiegelt, der Wind hatte sich gedreht und sie hatte verloren. Das gesamte Kabinett rechnete mit ihrer Niederlage.

In einem letzten Anflug von Hoffnung holte sie die Meinung ihrer engsten Freunde ein. Auch sie erklärten kategorisch, daß Margaret, falls sie in der kommenden Woche antrete, eine demütigende Niederlage erleiden würde. Alle miteinander lehnten den politischen Kurs ab, den sie während der letzten zwei bis drei Jahre verfolgt hatte. Sie selbst hatte sich mit ihren Alleingängen in diese Sackgasse hineinmanövriert. Margaret Thatcher zog Bilanz: Sie zählte die Trümpfe, die sie ausspielen, die Argumente, die sie zu ihrer Verteidigung vorbringen konnte, und ihre Schwachstellen. Sie bat ihren Ehemann Denis um Rat. „Ich möchte Dir eine derart demütigende Niederlage ersparen", riet er ihr in dem Bemühen, ihr einen ehrenvollen Abgang zu sichern.

Am Tag darauf, dem 22. November, teilte sie in einem lakonischen Kommuniqué mit, daß sie des Wohles und der Einheit der Partei willen zurücktrete: „Für die Einheit der Partei und ihren Sieg bei den nächsten Parlamentswahlen ist es besser, wenn ich abtrete und meinen Kabinettskollegen das Feld räume", begründete sie ihren Entschluß.

Die Nachricht von Margaret Thatchers überraschendem Rücktritt schlug ein wie eine Bombe. Nur wenige Minuten später, gegen 9 Uhr 33, war sie bereits in aller Munde. Die Zugführer der Londoner Untergrundbahn teilten sie über Mikrofon ihren Fahrgästen mit, die beim nächsten Halt auf den Bahnsteig stürzten, um dieses hochwichtige Ereignis an einem Radiogerät oder einem Fernsehapparat wie gebannt zu verfolgen.

Am Nachmittag begab sich Margaret Thatcher ins Unterhaus, um ihren Entschluß dort offiziell zu verkünden und sich einem von Oppositionsführer Neil Kinnock eingebrachten Mißtrauensantrag zu stellen.

Als ob mit dem am Vormittag verkündeten Entschluß eine große Last von ihr abgefallen sei, leistete die ganz in *Tory*blau gekleidete Maggie ihr letztes Bravourstück als Premierministerin, indem sie – das aufkommende Stimmengewirr übertönend – das Ende ihrer Karriere an der Spitze der britischen Nation mit den paradox anmutenden Äußerungen: „Was für eine seltsame Welt!" oder *„I enjoy it! I enjoy it!"* kommentierte.

Malcolm Rutherford hatte einige Jahre zuvor in der *Financial Times* prophezeit, man werde Margaret Thatcher einst anhand der Art und Weise ihres Abgangs beurteilen.

Nun war es soweit. In ihrem Schwanengesang verbreitete sich die scheidende Premierministerin – „frohen Mutes", wie Ronald Butt am darauffolgenden Tag in der *Times* feststellte – über die einzelnen Etappen und Erfolge ihrer Regierung. Maggies Rede war noch nicht zu Ende, da sprangen bereits sämtliche Unterhausabgeordnete von ihren Bänken auf, um in langanhaltende Beifallsstürme auszubrechen, die an die Zeit des Falklandkrieges erinnerten, in der das gesamte Parlament geschlossen hinter der Premierministerin gestanden hatte. Das war ein seltsamer Anblick, ein überraschender Widerstreit der Gefühle, der Zweifel an den Beweggründen der Politiker und an der Aussagekraft der politischen Umschwünge und der Meinungsumfragen aufkommen ließ, die bisweilen sämtliche Logik zu entbehren schienen.

Am Tag darauf bedauerte die Grafschaft Kent, gefolgt von anderen Gegenden Großbritanniens, ausdrücklich das Ausscheiden der Premierministerin, das als ein großes Unglück hingestellt wurde. Die *Eiserne Lady* symbolisierte das beste Bollwerk gegen die europäische Invasion: Vor allem der Eurotunnel stieß auf erbitterte Ablehnung und wurde als ein Trojanisches Pferd betrachtet, das die gesamte Grafschaft und womöglich gar das ganze Land zu destabilisieren drohte. Dieser Standpunkt war in Großbritannien weiter verbreitet, als man glaubte.

Die Zeitungen kommentierten Margaret Thatchers Rücktritt in riesigen Schlagzeilen wie etwa: *Niemand wird ihr gleichkommen,*

Ein Riese wurde von Pygmäen zu Fall gebracht oder: *Die Tories, diese Verräter!* oder kurz und bündig mit: *Mörder!* – gerade als ob sie, indem sie sich in allerletzter Minute auf die Seite der Premierministerin schlugen, ihre heftigen Angriffe wiedergutzumachen suchten.

Die äußerst unterschiedlichen Reaktionen schienen François Mauriac Recht zu geben, der 1937 seinem Tagebuch anvertraut hatte: „Ich verstehe die Engländer nicht und mag sie erst, wenn sie tot sind!"

There is No Alternative. Diesmal hatte *TINA* in der Tat keine andere Wahl – sie stand mit dem Rücken zur Wand und mußte gehen. Es ist das unvermeidliche Schicksal aller gar zu lange regierenden Spitzenpolitiker, daß sie eines Tages den Bezug zur Realität verlieren und unendlich verwundbar werden. Auch Margaret Thatcher bildete keine Ausnahme.

Man berichtet, daß Churchill sich 1953 bitter darüber beklagte, nichts von Südostasien zu verstehen. „Da habe ich nun 78 Jahre gelebt", sagte er, „ohne je etwas von diesem verfluchten Kambodscha zu hören". Auch Margaret Thatcher war während der letzten Monate ihrer Amtszeit, in der sie ihren einsamen Kampf um die Einführung der *poll tax* ausfocht und sich von der EG distanzierte, von ihren Ministern und Beratern aufgegeben, von der eigenen Partei und von einem Großteil ihrer Landsleute angegriffen worden. Bisweilen wurde sie von ihren ausländischen Kollegen mit sichtlicher Herablassung behandelt, die auf dem Gipfeltreffen in Rom sogar erwogen, Europa ohne sie voranzutreiben.

Dennoch hatte noch wenige Monate zuvor wenn nicht ihre Person, so doch zumindest ihr politisches und wirtschaftliches Konzept großen Anklang gefunden. Frankreich, ja sogar Japan befaßten sich intensiv mit den Errungenschaften des Thatcherismus, die sie zu übernehmen gedachten. Jacques Chirac hatte vorgeschlagen, die französischen Firmen nach britischem Vorbild zu privatisieren. „Eines Tages werden sich alle zum Thatcherismus bekehren!", träumte Maggie. Nun war sie zurückgetreten, um einer demütigenden Niederlage zu entgehen.

Während ihrer Regierungsjahre hatte sie unbeirrbar an zwei, drei einfachen Grundsätzen festgehalten, von denen sie felsenfest überzeugt war. Schließlich, so argumentierte sie, hatte sie immer Recht. Eine Behauptung, die seltsamerweise häufig zutraf. Diese einfachen Grundsätze, welche Margaret Thatcher von ihrem Vater, dem Lebensmittelhändler von Grantham, eingetrichtert bekommen hatte, lassen sich in wenigen Worten zusammenfassen:

Man kann nicht mehr Geld ausgeben, als man zur Verfügung hat. Die logische Folge: Ausgaben und Einnahmen müssen aufeinander abgestimmt werden.

Man darf unter gar keinen Umständen einen Kredit aufnehmen, der auf lange Sicht zum Bankrott führt. Man muß daher einzig und allein auf die eigene Kraft bauen.

Gegenüber Freunden hat man sich treu und absolut loyal zu verhalten und zwar bis zum Exzeß. Umgekehrt darf man dieselbe Loyalität von seinen Freunden erwarten.

Ein gesundes Selbstbewußtsein ist die notwendige Voraussetzung, um von den anderen geachtet zu werden etc. ... Mit ein paar viktorianischen Wertvorstellungen (Heiligkeit der Arbeit, Nationalehre und Individualismus) vermischt, ergab sich daraus das Grundgerüst des Thatcherismus ...

Margaret Thatcher hatte diese Prinzipien in großem Umfang auf ihr Land übertragen, das sich wundersamerweise, nachdem vierzig Jahre lang eine mittelmäßige Regierung die andere abgelöst hatte, von seiner schweren Krise erholte. Zielstrebig hatte sie mittels umfangreicher Privatisierungen den Anteil staatlicher Betriebe abgebaut. Sie hatte den Gewerkschaften einen Denkzettel verpaßt, von dem sie sich noch nicht wieder erholt hatten. Sie hatte dem mit seinem kolonialen Erbe kämpfenden Großbritannien zu einer zweiten Jugend und einer internationalen Führungsrolle verholfen. Sie hatte jene geistigen Werte auferstehen lassen, die während der bilderstürmerischen sechziger und siebziger Jahre mit Füßen getreten worden waren.

Nach zehneinhalb Jahren war Großbritannien jedoch des Thatcherismus überdrüssig geworden. Die Briten fragten sich, was

Margaret Thatcher wohl noch mit ihnen im Sinn haben mochte. Vermutlich hatte sie keine größeren Projekte mehr, und wer nur noch das Erreichte zu sichern trachtet, stürzt sich in kein neues Unternehmen. Plötzlich geht es nicht mehr vorwärts. Margaret Thatcher drehte sich, nachdem sie keine Trümpfe mehr aus dem Ärmel schütteln konnte, nur noch im Kreise. Und schon war es um den Thatcherismus geschehen!

Das bislang nur Erfolge zeitigende System scheiterte plötzlich an der veränderten Weltwirtschaftslage und an der überall einsetzenden Rezession, welche zu überhöhten Zinssätzen führte, die ihrerseits die Wirtschaft lahmlegten, scharenweise Entlassungen auslösten und den Immobilienmarkt zusammenbrechen ließen etc.

Unterdessen rivalisierten Heseltine, Hurd und Major miteinander um die Nachfolge an der Spitze von Partei und Regierung. Mit tiefer Genugtuung registrierte Margaret Thatcher, daß wenigstens nicht Michael Heseltine in ihre Fußstapfen treten würde. Schatzkanzler John Major, ein treuer Anhänger des Thatcherismus, löste sie in ihrer Funktion als Parteiführerin und Premierministerin ab.

Wer immer Maggies Rücktritt im Fernsehen verfolgte und sah, wie sie in Begleitung ihres Ehemannes in tiefes Schweigen versunken in ihrem Dienstwagen zum Buckingham Palast fuhr, um der Königin ihr Rücktrittsgesuch zu überreichen − Heseltine und Hurd hatten inzwischen ihre Kandidatur zugunsten John Majors zurückgezogen −, mußte zwangsläufig tiefe, mit Mitleid vermischte Sympathie für diese letztlich doch verwundbare Frau mit ihren rotgeweinten Augen empfinden.

Die Fernsehprogramme übertrafen sich selbst: Sie berichteten über das Ereignis in derselben Ausführlichkeit, mit der sie sich einst dem Attentat auf John F. Kennedy gewidmet hatten.

Nachdem sie gegenüber ihrem Land, gegenüber der Partei und der Politik mehr als ihre Pflicht erfüllt hatte, zog Margaret Thatcher sich in ihr Haus in Dulwich zurück. Da es ihr jedoch trotz des nahegelegenen Golfplatzes nicht sonderlich behagte, zog sie samt Ehemann Denis an den aristokratischen Eaton Square – ein weitaus angemessenerer Wohnsitz für jemand, der soeben aus den Händen der *Queen* die höchste Auszeichnung des Vereinten Königreiches, den *Order of Merit,* empfangen hatte, dem später womöglich die Ernennung zur Herzogin oder zur Gräfin folgen würde.

Denis Thatcher erhielt unterdessen den Titel *baronet* und avancierte zu Sir Denis. Seine Ehefrau, der logischerweise die Anrede *Lady Thatcher* gebührte, bestand ausdrücklich darauf, weiterhin mit *Mrs. Thatcher* angesprochen zu werden, „ein Name", begründete sie ihr Ansinnen, „unter dem ich schließlich einen nicht ganz unbedeutenden Erfolg gehabt habe!"

Margaret Thatcher, die im Lauf der Zeit mit einer ganzen Sammlung von Spitznamen – *iron lady, royal nanny, imperial grocer, the leaderene, blond tornado* und *rhinoceros* – bedacht worden war, wobei letzterer von Helmut Schmidt stammte, wollte schlicht und einfach mit ihrem Familiennamen angeredet werden.

Was wird aus Margaret Thatcher und dem Thatcherismus werden? Wir verfügen noch nicht über genügend Abstand, um sagen zu können, ob der Thatcherismus Schule machen wird oder nicht, und um eine historische Wertung vorzunehmen. Der Thatcherismus könnte als Philosophie weiterexistieren oder aber in einer korrigierten Neuauflage fortbestehen. Gibt es denn einen Briten, der nicht im mindesten vom Thatcherismus geprägt wurde?

Wahrscheinlich wird John Major sich zunächst nicht allzu abrupt von Margaret Thatchers Konzept abwenden, weder in der Innen- noch in der Außenpolitik. Die Ära Thatcher läßt sich schließlich nicht einfach von heute auf morgen beenden.

Es ist kaum vorstellbar, daß die *Eiserne Lady* sich vollkommen aus dem Rampenlicht zurückzieht. Erklärte sie nicht unlängst, mit fünfundsechzig fange das Leben erst an? Man darf wohl annehmen, daß sie nun, da nicht mehr die schwere Bürde der Regierungsverantwortung auf ihr lastet, in der noch in den Anfängen steckenden Europa-Debatte eine geeignete Plattform finden wird, um ihre Meinung zum Ausdruck zu bringen und uns vor Augen zu führen, welches Europa Europa in Wahrheit braucht.

Es ist nicht auszuschließen, daß die Überlebenskünstlerin Margaret Thatcher eines Tages erneut an die Spitze der britischen Nation tritt und wie eine Katze über sieben Leben verfügt . . .

Glossar

Die Begriff sind im Text mit * gekennzeichnet.

Couéismus	Methode der Entspannung nach dem französischen Apotheker Coué mit Hilfe der Autosuggestion
Fleet Street	das Londoner Zeitungsviertel, in dem die Mehrzahl der Verlage und Druckereien liegen, synonym für: Presse
Greater London Council	Stadtrat von Groß-London, der inzwischen abgeschafft worden ist
Magna Charta	„der große Freibrief", das wichtigste englische Grundgesetz, das 1215 König Johann I. ohne Land von Geistlichkeit und Adel abgerungen wurde. Die M. C. schützt die Freiheit der englischen Kirche und die Rechte der Barone gegen Übergriffe der Krone. Die Idee des Widerstandsrechts von Vasallen und Freien gegen einen rechtsbeugenden Herrscher führt hier erstmals zu einer staatsrechtlichen Bestimmung.
Moneypenny	Geldberater für Hausfrauen
National Front	Nationale Front, rechtsradikale Partei
National Secret Acts	Gesetz über die Schweigepflicht im öffentlichen Dienst
Rotary Club	internationale Vereinigung führender Persönlichkeiten unter dem Gedanken des Dienstes, organisiert in örtlichen Klubs mit je einem Vertreter der verschiedenen Berufe
Scots Guards	Schottisches Garderegiment

Speaker of the House	Vorsitzender des House of Commons, entspricht dem Bundestagspräsidenten
Splendid isolation	„glänzende Abschließung", politisches Schlagwort für die Bündnislosigkeit Großbritanniens vor 1900
Passionaria	Anspielung auf Dolores Ibarruri, genannt „La Passinoria". Legendäre Freiheitskämpferin für republikanische Ideale im Spanischen Bürgerkrieg
Pax britannica	von britischen Politikern selbstgewählte Bezeichnung für ihre von demokratischem Sendungsbewußtsein getragene Weltreichspolitik (zwischen 1815 und 1850)
Peers (of the realm)	Mitglieder des Hochadels im Gegensatz zum niederen Adel (Gentry)
„(perfides) Albion"	ältere, vielleicht vorkeltischer Name für Britannien (ohne Irland), zuerst erwähnt von der aus dem 6./5. Jh. v. Chr. stammenden griechischen Quelle des römischen Dichters Avienus. Die Redewendung „perfides Albion" wurde während der Französischen Revolution zum Schlagwort
poujadistische Philosophie	nach dem französischen Politiker Poujade, aus der wirtschaftlichen Unzufriedenheit der Bauern und kleinen Kaufleute entstandene radikale politische Bewegung in Frankreich

Namenregister

Abbot (Diana)   194
Aitken (Jonathan)   202
Andropow (Jurij)   170, 171
Archer (Jeffrey)   179, 180
Aristoteles   101
Astaire (Fred)   12
Attlee (Clement)   31, 39, 181

Bach (Johann Sebastian)   25, 40
Baldwin (Stanley)   31
Beatles (The)   60
Bell (Tim)   190
Benn (Anthony Wedgwood)   26, 72
Bhutto (Ali)   172
Biffen (John)   118, 200
Boyd Carpenter (Lord)   57
Boyle (Sir Edward)   27
Brittan (Leon)   175, 176, 200
Bronlow (Lord)   108
Buckingham (Herzog von)   6
Buckley   82
Bush (George)   197
Butt (Ronald)   215

Callaghan (Lord James)   67, 82, 83, 85, 86, 89, 90, 92, 94, 95, 96, 97, 98, 101, 102, 103, 104, 108, 114, 120, 121, 124, 130, 131, 147, 175
Campbel (Ronald)   129
Campbell (Judy)   17
Cann (Edward du)   69, 70, 73, 74, 76
Canterbury (Erzbischof von)   141
Carr (Robert)   72
Carrington (Lord Peter)   118, 119, 124, 126, 130, 131, 133, 145
Carter (Jimmy)   82, 86
Carter (Roselyn)   125
Castle (Barbara)   67
Chamberlain (Austin)   69
Chamberlain (Neville)   30, 31, 107

Channon (Paul)   176
Charlot (Monica)   162, 164
Chirac (Jacques)   216
Churchill (Sir Winston)   2, 4, 10, 30, 31, 39, 85, 99, 115, 116, 140, 141, 143, 158, 159, 161, 185, 192, 216
Clarke (Kenneth)   200
Clegg (Miss)   18
Cockfield (Lord)   200
Cook (James)   129
Critchley (Julian)   196
Cromwell   6, 44, 106
Crowder (Sir John)   51
Cullen (Willie)   33

De Amicis (Edmondo)   13
De Gaulle (General Charles)   4, 58, 140, 201
Delors (Jacques)   201
Disraeli (Benjamin)   31, 44, 82, 147
Dodds (Norman)   38
Downing (George)   106

Eden (Lord)   51
Edith   20
Edward I   6
Edward VII   6
Elisabeth I   159
English (Sir David)   156

Falkender (Lady Marcia Williams)   108
Fee of Fareham (Lord)   116
Fell (Philippe)   33
Fisher (Sir Nigel)   76
Fitzgerald (Garret)   174
Fontaine (André)   169
Foot (Michael)   72, 133, 141, 145, 146
Ford (Gerald)   83
Fraser (Sir Hugh)   73, 76

Fraser (Malcolm)   76
Frost (David)   149

Galtieri (General)   132
Georg I   106, 108
Georg V   31
Gillies (Miss)   17, 18, 20, 21
Gilmour (Ian)   80, 145, 200
Gladstone   26, 44, 145, 146
Goldwater (Senator)   152
Goodrich (Margaret)   20, 25
Gorbabanus   5
Gorbatschow (Michael)   171, 184
Gould (Diana)   153
Guinness   199
Gummer (John)   171

Händel (Georg Friedrich)   40
Haig (General Alexander)   134,
   135
Hailsham (Lord)   159
Hall (Henry)   10
Hammer (Armand)   90
Harris (Kenneth)   117
Harvey (Sir John)   167
Hastings (Max)   143
Healey (Denis)   67, 74
Heath (Edward)   1, 2, 3, 26, 60,
   61, 63, 65, 66, 68, 69, 70, 71, 72,
   73, 74, 76, 78, 79, 85, 88, 93,
   114, 117, 118, 119, 123, 141,
   166, 169, 170, 171, 176, 202, 210
Heinrich V   119
Heseltine (Michael)   137, 138, 175,
   176, 203, 206, 212, 213, 218
Hitler (Adolf)   20
Hodgkin (Prof. Dorothy)   25, 26
Hogg (Quentin)   27, 30
Hollis (Sir Roger)   177
Home (Sir Douglas)   2, 59, 60
Hopkins (Stanley)   46
Howe (Sir Geoffrey)   80, 118,
   121, 122, 123, 127, 194, 211, 212
Hurd (Douglas)   194, 218
Hussein (König von Jordanien)
   135

James (Henry)   42

Jenkins (Lord Roy)   67, 146
Jones (Colonel)   141
Johnson (Paul)   56, 65, 137, 207
Joseph (Sir Keith)   2, 69, 70, 71,
   72, 75, 118
Junor (Sir Jonah)   156

Karl I   6
Karl II   106
Kaunda (Kenneth)   126
Keeler (Miss)   59
Kennedy (John F.)   59, 218
Kinnock (Glenys)   191
Kinnock (Neil)   146, 149, 187,
   191, 194, 215
Kipling (Rudyard)   18
Kirkpatrick (Jane)   140
Kissinger (Henry)   83
Kohl (Helmut)   197
Kossygin (Alexey)   125

Lamb (Sir Larry)   156
Lawson (Nigel)   163, 165, 194,
   199, 200, 206, 207
Leach (Sir Henry)   131
Leonowen (Ann)   55
Lincoln   44
Ludwig (Emil)   53

MacDonald (Ramsay)   30, 31
Macmillan (Harold)   2, 26, 55, 56,
   58, 59, 60, 71, 74, 75, 82, 109,
   112, 115, 159, 163, 185
MacPherson (Sandy)   12
Mailer (Norman)   38, 51, 145, 153
Major (John)   208, 218, 219
Mauriac (François)   216
Mayer (Allan J.)   68, 87, 114, 186
Menuhin (Sir Yehudi)   64
Meyer (Anthony)   213
Millar (Sir Ronald)   93, 97, 98,
   105, 117
Mitford (Jessica)   145
Mitford (Nancy)   145
Mitterand (François)   86, 168
Money (Ernie)   26, 33
Monroe (Marilyn)   168
Montgomery (Fergus)   81

Morus (Thomas)   44
Mountbatten (Lord Luis)   172
Murray (Tricia)   10, 19, 31, 42,
   46, 80, 104
Muzorewa (Bischof)   126

Neave (Airey)   1, 61, 73, 74, 75,
   76, 77, 78, 79, 81, 93, 96, 97,
   105, 110, 118, 154
Nelson (Horatio)   108, 140
Newton (Isaac)   6, 108
Nightingale (Florence)   25
Nott (John)   131
Nyerere (Präsident Julius)   126

Ohneland (König Johann)   6
Owen (Dr. David)   146, 147, 187,
   191, 205

Palmer (John)   201
Papst (Johannes Paul)   160
Parkinson (Cecil)   145, 194
Perceval (Spencer)   96
Pincher (Chapman)   177
Pitt (William)   44
Ponting (Clive)   137, 138
Portland (Herzog von)   112
Powell (Enoch)   67, 71, 87, 194
Priestley (J. B.)   10, 108
Prinzessin von Wales   160
Prior (Lord James)   79, 128, 204
Profumo (John)   59
Pym (Lord Francis)   113, 119,
   133, 145, 154, 158, 177

Quant (Mary)   60
Queen Elisabeth   104, 107, 114,
   115, 119, 132, 160, 219

Rayner (Derek)   119
Reagan (Ronald)   132, 140, 171,
   191, 197, 198
Reece (Sir Gordon)   17, 90, 91,
   98, 99, 101, 110, 117, 150, 151
Reynolds (Quentin)   10
Richard III   6
Ridley (Nicholas)   130

Roberts (Alfred)   5, 7, 8, 13, 14,
   15, 16, 28, 32, 35, 45, 64
Roberts (Béatrice)   5, 9, 12
Roberts (Muriel)   5, 10, 15, 18,
   20, 28, 34
Robertson (Malcolm)   129
Rogers (Ginger)   12
Rolling Stones   60
Rothermer (Lord)   156
Rutherford (Malcolm)   215

Saatchi & Saatchi   91, 97, 148,
   152, 190
Salisbury   26, 59
Sampson (Anthony)   26, 54, 65
Scargil (Arthur)   166
Schmidt (Helmut)   124, 219
Ségur (Mme de)   13
Shaw (Bernard)   114
Siegfried (André)   140, 162
Smith (Ian)   126
Soames (Lord Christopher)   145,
   202
Solschenizyn (Alexander)   84, 149
Steel (David)   89, 90, 101, 146,
   187
St. John Stevas (Lord Norman)   2,
   77

Tacitus   56
Taylor (Teddy)   202
Tebbit (Norman)   145, 171, 179,
   194, 213
Thatcher (Carol)   1, 45, 48, 85,
   102, 104, 107, 109, 148, 150,
   157, 190
Thatcher (Denis)   3, 36, 39, 40,
   45, 48, 50, 56, 62, 65, 78, 92, 99,
   109, 110, 116, 141, 151, 156,
   157, 171, 178, 180, 214, 219
Thatcher (Mark)   42, 45, 49, 62,
   104, 180
Thorneycroft (Peter)   27, 80, 91,
   98, 101, 145
Tilney (Guinever)   98
Tuohy (Denis)   98
Troubeck (John)   129

Vaughan (Dr. Janet)   24, 25
Verdi (Guiseppe)   4
Victoria (Königin)   40, 132, 159

Wakeman (John)   171
Walden (Brian)   154, 186
Walpole (Sir Robert)   106, 108,
   112
Walters (Sir Alan)   206, 207
Watkins (Alan)   144
Waugh (Anberon)   151
Waugh (Evelyn)   23, 151
Webber (Andrew Lloyd)   192
Wellington (Herzog)   108, 129
Whitelaw (Lord William)   70, 76,
   77, 80, 113, 118, 158, 194, 199

Wickstead (Margaret)   32, 50
Wilde (Oscar)   42
Williams (Miss Gladys)   17
Williams (Shirley)   67, 146, 147
Wilson (Lord Harry)   26, 59, 60,
   62, 66, 67, 68, 71, 80, 81, 84, 85,
   86, 108, 115, 158
Wilson (Lady)   86
Winning (Norman)   28
Wood (David)   15
Woolcott (Raymond & Lucy)   36,
   40
Wright (Peter)   177
Wyatt of Weeford (Lord)   156

Young (Janet)   98